全球生产网络视阈下的地区专业化与区域经济高质量发展研究

陈 健 ◎著

东南大学出版社
SOUTHEAST UNIVERSITY PRESS
·南京·

图书在版编目(CIP)数据

全球生产网络视阈下的地区专业化与区域经济高质量发展研究 / 陈健著. —南京:东南大学出版社,2023.12

ISBN 978-7-5766-1116-8

Ⅰ. ①全… Ⅱ. ①陈… Ⅲ. ①全球化-生产体系-关系-区域经济发展-研究-中国 Ⅳ. ①F127

中国国家版本馆 CIP 数据核字(2023)第 248536 号

责任编辑:史 静 责任校对:韩小亮 封面设计:顾晓阳 责任印制:周荣虎

全球生产网络视阈下的地区专业化与区域经济高质量发展研究
Quanqiu Shengchan Wangluo Shiyu Xia De Diqu Zhuanyehua Yu Quyu Jingji Gaozhiliang Fazhan Yanjiu

著　者	陈　健
出版发行	东南大学出版社
出版人	白云飞
社　址	南京市四牌楼 2 号(邮编:210096　电话:025-83793330)
网　址	http://www.seupress.com
电子邮箱	press@seupress.com
经　销	全国各地新华书店
印　刷	广东虎彩云印刷有限公司
开　本	700 mm×1 000 mm　1/16
印　张	19.75
字　数	331 千字
版　次	2023 年 12 月第 1 版
印　次	2023 年 12 月第 1 次印刷
书　号	ISBN 978-7-5766-1116-8
定　价	88.00 元

本社图书若有印装质量问题,请直接与营销部联系,电话:025-83791830。

前　言

随着中国对外开放程度的不断提高,全球生产网络对中国经济发展的影响作用也变得越来越重要,不仅体现在总量经济发展方面,也体现在诸如地区产业结构调整升级和技术进步等方面。然而,一个不容忽视的问题是全球生产网络对我国经济发展的影响作用存在着明显的两面性——它在为我国经济高速增长创造机遇的同时,又给区域经济协调发展带来了许多不确定性因素。因此,深化对全球生产网络发展特点及其对我国不同区域经济发展影响作用的认识,对我国在新时期更好地促进区域均衡协调发展具有重要意义。作为一个独立观察视角,本书重点研究全球生产网络发展过程中形成的新地区专业化,即从地区垂直专业化角度,来深入考察全球生产网络所表现出来的新特点在我国不同地区的发展情况及其对区域发展的影响。

鉴于理论研究是重要依据,本书首先就区域发展和专业化发展相关理论做了较全面阐述和评价。实证分析是本书的主体部分,本书首先明确界定了基于产业间、产业内贸易视角的一般专业化和体现全球生产网络发展特点的垂直专业化两种不同专业化类型,同时对其发展特点和差异做了比较。接着,从三大区域划分角度,用多种方法对我国区域经济发展中的一些重要方面做了定量考察。在此基础上,进一步比较了两种不同专业化类型对区域经济发展的总体影响。本书重点关注的地区垂直专业化影响作用的分析结果表明,尽管我国西部地区垂直专业化绝对发展水平低于东部地区,但对区域总体发展的边际影响大于东部地区。进一步动态面板回归仍然从总体角度,以作为因变量的人均国民生产总值滞后项代表相关因素滞后影响,验证了一般回归结果的稳定性,结果仍表明垂直专业化的影响作用要明显大于一般专业化。考虑到区域经济发展可能存在的空间依赖性或者溢出效用,本书采用经济权重和地理权重,在不同情况下,通过控制时间和地区差异进行了空间面板分析,结果表明地区垂直专业化对区域发展的影响作用主要体现在三大区域相对发展差异层面,即这种影响作用在不同区域之间进行比较的时候更加明显。

总体分析为后续考察做了重要铺垫。在此基础上,本书从垂直专业化对地区全要素生产率水平提升、产业结构调整升级、工业集聚发展三个方面的影响出发,进一步探讨了全球生产网络发展过程中新地区专业化对区域发展的影响差异。在对全要素生产率的影响分析中,本书着重对全要素生产率总体及其分解后技术进步和技术效率两个方面加以考察。研究发现:两种地区专业化对全要素生产率的影响作用存在着显著差异,相对于一般专业化,垂直专业化由于细化程度更高,涉及面更广,更显著促进了专业知识积累与生产者获得技术知识的能力,对地区全要素生产率发展的促进作用也更明显。分析还发现,正是由于两种地区专业化对技术进步影响作用的差异显著,才造成了它们对全要素生产率的总体影响作用有显著差异。分区域比较中,考虑到内生性问题,这里采用了工具变量进行回归,结果表明:地区垂直专业化对东部全要素生产率提高有显著促进作用,而对中西部地区的影响作用并不是很显著。差异形成的一个重要原因在于,中西部地区相对落后的人力资本阻碍了影响作用的发挥。本书重点从地区垂直专业化对各地区以工业和服务业为主的第二、三产业以及制造业内部细分行业影响角度展开分析。研究发现:两种专业化和地区工业、服务业发展之间均存在着长期协整关系,但相对于垂直专业化,一般专业化在促进区域经济结构发展方面的影响作用不仅是有限的且是负面的。在分地区考察中,垂直专业化影响作用同样表现出了差异性。一方面,边际影响作用方面还是中部地区略大于东部;另一方面,就对服务业发展的影响作用来看,对东部地区影响显著为负,对中部地区影响显著为正,而对西部地区影响则不显著。进一步结合工业集聚影响作用来看,可以认为这一分析结果很好地体现了不同区域内部工业和服务业发展在地域分布上的差异。作为一个观察视角,本书还分析比较了制造业内部三个典型不同要素禀赋构成行业垂直专业化对其自身发展影响作用的差异性,其中最主要的就是发现了地区垂直专业化影响作用从低级到高级的演进规律。在对产业集聚发展的分析中,本书重点比较了传统资源禀赋和地区垂直专业化对不同区域工业总体和制造业细分行业集聚发展影响作用的差异性。研究发现:虽然拥有较好资源禀赋条件的地区可以通过对这些资源的简单利用,来促进工业发展,进而带来短期收益,但从长远来看,其未必能够成为促进地区工业集聚发展的关键因素。在分区域考察中,从东到西的三大区域的地区垂直专业化和资源禀赋影响作用呈有规律的变化。中西部地区传统资源禀赋依然对工业集聚发展存在显著影响,但对东部地区而言,其已经不再是影响地区工业集聚发展的重要因素。在制造业细分行业层面的考察中,地区垂直专业化影响作用已在很多细分行业中显著表现出来,且影响作用也要大于传统资源禀赋。显然,上述分析所得到的一些重要结论和研究发现,均从不同角度体现了全球生产网络发展中的影响特点。

前面的系统分析已经表明全球生产网络环境下地区垂直专业化发展的重要影响,而究竟如何促进地区垂直专业化,进而使全球生产网络在不同地区进一步发展,以充分发挥它们对区域发展的影响作用,同样是值得关注的。对此,本书后续研究主要涉及两个方面:一个是严格从地区专业化角度考察垂直专业化自身发展问题;另一个是从贸易发展和跨国投资角度考察全球生产网络在我国不同地区的发展,也可以认为是间接考察地区垂直专业化发展问题。地区专业化角度分析表明:地区垂直专业化并没有产生近邻空间溢出效应,不同地区之间还不存在较强的空间依赖作用,地区垂直专业化总体还处于发展阶段。对相关影响因素的分析表明,单纯的劳动力供给已不再是促进各地区垂直专业化发展的重要方面,地区垂直专业化发展越来越依赖于人力资本。此外,很多依赖传统资源禀赋优势而形成较高一般专业化发展水平的地区,由于很难在短期内改变现状,对地区垂直专业化发展存在着不利影响。从贸易发展角度来看,其最大特点就是体现了相关因素对我国不同地区融入全球生产网络影响的动态性。一方面,随着双边产品内分工贸易规模由条件分布的低分位向高分位变化,相关因素影响作用先是出现不同程度提高,后又转而出现不同程度降低。另一方面,要素禀赋差异也是影响各地区产品内分工贸易发展的重要因素,但其影响作用存在明显差异"度"的问题。度在一定界限范围内,差异会促进产品内分工贸易进一步发展,而超过一定范围,则会发生质的变化,并更多体现为阻碍作用。此处分析还发现,我国地区市场规模大小对以市场需求为导向的发达国家和地区的影响,比以成本节约为主要特点的发展中国家和地区的影响作用普遍要大。同时,外部竞争市场规模越大,越不利于我国地区产品内分工贸易发展。从跨国投资角度来看,跨国公司价值链布局既受共性因素影响,也受差异性因素影响。其中,市场规模和工资水平均是跨国公司价值链布局两个重要共性因素。本书的研究表明,并非所有跨国公司都对低成本劳动力非常敏感,那些相对高端的跨国公司,特别是在研发和营运环节,更倾向于在人力资本较高的地区布局。差异性影响因素主要体现为跨国公司营运环节对服务活动相对更敏感,研发环节对区位科技条件更敏感,而地理距离对研发的相对影响并不是很重要。

最后,本书结合国内外典型区域发展的成功经验和存在的问题,给出了我国区域均衡发展的新思路和政策建议。新思路主要强调了更全面深入融入全球生产网络,促进地区垂直专业化的形成及其发展过程中对全要素生产率提升、产业结构调整升级以及工业集聚发展的促进作用。本书结论部分则指出,要进一步通过直接和间接渠道扩大对外开放,在更广地域范围内参与产品内国际分工;政府要加强引导,在更开放环境下促进合理地域分工格局的形成;各地区要进一步强化产业集聚;要改善公共基础设施条件,大力发展教育。

目 录

第一章 引言 ⋯⋯⋯⋯⋯⋯⋯⋯⋯⋯⋯⋯⋯⋯⋯⋯⋯⋯⋯⋯⋯⋯⋯⋯ 001
  1.1 问题的提出 ⋯⋯⋯⋯⋯⋯⋯⋯⋯⋯⋯⋯⋯⋯⋯⋯⋯⋯⋯ 002
  1.2 文献回顾 ⋯⋯⋯⋯⋯⋯⋯⋯⋯⋯⋯⋯⋯⋯⋯⋯⋯⋯⋯⋯ 003
  1.3 研究对象、目的和意义 ⋯⋯⋯⋯⋯⋯⋯⋯⋯⋯⋯⋯⋯⋯ 020
  1.4 研究内容、方法和创新 ⋯⋯⋯⋯⋯⋯⋯⋯⋯⋯⋯⋯⋯⋯ 024

第二章 区域均衡发展的内涵和基本理论 ⋯⋯⋯⋯⋯⋯⋯⋯⋯ 029
  2.1 区域均衡发展内涵 ⋯⋯⋯⋯⋯⋯⋯⋯⋯⋯⋯⋯⋯⋯⋯⋯ 030
  2.2 区域发展基本理论 ⋯⋯⋯⋯⋯⋯⋯⋯⋯⋯⋯⋯⋯⋯⋯⋯ 034
  2.3 国内区域协调发展理论 ⋯⋯⋯⋯⋯⋯⋯⋯⋯⋯⋯⋯⋯⋯ 049

第三章 地区专业化发展演化规律和基本理论 ⋯⋯⋯⋯⋯⋯⋯ 053
  3.1 地区专业化发展规律 ⋯⋯⋯⋯⋯⋯⋯⋯⋯⋯⋯⋯⋯⋯⋯ 054
  3.2 分工和专业化发展理论 ⋯⋯⋯⋯⋯⋯⋯⋯⋯⋯⋯⋯⋯⋯ 059
  3.3 垂直专业化发展理论 ⋯⋯⋯⋯⋯⋯⋯⋯⋯⋯⋯⋯⋯⋯⋯ 063

第四章 全球生产网络视角下的地区专业化发展研究 ⋯⋯⋯⋯ 069
  4.1 全球生产网络概念和发展趋势 ⋯⋯⋯⋯⋯⋯⋯⋯⋯⋯⋯ 070
  4.2 全球生产网络对地区专业化发展的影响 ⋯⋯⋯⋯⋯⋯⋯ 075
  4.3 地区专业化发展研究 ⋯⋯⋯⋯⋯⋯⋯⋯⋯⋯⋯⋯⋯⋯⋯ 079
  4.4 本章小结 ⋯⋯⋯⋯⋯⋯⋯⋯⋯⋯⋯⋯⋯⋯⋯⋯⋯⋯⋯⋯ 093

第五章 地区专业化和区域经济发展研究 ⋯⋯⋯⋯⋯⋯⋯⋯⋯ 095
  5.1 全球生产网络对区域经济发展的影响 ⋯⋯⋯⋯⋯⋯⋯⋯ 096
  5.2 地区专业化对经济发展影响研究 ⋯⋯⋯⋯⋯⋯⋯⋯⋯⋯ 100
  5.3 区域发展差距的多重比较 ⋯⋯⋯⋯⋯⋯⋯⋯⋯⋯⋯⋯⋯ 105
  5.4 地区专业化影响差异分析 ⋯⋯⋯⋯⋯⋯⋯⋯⋯⋯⋯⋯⋯ 114

  5.5 考虑空间因素的分析 ……………………………………………… 122
  5.6 本章小结 …………………………………………………………… 128

第六章　地区专业化发展和全要素生产率研究 ………………………… 129
  6.1 全要素生产率和区域发展研究 …………………………………… 130
  6.2 地区专业化和全要素生产率关系 ………………………………… 137
  6.3 影响差异模型分析 ………………………………………………… 147
  6.4 本章小结 …………………………………………………………… 155

第七章　地区专业化发展和产业结构升级研究 ………………………… 157
  7.1 产业结构演化和经济发展 ………………………………………… 158
  7.2 地区专业化和产业结构的关系 …………………………………… 164
  7.3 模型构建和计量分析 ……………………………………………… 176
  7.4 地区制造业结构升级研究 ………………………………………… 187
  7.5 本章小结 …………………………………………………………… 195

第八章　全球生产网络下地区专业化、资源禀赋和产业集聚 ………… 197
  8.1 产业集聚发展研究评述 …………………………………………… 198
  8.2 工业集聚影响一般比较 …………………………………………… 203
  8.3 工业集聚影响计量分析 …………………………………………… 208
  8.4 地区垂直专业化发展研究 ………………………………………… 216
  8.5 本章小结 …………………………………………………………… 226

第九章　融入全球生产网络——贸易和投资视角的研究 ……………… 229
  9.1 相关研究评述 ……………………………………………………… 230
  9.2 产品内分工贸易发展研究 ………………………………………… 233
  9.3 跨国公司价值链布局研究 ………………………………………… 245
  9.4 本章小结 …………………………………………………………… 258

第十章　区域均衡发展的新思路和政策建议 …………………………… 261
  10.1 典型区域发展经验 ……………………………………………… 262
  10.2 区域均衡发展的新思路 ………………………………………… 266
  10.3 区域均衡发展的政策建议 ……………………………………… 272

参考文献 …………………………………………………………………… 280

引言

第一章

1.1 问题的提出

从当前全球范围内很多国家和地区的发展来看,融入外部发展环境,加强区域间经贸等方面往来已经成为发展过程中的一个重要方面,而这本质上体现了经济全球化发展的推动和影响。对于什么是经济全球化,经济合作与发展组织(OECD)曾将其定义为在货物和劳务贸易、资本流动和技术转移、扩散基础上,不同国家市场和生产依赖程度不断加深的动态过程。从这一定义我们不难看出,经济全球化发展的一个本质特征就是不同国家和地区之间分工和专业化发展程度的不断加深。实际上,自20世纪70年代开始,在经历了全球性的石油危机后,发达国家经济体系中的很多生产制造活动便开始大规模向发展中国家和地区转移,形成了以跨国投资为基础的复杂的全球生产网络。在这一过程中,全球生产网络的发展对国际分工产生了重要而深远的影响——发达国家和发展中国家之间的分工关系开始深入到产品内部,并最终形成了不同产品价值链在全球范围内的布局。其相对更复杂的构成关系使得我们今天所面对的世界经济和国际市场,已经不再是简单的南北分工或东西分工关系,也不是传统意义上基于要素禀赋差异的国际生产分工。虽然我们必须承认原先的分工关系依然存在,并且在相当长一段时间内会与新分工模式并存,但就总体而言,国际分工的表现形式已经发生了很大变化,分工的基础也有了明显差异。在这一过程中,新国际分工模式会呈显著上升趋势,并发挥着越来越重要的作用。

作为全球最大的发展中国家,中国自改革开放以来的快速经济发展举世瞩目。这一过程中,一个重要变化就是中国参与国际分工的程度不断加深。如果说中国早期对外开放主要表现为与其他国家和地区之间以初级产品贸易为主要特点的产业间、产业内分工,那么自20世纪90年代开始,特别是中国加入世界贸易组织以后,中国参与国际分工则更主要表现为产品内国际分工。顺应了经济全球化所表现出来的国际分工贸易发展新趋势给中国在新世纪的发展带来了更多机遇。当然,这一过程中,一个不容忽视的客观情况是,在中国整体对外开放度不断提高、综合国力不断提升的同时,区域内发展的非均衡性也变得越来越突出,最终形成了中国整体对外一体化和内部不同区域之间一体化进程的非一致性。一方面,东部沿海地区正在成为世界性的制造中心,它不但包含技术与资本密集型制造业产业,而且仍然包含技术含量低、劳动密集型的制造业。另一方面,摆在东、中、西部地区之间的对内一体化滞后,使得东部地区劳动密集型产业被就地消化在东部经济圈内的一些中小城市,无法转移到中西部地区,从而导致中西部地区无法公平享受对外开放过程中经济增长的果实。从本质上来说,这一切都与国内至今仍然没有形成有效的专业化分工格局有关。

客观来说,相对于东部地区,中西部地区想真正融入全球生产网络,进而在新国际分工格局中占有一席之地确实存在着很多困难。但是,这并非完全没有可能。实际上,中西部某些地区还是表现出了相当的发展潜力。并且重要的是,任何一个区域的发展都不是孤立的,既需要区域内部一定的分工专业化发展,同时也需要与外部其他区域互动。就东部地区而言,尽管其存在很大的区位优势,但是其进一步发展所面临的问题也越来越明显,如不断上升的成本压力和结构调整升级、技术水平提升缓慢等。虽然短期内,其可以通过扩大自身内部区域之间的分工合作来延缓发展中的一些突出问题,但范围和水平总归还是很有限。近年来,不断有相关报道指出,我国东部地区一些外商加工制造企业面对较高的成本压力,纷纷将生产活动转移到相对更具有成本优势的国家和地区。总之,针对我国区域发展面临的新国际环境和出现的新问题,思考如何在新时期,通过更好融入全球生产网络,发挥其对我国不同区域发展的影响作用,并以此来加强区域间分工合作关系,进而促进不同区域更好地朝着均衡方向发展,成为本书研究需要深入探讨的主要问题。

1.2 文献回顾

由于本书主要目的是从全球生产网络发展过程中所形成的新地区专业化,即垂直专业化角度考察我国不同区域发展问题,因此在对相关文献的评述中,不仅阐述了有关区域发展状况及其影响因素方面研究的基本理论观点和研究进展情况,同时也对地区专业化特别是地区垂直专业化发展相关研究状况做了综合评价。

1.2.1 区域发展现状研究

首先,就研究我国区域发展问题的众多文献来看,主要有两个方面的文献:一部分文献分析我国区域经济发展的总体状况和变化特点,另一部分文献从一些具体方面对我国区域发展差异加以考察。

就对区域发展总体状况及其差异的研究来看,对我国改革开放以来区域发展不平衡问题的关注是最多的,特别是东、中、西三大区域以及沿海与内陆发展的差异问题。在比较有影响的研究中,林毅夫(1998)和王绍光等人(1999)最早研究指出,改革开放以来,区域经济发展差距不仅继续存在,而且呈扩大趋势。蔡昉和都阳(2000)、沈坤荣和马俊(2002)从经验上考察了中国地区间经济增长收敛性问题。结果表明,中国地区间经济增长不仅存在着显著的"俱乐部收敛"(club convergence)特征,即按东、中、西划分的区域内部人均产出具有明显的聚集现象,而且存在着条件收敛(conditional convergence)特征,即在具有相同的人力资本、市场开放度等结构特征的经济地区间存在着一定的增长收敛趋势。李骥和严汉平(2010)测算出了1999—2008年间中国东、中、西三大区域之间经济增长以大约9.4%的速度呈现绝对收敛。王铮和葛昭攀(2002)进一步研究了20世纪90年代以来中国经济的增长动态。分析发现,中国东、中、西部经济发展分别收敛于不同的均衡点,目前已经出现国家整体上开始转向经济收敛、同步发展的关键时期。陈培阳等人(2013)采用传统马尔可夫链和空间马尔可夫链统计方法从县级尺度对1998—2009年中国区域经济增长趋同和时空格局进行了分析。研究同样表明自1998年以来,中国区域经济增长呈现俱乐部趋同和空间极化并存现象。程建和连玉君(2005)通过配对协整检验,将全国各省(市、自治区)划分为三大经济区域,并运用Johansen检验对各经济区域及区域间进行协整检验。结果发现,人均实际GDP最高的上海与人均实际GDP最低的贵州具有各自的随机增长趋势,与其他各省并没有显著的共同变动趋势;而其他地区则可按相似的经济、地理环境划分为东、中、西三大经济区域,东部地区受到三个随机增长因素的共同驱动而未表现出与中西部地区有共同趋势,中西部地区则呈现出地区内的收敛特征且地区间具有共同增长趋势。同样是对区域发展差距动态变化特点进行研究,郭腾云(2004)利用Estebn-Ray和Kanbur-Zhang指数,依据区域实际人均GDP指标,对我国1952—2000年间区域经济空间极化的变化趋势进行了分析。结果表明,中国区域极化总体趋势随时间推移,呈现不对称周期性上升与下降运动特点。徐建华等人(2005)运用多阶段Theil系数嵌套分解法和小波分析法,从空间尺度和时间尺度两个方面研究了中国区域差异问题。他们认为,在大时间尺度水平上,中国区域经济差异的变化过程基本上服从倒U型曲线规律,但在小时间尺度水平上,则呈现为一条由几个倒U型与U型曲线首尾相接的复合倒U型曲线。管卫华等人(2006)则对中国1953—2002年区域经济发展差异进行了多尺度分析,并对不同尺度区域经济差异的原因进行了探讨。研究表明,50年来中国区域经济差异波动主要以60年尺度、17.5年尺度和趋势为主,近期区域差异呈扩大趋势。从不同尺度生产要素投入差异和区域差异的关系看,要素投入差异会引起区域差异,区域差异也会引起要素投入环境差异并引发要素投入差异的变化。彭方平等人(2007)应用动态门槛面板数据模型,对我国经济增长的多重均衡现象进行了研究。结果发现我国经济增长具有明显的多重均衡现象。当人均收入低于1 007元时,存在着经济增长障碍,经济处于低水平陷阱;一旦突破低收入门槛,在同一收入状态里省区市经济增长率趋向收敛。然而,由于较高收入状态省区市收入收敛速度快于较低收入状态省区市,因此,我国富裕省区市与相对落后省区市人均收入差距还在不断扩大。作者最后还指出,我国经济目前还没有达到增长极限,不存在高水平陷阱现象。在对区域发展差异的整体研究中,有的研究特别关注了空间依赖作用的影响。俞路和蒋元涛(2007)通过将全国与三大都市圈对比,探讨了新中国自建立以来区域经济差异的时空演化规律。从空间尺度来看,全国整体区域经济差异在持续拉大,而东部沿海地区三大都市圈内部经济差异却在逐步减小。他们还进一步探讨了我国区域经济不平衡程度与空间依赖之间的关系,结果发现区域经济越不平衡,区域经济的空间依赖程度越可能上升。张晓旭和冯宗宪(2008)运用探索性空间数据分析方法,研究了中国30个省区市人均GDP之间的空间相关性。结果表明,自改革开放以来,中国各地区人均收入空间相关性逐年加强。通过计算局部空间自相关指标,作者进一步验证了中国经济空间异质性的存在,即地区人均收入与地理位置密切相关。石清华(2011)对西部地区经济收敛及其影响因素进行了分析。结果显示,西部大开发十年来,西部各地区的经济增长并没有收敛,反而呈发散趋势。人力资本、固定资产投资和产业结构差异是导致西部地区经济增长差异的主要原因。芦惠等人(2013)以地级市为对象分析了中国区域经济差异与极化的演变过程和格局。结果表明,中国区域经济差异和极化演变趋势基本一致,总体呈现波动上升态势。

其次,一些研究重点关注了区域发展中的某些更具体方面,诸如区域创新发展能力、生产率水平、产业结构等。代表性研究中,魏后凯(2004)测算了各地区工业技术创新力指数,并据此将各省区市分为工业技术创新力较强、中等和较弱三种类型。彭国华(2005a)从部门角度分析了中国地区经济增长和差异问题。研究表明,工业和其他第三产业对省区市劳动生产率增长的贡献率高达75%。同时,中国省区市经济增长有显著发散趋势,但是省区市发散并不意味着每个部门都是发散的,农业、工业、交通运输、仓储、邮电业和其他第三产业等部门是微弱发散的,而批零贸易、餐饮业则显示出了微弱的收敛趋势。沈能(2006)用基于非参数的 Malmquist 指数方法分析了 1985—2003 年中国制造业全要素生产率(Total Factor Productivity,TFP)。结果发现东、中、西部地区制造业全要素生产率以及技术进步增长率差距呈发散趋势。邓向荣等人(2007)依据 Esteban-Ray 指数原理,构造了科技创新极化度指数,对我国科技创新极化演变趋势进行了考察。分析发现,我国科技创新资源向某些极核集聚的过程已经开始,经济极化与科技极化之间并没有形成双向互动关系。他们进一步对东、中、西部科技创新极化度进行比较后发现,三大区域已形成不同科技发展战略,科技资源配置的区域间差距大于区域内差距。胡晓鹏(2007)借用价值创造理论和贸易理论构造了产业价值创造能力指标、产业对外开放指标和产业对内开放指标,并以统计性描述的方式展示了这三项指标在中国 8 大区域间、17 个产业间的基本特征。结果表明,中国目前的产业对外开放水平对产业价值创造能力具有显著正的贡献效应,但贡献度比较低,而目前产业的对内开放水平则对产业价值创造能力起到了抑制作用。杨晔(2008)利用国家统计局发布的年度大中型工业企业自主创新统计资料,构建了因子分析评价模型,分别对全国不同省份企业自主创新投入、产出状况进行了综合评价。在此基础上,杨晔进一步对比了企业自主创新投入产出综合评价指数、排序位次的变更情况。结果发现,12 个省区市企业技术创新产出排名优于投入排名,表明企业的自主创新得到改善,自主创新投入产出是有效率的。其中,广东、上海、北京是"高投入高产出"的代表,其创新具有相对效率;而天津、福建、湖南是"低投入高产出"的突出代表,其基础创新更具有比较效率。谢千里等人(2008)采用 1998 和 2005 年中国所有规模以上工业企业发展数据,探讨了中国工业经济的增长多大程度是由生产率改变所驱动的,同时还分析了中国沿海、东北部、中部和西部等四个主要经济区域的生产率水平是否存在收敛。结果表明,企业进入和退出样本对生产率增长有着特殊的影响。在 1998 年至 2005 年间,这种进入和退出促进了中国工业生产率的增长,并且加快了内陆省份生产率对沿海地区的追赶。以 1998—2009 年中国 30 个省市人均 GDP 与当年全国人均 GDP 差值作为区域经济差距指标进行分析,卢洪友等人(2012)运用核密度估计方法考察了我国区域经济差距的变动状况。研究认为前沿技术进步能够显著缩小区域经济差距,其对东部地区的作用效果最为显著。陈利等人(2016)采用偏离份额法和基尼系数产业分解法探讨了产业结构演变对云南县域经济差异的影响。结果表明,云南县域经济差异受到产业结构偏离和竞争偏离影响较大,尤其第三产业对县域经济差异的贡献在不断加大。袁永科和赵美姣(2019)运用人口加权变异系数剖析了不同部门对我国区域经济差异及收敛的影响。结果表明我国的经济发展总体呈现 σ 收敛态势,但各产业导致的 σ 收敛特征各异。

1.2.2 区域发展影响因素研究

造成区域非均衡发展的原因随着不同区域自身特点、时间差异和外部环境等方面的不同而表现出了明显的多样性。通过对国内外针对我国具体情况进行分析的相关文献的整理,大致可以将其按照影响因素的不同,归纳为以下几个方面:

有的研究强调经济全球化和跨国公司投资作用。Song 等人(2000)基于中国城市层面数据分析了中国区域发展差异问题。结果表明,东部地区和国际市场的接近优势使得其获得了更快发展,并拉大了与中西部地区发展差距。Fujita 和 Hu(2001)的研究也认为有偏区域发展政策的影响作用有限。相比较而言,全球化[出口和 FDI(外商直接投资)衡量]以及经济自由化(国有企业比重和乡镇企业比重衡量)有着更重要且不断增长的作用。在进一步细化研究中,魏后凯(2002a)认为,改革开放以来,我国区域经济发展呈现出典型的二元结构特征。这种二元结构的形成与外商投资分布的不平衡密切相关。1985—1999 年间,东部发达地区与西部落后地区之间 GDP 增长率的差异,大约有 90% 是由外商投资引起的。沈坤荣和李剑(2003)对贸易和人均产出之间的影响机制进行了分析。结果表明,国际贸易通过提升国家要素禀赋结构和加快制度变革进程对人均产出产生了正面影响。但国内贸易则相反,国内市场分割的加剧,阻碍了国内市场的一体化进程,进而对经济产生了负面影响。Zhang等人(2003)重点关注了全球化中的两个驱动力——贸易和FDI对中国区域发展不平衡的影响作用。结果发现,在控制其他因素情况下,全球化仍然是扩大区域非均衡发展的一个很重要因素。与上面的研究结论不同,武剑的研究明确指出,FDI的区域分布不能有效解释各地区经济的不平衡状况。相反,国内投资的区域差距,特别是在投资效率上的显著差别,是造成区域经济差距长期存在的主要因素。林莎(2011)运用协整方法对1981—2010年间我国东、中、西部地区外商投资和工业化进程的相互作用关系予以分析。研究表明,外商投资对工业化进程具有积极作用。

  有的研究重点关注了各种要素禀赋条件的影响作用。蔡昉等人(2001)认为,劳动力市场扭曲程度是影响中国地区间经济增长条件收敛的主要因素。在类似研究中,刘强(2001)也指出,大规模劳动力区际迁移是中国地区间经济增长收敛的重要诱因。林毅夫和刘培林(2003)认为,中国大陆各省区市之间发展水平差距的主要原因在于,重工业优先发展赶超战略下形成的生产要素存量配置结构与许多省区市的要素禀赋结构决定的比较优势相违背,从而导致大量赶超企业缺乏自生能力。陈秀山等人(2004)分阶段研究了不同时期影响中国区域差距投入的要素的量和质、要素配置效率、要素使用效率和空间格局变动。结果表明,在不同时期,这四种因素的重要性各不相同;同时,各个阶段分析都显示,要素投入在地区经济发展中是一个非常重要的因素。郭玉清和杨栋(2007)的研究则认为,中等层次人力资本是创新经济增长的主要驱动要素,同一人力资本门槛内部的相近地区经济增长率基本保持均衡。张军(2002)把资本形成、工业化与我国经济增长的关系联系起来,强调了资本形成和经济增长的密切联系。赵娜和张少辉(2007)进一步利用带有结构突变的单位根检验方法和协变模型,不仅判定了我国国内生产总值和资本形成总额时间序列均是带有一次均值突变的趋势平稳过程,而且同样证实了我国经济增长与资本形成之间存在着同期协变关系。孙早等人(2015)将基础设施建设作为一种生产要素投入,考察其与经济增长之间的关系。结果表明,基础设施投资主要与东、中部地区经济增长之间存在倒U型关系。孙巍和徐邵军(2020)证实了跨地区要素转移对区域经济收敛性的影响。

有的研究强调了空间集聚的重要影响。范剑勇(2004)利用制造业数据,实证分析了中国1980—2001年地区专业化和产业集中率的变化情况,验证了我国存在专业化和产业集中率的提高伴随着地区差距不断扩大的状况。Ng和Tuan(2006)以广东微观制造业企业为考察对象,分析了外商直接投资集聚和广东经济增长之间的关系。结果表明,空间集聚和生产协同关系以及集聚引力作用比制度影响作用更明显影响了区域增长和发展差异。林秀丽(2007)通过构造地区专业化和产业集聚指标,利用31个省区市24个产业的面板数据进行了实证及稳健性检验,结果发现产业结构单一化与产业发展负相关,专业化非常不利于落后省区市的产业发展;而产业集聚与产业发展正相关,产业集聚对产业发展的正向作用程度要大于产业专业化的负向作用。吴颖和蒲勇健(2008)运用空间经济理论,在包含集聚中心区和外围区的两个子区域的区域系统中,定义了受劳动力要素空间流动和区域集聚状态因子影响的区域福利函数,阐释了区域过度集聚负外部效应对区域总体福利的影响机制,指出适度集聚是区域福利的最优条件。陆铭和陈钊(2008)分析指出,在经济向东部沿海集聚过程中,只要促进劳动力跨地区流动和土地开发指标的跨地区交易,经济集聚与区域平衡不矛盾,城乡融合与城市发展不矛盾,社会和谐与经济增长也是不矛盾的。在集聚中走向平衡是城乡和区域协调发展的"第三条道路",是一条平衡与效率携手并进的道路。覃一冬(2013)基于中国1991—2010年省际面板数据的实证分析表明,空间集聚对经济增长的促进作用会随运输成本的降低而削弱。齐亚伟(2015)通过构建面板门槛模型检验了空间集聚、经济增长与环境污染之间的内在作用机制。结果表明,集聚对经济增长的作用受到开放度的影响,即随着贸易开放度的逐步加深,集聚对经济增长的促进作用将不断凸显。

有的研究关注了技术创新的影响作用。涂正革(2007)采用Malmquist指数和DEA(数据包络分析)技术,研究了中国28个省市地区大中型工业增长的动力以及地区间发展差距。研究发现,在1995—2004年间,全要素生产率(TFP)增长已经成为中国大中型工业快速增长的核心动力,特别是技术进步和规模效率的改善对产出增长的贡献日渐突出,相反,要素投入对产出增长的贡献逐渐减弱。地区之间发展的差距依然显著,但无论是人均产出还是增长速度,地区之间的差距正在逐渐缩小;随着中国工业经济的快速增长,TFP对缩小地区间工业发展差距的作用越显突出,而资本要素的作用并不明显。李光泗和徐翔(2008)基于后发优势理论,利用收敛分析框架研究了技术引进对地区经济收敛的影响。结果表明,由于地区间技术水平存在差异,经济较落后地区技术引进的技术外溢作用更强,技术引进有助于实现地区经济收敛。基于30个省市大中型工业企业数据实证分析的结论证实,技术引进不仅对经济增长产生了显著正向作用,对地区经济收敛也产生了显著影响。他们最后指出,技术引进是缩小地区经济差距、实现地区均衡发展的重要途径。彭福扬等人(2012)基于我国内地省份2000—2009年面板数据的研究表明,技术创新和知识产权保护是提高区域经济增长集约化水平的重要因素。冯云廷和计利群(2020)以熊彼特增长理论和经济周期理论为指导,基于我国15个副省级城市2000—2017年面板数据构建变截距模型和控制地区因素的变系数模型,实证考察了城市技术创新对城市经济增长波动的影响。结果显示,城市技术创新的波动与城市经济增长波动之间存在稳定的负向关系,技术创新对城市经济增长波动具有熨平效应。

有的研究强调了制度因素的重要性。曹阳(2001)认为,制度非均衡发展是促成区域经济发展差异众多因素中最为重要的因素。区域政府作为执行正式制度规则的组织,对区域经济发展有重大影响,但区域政府规模过大反而会阻碍区域经济发展;非正式制度可统称为"社会资本",它对区域经济发展有潜移默化的深层影响。孙海刚(2007)的研究从市场化视角对中国地区差距的成因进行了系统性解释。他认为,东部地区通过优惠政策获得了一个先动优势,在市场化机制作用下东部地区先动优势得到了强化,并使得其与中西部地区之间的差距逐渐拉大。叶国平(2007)认为,我国不同区域在正式制度与非正式制度的相容程度、市场经济发展的非正式制度环境、法律意识和政府诚信等方面均存在差异。要促进区域经济协调发展,必须针对中西部地区现实,加强制度创新,尤其是要重视非正式制度的创新。孙红玲和刘长庚(2007)则从区域协调发展与公共服务均等化要求出发,主张将东、中、西"三大部"纵向区域转变为横向划分的泛珠三角、泛长三角和大环渤海"三大块"区域,并在此基础上构建中国区域财政横向均衡制度。他们认为,依托"三大块"财政经济规模基本相当、发展条件基本均衡的区域平台,可以做到区域平等竞争的起点公平,实行"取之同等、予之等同"的区域政策,确保竞争过程公平与结果公平,从而形成在促进效率的前提下实现社会公平的区域发展机制。王生发(2016)基于泰尔指数嵌套分解的结果表明,省直管县改革只能弱化但并不能消除发生县域经济体之间争夺经济发展资源的"排挤效应"。正是这种"排挤效应"使得中国县域经济差异不断扩大。任保平和张倩(2021)的研究亦证实省域政府财富创造能力差异导致区域经济增长差距长期存在。

在对其他方面因素影响分析中,沈坤荣和马俊(2002)分析指出,各地区间工业化水平差异和产业结构变动对增长收敛性构成显著影响。范剑勇和朱国林(2002)认为缩小地区差距的主要途径应该是扭转非农产业在空间上的不平衡发展,帮助西部地区发展制造业。李国平和范红忠(2003)通过动、静态比较分析发现,我国生产的极化作用不高,人口的极化作用过低。我国地区经济差距的主要原因是生产向东部地区不断集中的同时,人口没有相应地向那里集中,造成核心发达区域生产与人口分布高度失衡。他们由此认为,鼓励中西部贫困人口向东部尤其是东部核心区域流动,是解决我国地区经济差距的有效策略。Benjamin等人(2005)分析中国村一级的面板数据发现,没有收入差距阻碍经济增长的证据,但从长期来说,两者的负相关关系是存在的。陆铭(2005)研究了收入差距、投资、教育和经济增长的相互影响。结果表明,收入差距在即期对投资有非常强的负面影响,之后影响变为正,再逐渐下降至微弱的负,从长期来看,收入差距对投资的累积影响始终为负;收入差距对教育的影响较弱,其累积影响始终为正。陆铭认为,由于投资对于经济增长的作用超过了教育,因此收入差距对于经济增长的间接影响主要来自投资渠道,从累积效应来看,收入差距对于经济增长始终呈现出负的影响。他最后指出,控制收入差距有利于经济增长,且有利于缩小收入差距,从而可能使平等与增长相协调的目标实现。黎德福和黄玖立(2006)认为,中国各地之间存在显著的产业结构差异,但现有关于中国地区收入差距的文献多受新古典单部门增长模型的影响,忽视了结构冲击与结构转换的作用。通过构造变量,他们将各地区实际增长率分解为结构冲击、结构转换与生产率增长三部分。研究发现,结构冲击在1978—1990年缩小了地区差距,但在1990—2002年扩大了地区差距;结构转换在整个改革期间均缩小了地区差距,从而加快了农业发展和中西部地区产业结构转换,这有助于改善中国的地区收入分配状况。张学良(2007)研究发现,中国交通基础设施与经济增长表现出很强的空间聚集特征,经济增长与交通运输主要集中在东部沿海发达地区,并形成了由东往西逐步递减的梯度。他指出,从交通基础设施对经济增长贡献的区域差异来看,中部地区交通基础设施对经济增长的贡献最大,表明交通先行在中部崛起中起着重要的作用。张晓旭和冯宗宪(2008)运用三种不同空间经济计量模型研究了中国各省份人均GDP增长的收敛性。结果表明,地理位置影响尽管对各地区经济增长造成了深刻影响,但并没有改变地区经济增长的收敛趋势。宋长鸣(2011)运用转移份额和方差分解法将1985—2008年我国省份经济劳动力要素生产率之差分解为产业结构布局效应、产业生产率效应和配置效应。结果表明,产业生产率差异不仅是地区经济差异形成的主要原因,而且还是各地区经济增长的主要动力。范柏乃等人(2013)利用2001—2011年省级面板数据和变系数模型揭示了科技投入对经济发展作用的区域差异。毛捷和黄春元(2018)基于2004—2015年中国地级市数据,实证检验了地方政府债务对地区经济增长的影响。研究发现地方政府债务对经济增长的影响呈倒U型关系。债务水平未突破债务平衡点时,地方政府举债的正面作用占优并将促进经济增长;一旦债务水平超过债务平衡点,地方债务将抑制经济增长。

还有一些研究则从多个尺度分析了区域发展差距的形成原因。王小鲁和樊纲(2002)认为影响地区经济差距的主要因素有生产要素(物质资本、人力资本和劳动力资本)在各地区的流动和配置状况,制度变革因素(主要是市场化进程)在各地区间的差异,结构变动因素(城市化进程等)对区域差距的影响等。张吉鹏和吴桂英(2004)把影响地区经济差距的因素分为四类,即要素投入、经济结构、政策和制度因素、地理位置和历史因素。贺灿飞等人(2010)则指出改革开放政策、参与全球化程度、市场化程度以及城市化进程等是导致中国区域经济差距时空变化的显著原因。谭小芬和李翀(2004)把形成中国区域差距的原因归纳为十种,即历史因素与自然条件、优惠政策和投资倾斜、重工业发展战略、财政分权与转移支付、开放理论、外商直接投资、市场化、产业结构、所有制结构、知识和科技进步等。董先安(2004)同样对解释中国半个世纪以来地区收入差距演变的各种假说进行了归纳、分析与检验。他使用弹性分析与条件收敛分析检验了人力与物质资本、农业生产结构、城乡差距、产业结构、产权结构、政府规模、企业规模、户口结构等多组解释变量对经济增长与收敛的影响作用。许召元和李善同(2004)重点对改革开放以来中国地区差距的变化进行了对比分析。结果表明,与20世纪90年代相比,2000年以来我国地区差距扩大的速度有所减缓;有些因素会促使地区差距不断扩大,如不同地区的地理位置、经济环境、受教育水平、基础设施水平以及城市化水平等;也有些因素会促使地区差距逐步减少,如市场经济体制不断完善,对投资、劳动力流动放宽限制以及区域经济一体化程度不断提高;还有一些因素在不同阶段对地区差距起了不同的作用,例如各地的固定资产投资率、市场化程度等等。陆大道(2008)通过对中国区域发展的基本态势和区域协调发展内涵的分析,提出各地区之间经济发展水平和发展实力差距形成的主要原因,认为除区位、自然资源、历史基础外,近年来经济全球化、信息化发展以及大都市经济区的形成等因素是导致中国区域发展差距扩大的主要因素,而从区域不平衡到较为平衡是一个长期的发展过程。姜瑾(2013)基于2005—2009年省级面板数据和面板修正标准误估计的结果显示,人均水资源量的提高对循环经济的发展有显著促进作用,但是排污费征收和第三产业比重的提高则有显著负面影响,技术水平和国际贸易的作用不显著。逯进和苏妍(2017)基于全国31个省区市1982—2012年面板数据和半参数可加模型估计表明,各区域脑力素质与经济增长显著正相关,但身体素质对经济增长的拉动作用在下降。除东部地区外,其他地区脑力素质对经济增长作用表现为显著的正U型关系,而身体素质作用则为显著的倒U型关系。

1.2.3 地区专业化发展研究

就地区专业化发展相关研究来看,经济学家实际上提出了很多理论来解释经济活动中的地区专业化现象。有的理论强调了地区之间资源禀赋差异(Ohlin,1933);有的理论强调了规模报酬递增作用,即对于那些规模报酬递增的行业,将生产集中在少数地方而不是分散在各地,是一种自然的趋势(Krugman,1991)。另一些理论则认为,即使对于那些规模报酬不变或者规模报酬递减的行业,一个企业的生产成本(或者其推出新产品和服务的能力)也可能会由于本地区存在其他同行业企业而降低(或增加),这种溢出效应或者说经济外部性,可能造成生产集中在个别地区(Marshall,1920)。

20世纪90年代以来,随着经济全球化的深入发展,中国同其他国家(地区)之间的贸易壁垒和非贸易壁垒逐渐降低,融入全球经济的程度越来越深。在这样的背景下,有关中国地区专业化的研究逐渐引起了国内外不少学者的关注,尽管这些研究的结论仍存在着较大的分歧。Kumar(1994)早期主持的一项世界银行研究报告表明,和美国、欧盟相比,中国的工业分散程度很高,即中国的地区专业化水平较低。Young(2000)研究了中国各省产出结构,认为在中国改革过程中,出现了国内市场分割从而导致了各地区专业化程度的降低。Batisse

和 Poncet(2004)采用 1992 和 1997 年中国 24 个省份投入-产出表数据,计算了 31 个可比产业(20 个工业和 1 个农业产业,10 个服务业),得出在这段时间,中国的地区专业化程度是降低的,各地区产品结构变得越来越相同。Naughton(1999)同样采用 1992 年中国各省投入-产出表数据,分析发现:1987 年到 1992 年间,中国各地区专业化程度是日益提高的。Fujita 和 Hu(2001)指出中国沿海和内陆地区之间产品结构的不一致性在日益上升,他们同时还发现有些产业自我集聚的证据。Ge(2004)研究发现,1985 年到 1999 年间,中国各地区专业化程度和制造业集聚度都在加深。Liang 和 Xu(2004)发现,除了湖北,中国其他省份的专业化水平均有所提高。其中源于技术效率改进、规模经济增强、经济开放度扩大比较优势的动态变化对中国地区专业化水平提高有显著正效应。

在国内学者的相关研究中,梁琦(2004)计算了中国区域制造业分工指数及其变化率,并将其与美国、欧盟国家进行了比较。结果表明,在一定空间范围内,产业分工与地理距离有关,地理位置靠近、空间距离较短的区域之间产业同构性较强。梁琦还比较了环渤海和长三角两大沿海经济圈内部分工,发现环渤海经济圈的互补性更大,而长三角经济圈的同构性更强。就制造业大类而言,中国 1997 年的产业分工程度高于美国 1985 年的产业分工程度的一个重要原因在于中国的区域经济发展差距很大。梁琦最后指出,1997—2001 年,中国各大区域间的专业化分工程度在不断加深,经济发展速度与分工指数的变化率呈正向变化,市场经济对中国资源优化配置的作用已凸显。白重恩等人(2004)通过建立中国 29 个地区 32 个产业 13 年间(1985—1997 年)的数据集,用动态估计方法研究了中国产业区域专业化的决定因素。结果表明,以往享有较高利税率和国有成分比例较高的行业,其区域专业化程度比较低。在决定区域专业化水平的因素中,地方保护主义的影响作用超过了外部经济性和规模效用,仅次于历史影响作用。研究还发现,中国产业区域专业化水平在经历了早期的微弱下降后,近几年来有显著上升。踪家峰和曹敏(2006)则利用专业化与地理集中指数衡量了京津冀地区地方专业化水平和产业地理集中度。结果表明,天津、河北地区的专业化指数逐年上升,而京津两地的专业化指数则一直处于较低水平。他们由此认为京津之间、京冀之间产业独立发展,联系不足。他们通过进一步分析还发现,在制造业 20 个行业中有 14 个行业的地理集中指数是上升的,且上升的幅度均较大。京津地区各产业尤其是资本技术密集型产业正处于区域发展的向心集聚阶段,集中方向为京津地区特别是北京地区。樊福卓

(2007)在封闭经济假设和地区间需求结构一致假设下,通过构造地区专业化度量指标——地区专业化系数,对中国地区专业化发展进行了比较分析。结果表明,中国工业地区专业化水平自20世纪80年代中后期以来,有了较大程度的提高,而如果忽略地区(或行业)相对规模因素来讨论中国工业的地区专业化问题,则会高估工业的地区专业化水平。魏博通和周杰文(2007)分析了1980—2004年我国地区专业化空间分布和变动状况以及影响我国地区专业化空间分异的因素。结果表明,我国地区专业化水平在经历了20世纪80年代中期的略微下降后,出现了明显上升趋势,这在20世纪90年代表现得最为突出。专业化水平上升幅度较大的地区少数是处于东部沿海的发达地区,大多是位于内陆边疆的欠发达地区。地区专业化空间分布格局没有明显变化,深处大陆内部与边境接壤的地区专业化水平较高,东部沿海和一些不与边境接壤的中西部地区专业化水平较低。进一步从空间区位角度进行的计量分析表明,地区规模、市场进入和城市化水平对我国地区专业化空间分布有显著负效应。蒋媛媛(2011)研究发现:中国整体的地区专业化水平与经济发展水平存在倒U型关系;随着经济发展水平的提高,中国各省区市专业化部门综合实力的演变趋势大致可划分为四种类型,即U型、倒U型、W型和M型。罗勇等人(2013)将人力资本异质性引入新经济地理学自由企业家模型,他们的基于2001—2010年省级面板数据的实证结果表明:异质型人力资本集聚能在短期提高地区专业化水平,能在长期扩大地区收入差距;同质型人力资本集聚能在短期降低地区专业化水平,在长期有助于缩小地区收入差距。袁其刚等人(2015)结合微观企业数据和倍差法倾向匹配估计,探讨了中国经济功能区设立对企业生产率的影响。研究表明,经济功能区的地区专业化效应与企业生产率的关系呈倒U型,适度的专业化有利于产业集聚并能促进企业生产率的提升,过度专业化导致的产业拥挤会抑制企业生产率的提升。戴翔等人(2018)利用WIOD(World Input-Output Database,世界投入产出数据库)并侧重地区专业化和行业集中度分析,结果表明,行业集中度对制造业价值链攀升具有抑制作用,地区专业化则表现出显著正向促进作用。他们通过分样本比较发现,行业集中度对不同要素密集度特征制造业的影响各异,地区专业化具有积极促进作用,即对技术密集型制造业、资本密集型制造业、劳动密集型制造业呈现由强到弱的作用效果。丁宏(2021)采用产业结构相似系数和地区专业化指数方法对京津冀地区产业同构程度进行了测度,并考察了产业同构程度对经济增长的影响。研究表明,北京市产业专业化程度稳步提高,但天津市和河北省的产业同构程度不断上升,产业同构对经济增长的影响及空间溢出效应均表现为负向。

1.2.4 地区垂直专业化发展研究

就对全球生产网络环境下地区垂直专业化分工贸易发展所作的相关研究来看,尽管全球范围内垂直专业化分工贸易早在20世纪六七十年代就逐步兴起,但对这一新国际分工贸易模式带有标志性特点研究的出现则是在20世纪90年代。

具体来说,Hummels等人(2001)最早对其给予了大量关注和较深入研究。他们发现垂直专业化分工使全球中间品贸易在现代国际贸易中的比重大大上升,其对各国生产效率以及出口绩效都产生了重大而深远的影响。Bond(2005)利用李嘉图模型分析了生产加工过程分散化情况下国家之间的技术传播问题。研究特别关注了三类因素,即最终产品消费替代弹性(elasticity of substitution in consumption of final goods)、中间和最终生产阶段的替代弹性(elasticity of substitution between intermediate and final production stages)、生产类型(pattern of production),关注这三类因素是如何决定技术创新国和其他国家共享技术创新所带来收益的。Markusen和Venables(1996)从考虑企业选址决策和运输成本角度研究发现,当允许跨国公司选择生产地点时,跨国公司能够增大高收入国家熟练劳动力和非熟练劳动力的工资差距。Jones和Henryk(2000)强调了服务业在联系垂直专业化分工各生产环节中具有的重要作用。Grossman和Helpman(2002)运用一般均衡模型分析企业生产经营内部化和外包决策行为时发现,企业采取外包模式不但可以降低经营管理成本,而且可以获得专业化分工生产时"干中学"效应所带来的利益。Hanson等人(2005)利用美国跨国公司层面数据考察了母公司和海外子公司之间的中间品贸易情况。结果表明,当子公司面临较低贸易成本、低劳动力工资和低公司所得税时,进口投入品需求会提高。Gaulier等人(2005)考察了中国参与新国际劳动分工、大量从事全球加工贸易活动的实际状况及其对东亚区域经济一体化的影响。结果表明,中国与周边发达经济体的生产共享使得其制造出口多样化能力得到快速提升,高技术产品贸易快速发展。他们还指出,发达经济体生产活动的转移导致了东亚产业重组。Milner等人(2006)在东道国和投资国之间垂直生产一体化框架下，利用微观企业数据研究了日本和泰国企业之间的行业关联性是如何影响日本企业海外直接投资的。结果表明，除了低运输成本、低劳动力成本等因素外，产业关联和供应网络关系更使得FDI集聚凸显。Defever(2006)利用微观企业数据考察了影响跨国公司内部生产网络构成中不同功能环节在欧盟国家内部的分布情况及其影响因素。结果表明，研发和生产活动有相对明显的地域协同性(co-location)，而总部活动则对企业其他价值环节布局没有显著吸引力。

就国内而言，尽管从早期到现在的很多研究仍然没有明确从全球生产网络发展过程中所形成的地区垂直专业化角度来考察相关问题，但实际上，很多研究还是从不同侧面体现了这一研究视角。如盖文启和王缉慈(2000)基于创新角度的研究认为，经济全球化实际上是强调经济发展过程中全球层面上的创新网络联接和拓展，而本地化趋势则是强调区域内创新网络的培育和企业的本地植根。他们指出，在当前经济全球化浪潮正以不可逆转的趋势向前推进的过程中，任何区域的发展都很难将全球化的冲击拒之门外，区域的发展要想获得和继续保持竞争优势，就必须以积极的姿态迎接全球化的挑战。程惠芳(2002)基于内生经济增长理论的分析表明，FDI能内生技术溢出和技术进步，从而成为内生经济增长的重要源泉。FDI流入增长对高收入发达国家经济增长的作用比对中、低收入发展中国家的更明显。程惠芳还指出，FDI流入增长对我国经济增长和全要素生产率增长具有明显促进作用，原因与FDI流入规模和我国的人力资本水平有关。张天顶(2004)研究认为，FDI对东道国经济发展影响的传导机制是多渠道的，FDI不仅对东道国具有资本积累的直接效应，而且具有间接外溢效应，如技术扩散、人力资本提高和制度变迁效应。这些外溢效应对一国通过知识积累、技术进步、人力资本水平提高以及卓有成效的制度变迁实现内生经济增长具有重要的作用。高越(2005)认为，产品内分工产生的影响除了一般国际分工具有的福利效应和要素价格效应外，还有促进跨国公司对外直接投资、减少贸易摩擦、克服资产专用性束缚等方面的作用。李小平和朱钟棣(2006)就国际R&D(Research and Development，研发)溢出对中国工业行业的技术进步增长、技术效率增长和全要素生产率增长的影响作了实证分析。结果表明，通过国际贸易渠道的R&D溢出促进了中国工业行业的技术进步、技术效率及全要素生产率增长。因此，加强与R&D投入比重较高的发达国家的国际贸易以及提高国内自身的R&D效率显得很有必要。吴晓波和吴东(2009)认为我国制造业普遍存在企业知识基础薄弱、技术能力缺失、创新能力落后的状况，这一现状决定我国制造业企业在国际旗舰企业主导的全球制造网络中处于边缘化位置。研究提出可通过两种模式嵌入全球制造网络：第一，密切与国际旗舰企业联结，学习和获取资源、知识，提升企业创新能力，这主要涉及本地企业和国际旗舰企业的交互关系；第二，构建本土企业主导的全球制造网络，这主要涉及本地企业和全球资源、能力的整合与互动。姚志毅和张亚斌（2011）以全球生产网络为背景，从整体和省域两个层面对产业结构升级进行了测度。他们通过研究认为中国产业结构是否升级需要从高附加值产业创造力、产业市场拓展、产业价值链、产业发展环境、产业生产能力五个方面判别。中国省域产业结构升级表现存在较大差异：广东、天津等充分发挥高附加值产业创造力作用，新疆、甘肃等西部地区凭借资源优势和以加工贸易方式参与全球生产网络，促进了自身产业结构升级。岑丽君（2015）基于全球价值链指数和显性比较优势指数，比较并探讨了中国出口贸易在全球生产网络中的分工贸易地位及真实贸易利益。结论表明，中国已较大程度地融入全球生产网络，但在全球价值链中地位较低并且呈现"V"型趋势发展。黄光灿等人（2019）指出盲目深入全球分工体系不利于制造业升级，必须依靠技术进步来提高分工地位和国际竞争力，还指出中国制造业在向全球价值链高端节点转移的过程中，需转变垂直分工为水平分工，同时构建以技术进步为主导的"全产业链"发展模式，增加中国国内间接附加值率。贾利军等人（2021）研究发现：跨国并购成功率并不与并购双方所在行业关联度正相关。对于并购成功的主并方，选择行业关联度高的目标企业有利于提高企业并购绩效，但其影响存在明显的滞后效应。东道国环境（如东道国对FDI的态度）、制度环境以及对外开放度等因素，对行业关联度和跨国并购的关系具有显著的调节作用，但其调节作用在行业间供给和消费关联方面存在差异性。

以北京大学中国经济研究中心课题组（2006）对中国垂直专门化程度所做具体测算为重要标志，对全球生产网络和垂直专业化分工贸易发展特点做更深入具体研究的相关文献才真正开始不断出现。比较有影响的研究中，徐康宁和王剑（2006）基于零部件产品进出口贸易数据，详细刻画了当代国际分工格局的基本特征，并且采用双边贸易的引力模型对垂直专业化分工的决定因素进行了计量检验。结果表明，发达国家在国际分工体系中处于绝对核心地位，它们是推动国际分工发展演变的主导力量，要素禀赋和地理区位决定了国际分工的基本格局，地理距离重要性的逐渐上升，引导国际分工的空间布局朝着区域化方向演进，这也使得要素禀赋对分工格局的影响力在一定程度上局限于区域内部分工体系中。林季红(2006)的研究指出,对于发展中国家企业来说,只有加入跨国公司全球生产网络,并通过协作和不断的学习才能跻身全球产业增值链的竞争行列,才能将自己的比较优势转化为竞争优势,提高产业的国际竞争力。国家应引导增强跨国公司在当地的技术活动,与当地技术研究部门建立更密切的联系,强化当地的技术和研发能力。张小蒂和孙景蔚(2006)的研究也认为,从长期来看,参与垂直专业化分工有利于中国产业国际竞争力的提升。王洪庆(2006)的研究指出,我国加工贸易增值率呈明显上升趋势,加工贸易对我国产业结构升级、贸易结构优化功不可没。但同时,与国外发达国家加工贸易增值率相比,我国附加值实现状况仍不理想。对于其中原因,他们认为主要在于,我国的加工贸易有相当部分尚处于典型的简单加工和组装的发展阶段,而随着劳动力成本的上升,其会逐渐失去发展后劲。王益民和宋琰纹(2007)、曾铮和张路路(2008)的研究则认为,全球生产网络效应的存在进一步导致了发展中国家当地产业集群升级问题的内在复杂性。全球生产网络作为潜在的知识载体对于当地产业升级的重要价值,归根结底取决于当地企业与跨国公司能否在产业价值链的更高层面形成关联。熊晓琳和王怀民(2008)针对东部六省市的分析表明,加工贸易对所有省市的经济增长都有显著而积极的影响。反观一般专业化贸易,除了福建和广东的一般专业化贸易对经济增长有积极影响外(但它们对经济增长的边际影响也远不及加工贸易对经济增长的边际影响),其余省市的一般专业化贸易反倒对经济增长产生了负面影响。他们由此认为,如果说对外贸易对经济增长有影响的话,要归功于加工贸易而非一般专业化贸易。宗毅君(2008)认为,近十余年来,国际产品内分工有力地促进了我国工业各行业的进出口贸易增长;同时,垂直专业化分工贸易比重(VSS)的上升也在一定程度上推动了我国工业行业贸易顺差增长。文东伟(2011)比较了32个国家制造业出口的垂直专业化水平。结果表明,经济规模越大、技术创新能力越强,经济体的垂直专业化水平越低;行业技术复杂度越高,其垂直专业化水平也越高。杜传忠和张丽(2013)从全国、产业及地区三个层面对中国工业制成品出口国内技术复杂度进行了测算和比较。他们的研究发现中国出口品国内技术复杂度总体呈现稳步增长态势,但其与出口品全部技术复杂度之间的差距呈逐步扩大趋势。研究还表明出口品国内技术复杂度呈现明显的行业差异性,并且出口品国内技术复杂度均值较高的省份主要集中在东部地区,增幅较大的省份则主要位于中西部地区。沈国兵和于欢(2017)利用2000—2013年中国工业企业数据库与海关贸易统计库匹配数据测算了中国企业垂直专业化指数,进而实证分析了垂直分工企业技术创新的影响。研究发现中国企业的垂直专业化水平从2000年的0.48下降至2013年的0.27,企业参与垂直分工对技术创新总体表现为抑制效应,对外资企业、加工企业及外资加工企业的创新抑制效应最大。杨蕙馨和高新焱(2019)探讨了中国制造业融入垂直专业化分工全球价值链的理论基础、相互关系、嵌入路径以及行业影响。他们的研究表明垂直专业化分工是全球价值链不断更新的动力,全球价值链为垂直专业化分工提供了发展平台。鉴于中国加工贸易型制造业面临着区域发展不协调、技术贸易壁垒、创新能力不足等诸多困境和问题,应积极改变垂直专业化分工角色和参与全球价值链的升级与创新。何雅兴和马丹(2022)基于异质型区域间投入产出表构建了我国省级区域增加值分解测算框架,并对我国参与全球价值链分工、国内价值链分工和价值链协同分工情况进行了对比分析。他们的研究认为我国各区域各部门仍以区域内贸易为主;东部地区和制造业部门更集中于全球价值链分工,中西部地区和初级产品部门更集中于国内价值链分工。单一全球价值链分工的延伸难以持续提升出口产品竞争力,协同国内价值链和全球价值链的双重分工是出口产品竞争力提升的可行路径。

1.3 研究对象、目的和意义

1.3.1 研究对象

我国区域发展差距的不断扩大与经济全球化发展过程中不同地区对外开放程度或者说外向型经济发展差异有密切联系。特别是近年来,随着我国融入全球生产网络程度的不断加深,区域发展差异问题也变得更加突出。当然,不可否认的是,全球生产网络在更广区域范围内的不断扩张,对于各地区发展来说也意味着更多机遇。正因为如此,本书首先在大框架上选择了从全球生产网络这样一个角度来考察我国的区域发展问题。

考虑到在全球生产网络体系中,我国和其他国家(地区)之间已经形成了较为明显的产品内分工合作关系,这种关系本质上体现了国家之间在生产过程中所形成的价值增值共享这样一种垂直关联关系。因此,作为一点重要说明,本书在具体分析时,更主要的是从全球生产网络发展过程中所形成的新地区专业化角度出发,来考察其对我国不同区域发展的影响。显然,这一新地区专业化由于和全球生产网络发展之间存在着紧密联系,因此可以认为,这一角度的分析也在一定程度上体现了全球生产网络对区域发展的深层次影响。而在具体对各地区全球生产网络发展过程中所形成的新地区专业化进行考察的时候,如前文所述,实质上体现了不同地区基于利益共享的垂直专业化发展特点,因此可采用最具代表性的地区垂直专业化对本书所研究新地区专业化加以考察。数值衡量方面,受相关数据可得性限制,本书最终用加工贸易数据计算的区位商指数对我国不同地区垂直专业化发展水平作出衡量。对相关概念更明确的界定和处理将在后续有关章节中作进一步说明。

在具体考察垂直专业化对区域发展的影响作用时,本书首先从总体角度考察了其对我国区域发展的影响作用,为了体现影响作用的差异性,本书在相关分析中分别从东、中、西三大区域划分角度作了比较。在此基础上,本书还从地区垂直专业化角度对我国现阶段发展的三个重要方面(区域全要素生产率水平提升、产业结构调整升级以及工业集聚发展)展开分析。分析中,始终贯穿的一个重要思路就是关注了一般专业化或者产业间、产业内分工贸易发展所体现的地区专业化和全球生产网络发展过程中以垂直专业化为代表的地区专业化对区域发展影响作用的差异性。其中,在考察地区垂直专业化对工业集聚发展影响作用的时候,更是明确比较了其与传统资源禀赋对三大区域工业集聚发展影响作用的差异性。此外,在考察地区垂直专业化对产业结构调整升级以及工业集聚发展影响作用的时候,本书还将关注的视角集中在了制造业细分行业层面,从中得出了更多有价值的研究结论。

鉴于地区垂直专业化发展很大程度上取决于我国不同地区融入全球生产网络、参与产品内国际分工的水平。因此,考虑到两者之间紧密的联系,本书中的相关分析还从产品内分工贸易发展和跨国公司不同价值增值环节投资角度,对不同地区融入全球生产网络的情况和影响因素做了深入探讨。虽然这些研究并没有直接关注地区垂直专业化及其对区域发展的影响,但是鉴于两者之间存在的紧密联系,特别是全球生产网络发展是地区垂直专业化能力形成的重要前提条件,出于更好促进对区域发展来说有重要影响的地区垂直专业化发展的目的,研究如何促进不同区域更好融入全球生产网络自然也是值得关注的。

1.3.2 研究目的

经济发展的区域特征是由经济发展的内在规律决定的,表现为区域经济空间结构的历史演化和区域经济的不平衡发展。从世界经济发展的历史来看,区域特征在不同国家(地区)或者同一个国家(地区)不同历史阶段都表现得相当明显,中国经济发展也表现出了这一特点。自改革开放以来,实行多年的区域差别化发展策略使得区域经济的不平衡发展成为中国经济发展的一个重大问题,并对经济的持续增长构成了很大威胁。因此,在新的发展时期,特别是国内外发展环境都已经出现了新变化的情况下,重新认识和界定区域经济不平衡性和均衡发展问题,仍然具有重大理论价值和现实指导意义。

虽然在对造成我国区域发展不均衡的原因的分析中,已经有很多学者强调了经济全球化发展的重要影响,但是全球化发展本身是一个动态化过程,其对区域发展的影响作用也随着时间的推移而表现出了不同特点或者说具有动态性。对于新时期全球生产网络发展及其在这一过程中所表现出来的一些重要特点给我国区域发展所带来的深远影响,较深入系统的研究还不多见,而本书的研究可以说是这一领域的一个很好拓展。

在新时期,随着我国经济社会发展水平的不断提升,我国发展也面临着一些新的问题。比较突出和为人们所集中讨论的热点话题包括:如何实现我国经济增长方式从粗放型向集约型转变,进一步发挥创新、技术进步和效率提升在经济发展中的作用;在总体步入工业化发展中期阶段后,如何实现我国产业结构的调整升级;在不断强调产业集聚发展作用的时候,集聚发展的影响因素,特别是以资源禀赋为代表的传统因素和以地区垂直专业化发展为代表的新因素的影响作用的相对变化情况究竟是怎样的。显然,通过对这些更具体方面的考察,将使我们对地区垂直专业化乃至全球生产网络对区域发展差异的影响作用有一个更深入的了解。

1.3.3 研究意义

尽管人们越来越强调一个国家或地区发展融入全球经济的重要性,但是人们对于一个国家内部不同区域的发展如何融入全球经济一体化的关注还很有限。即便有人从这样一个角度予以关注,也只是从总体上做了一些定性描述和简单比较,而没有结合我国当前区域发展所面临的一些新的突出问题来加以讨论。国外一些研究,特别是其所总结出来的一些普遍性指导规律,虽然可以作为重要参考,但鉴于中国特殊的国情和发展阶段,国外文献得出的这些结论并不一定完全适用于中国。因此,必须结合我国的实情来对相关问题作更全面深入的分析。针对相关理论和实证研究存在的不足,本书不仅对我国不同区域参与全球生产网络及其垂直专业化发展状况做了系统比较,还就垂直专业化对区域发展一些重要方面的影响作用做了论证分析。可以说,这些工作都将既有研究进一步向前推进。

另一方面更重要意义在于,本书的系统性研究进一步明确指出了我国在新时期、新环境下促进区域均衡发展的一些重要思路。具体来说,我国东部地区经济发展的基础相对较好,在全国整体经济发展格局中相对处于较有利位置。在进一步发展中,其战略定位应该是在全球生产网络体系中,重点发展高附加值生产制造活动和相关服务活动。也可以认为是在和中西部地区充分进行区域优势分解的基础上,促进生产活动价值链进一步延伸,以更多获取其中的高附加值利益和高技术聚集比较优势。而对于中西部地区,关键切入点是依托传统产业优势来延伸产业链,以便获取更多附加值,并同时获取更多新增劳动力就业机会,以促进高级要素禀赋累积和产业技术层次提升,最终更好实现本地区经济社会的全面发展。

总之,本书的研究意义不仅在于学术理论上的贡献(包括地区垂直专业化对区域发展相关方面的影响差异比较和作用机理的理论分析),而且通过不同角度的对地区垂直专业化发展影响作用的实证分析,改变了我们对以加工贸易为主要特色的新国际分工贸易发展浅显的认识和"打工经济"思维定式,从中得出了更多有价值的结论和政策建议。这对于各级、各地区政府部门根据区域发展特点,不断改善发展环境,促进地区垂直专业化发展及其功能提升,进而促进地区经济社会综合协调发展,都具有较大的参考价值;对于不同区域之间进一步融入全球生产网络,深化分工合作关系,也具有重要指导意义。从国家整体层面来看,这对于如何在认识到区域发展差异特点和现实情况的基础上,制定既具有全局性又考虑到地方特点的政策措施,同样具有重要指导意义。

1.4 研究内容、方法和创新

1.4.1 研究内容

本书从经济全球化角度出发,研究了我国不同地区参与全球生产网络,从而形成的有别于一般专业化模式的新地区专业化(即垂直专业化)在我国区域发展中的重要影响。从逻辑框架看,全书总体结构分为三大部分,即理论分析、实证分析以及结论和政策建议。理论分析部分包括文献综述、区域均衡发展的内涵界定和基本理论,以及地区专业化发展演化规律及其与区域发展的关系理论。实证分析部分是本书的主体,本书首先对全球生产网络环境下不同地区垂直专业化状况和区域发展现状从不同角度做了比较,并从总体上就地区垂直专业化对区域发展的影响作用做了考察。在此基础上,重点就垂直专业化对区域全要素生产率、地区产业结构以及工业集聚发展影响做了更深入分析。最后,重点从各地区参与全球生产网络和垂直专业化发展差异角度,总结了促进我国区域均衡发展的新思路,并提出了若干政策建议。主要内容包括以下十个章节:

第一章为引言和综述。该章提出了本书所要研究的主要问题,并对国内外区域发展和专业化发展方面的相关文献作了评述;同时,阐明了主要研究对象、目的和意义,介绍了本书的主要内容、研究方法和创新。

第二、三章为本书的理论分析部分。第二章首先对区域均衡发展内涵做了具体说明;接着重点对区域发展阶段理论、区域均衡发展理论、区域非均衡发展理论观点做了系统性说明;最后对我国不同区域均衡发展理论观点做了评述。

第三章重点论述了地区专业化发展演化规律、基本理论及其与区域发展的关系。首先在界定清楚地区专业化概念的基础上,结合专业化与分工发展规律,对专业化发展演化规律做了具体分析,同时点明了全球生产网络和地区垂直专业化概念并讨论了两者之间的关系。接着,对专业化与分工发展理论做了系统介绍,在此基础上,进一步阐述了全球生产网络环境下垂直专业化发展基本理论,并就地区垂直专业化和区域发展之间的关系做了探讨。

第四章到第九章为本书的实证分析部分。第四章在前面理论分析的基础上，首先对全球生产网络概念、发展趋势及其对地区专业化发展的影响做了阐述。在此基础上，重点通过对全球生产网络发展过程中表现最突出的地区垂直专业化和基于产业间、产业内分工贸易发展视角的地区一般专业化在我国不同区域发展情况的比较，较系统地揭示了全球生产网络视角下地区专业化发展不同以往的新特点。

第五章重点关注了全球生产网络环境下垂直专业化发展对区域经济发展的影响。本章首先从全球生产网络视角出发，阐述了其对区域经济发展的总体影响；接着结合理论分析探讨了地区专业化，特别是在全球生产网络影响区域经济发展过程中发挥重要桥梁作用的地区垂直专业化对区域经济发展的影响。在此基础上，本章进一步通过系统性比较，考察了地区垂直专业化和一般专业化对区域经济发展影响的差异性和变化规律。

第六章重点考察了全球生产网络环境下地区垂直专业化对不同区域全要素生产率的影响作用。首先通过定量分析，比较了一般专业化和垂直专业化影响作用的差异性。在此基础上，通过理论建模和计量方法，进一步分析了两者影响作用的区域差异。

第七章主要从全球生产网络环境下垂直专业化对区域产业结构调整升级的影响角度做了分析。主要从两个层面展开：一个是地区垂直专业化对以工业为代表的第二产业和以服务业为代表的第三产业相对结构变化的影响；另一个是从劳动、资本和技术密集度构成差异角度，关注了地区垂直专业化对制造业内部各行业相对发展的不同影响。

第八章同样建立在对影响机理分析基础上，重点比较了全球生产网络环境下垂直专业化和传统自然资源禀赋在地区工业集聚发展中影响作用的相对变化和区域差异性。作为对第八章内容的一个承启部分，本章第四小节就相关因素对地区垂直专业化发展的影响作用，在考虑空间因素情况下，做了实证分析。

第九章重点从我国各地区同主要国家（地区）之间双边贸易的角度出发，对影响我国不同区域参与全球生产网络和地区垂直专业化发展的几个重要因素的影响作用做了比较。作为一个特殊分析视角，本章还从微观跨国公司角度，研究了其不同价值增值环节在我国的分布特点和影响因素，从而对我国不同地区参与全球生产网络发展的特点和相关影响因素做了更全面考察。

第十章是在前面的理论和实证分析基础上的总结。通过比较国内外典型区域发展的经验和教训,重点总结了在新时期全球生产网络发展环境下,我国区域均衡发展的新思路,并给出了相关政策建议。

1.4.2 研究方法

本书遵循规范经济学研究方法,采用定性与定量分析、理论与实证分析相结合方法,就我国不同区域垂直专业化和区域发展的变动状况及内在规律做了系统研究,这避免了采用单一分析手段的局部缺陷,以及可能引起的结果偏差。一方面,定性分析和理论建模能得到普遍性的理论基础;另一方面,定量分析基于翔实的数据和先进的计量经济学方法,对所研究主要问题进行分解并层层深入,由此引申出有意义的结论和启示。

本书研究内容涉及区域经济学、发展经济学、国际经济学和产业经济学等多领域的基本理论,这就要求相应的研究方法也要综合多方面的知识。在计量检验过程中,本书应用了计量经济学领域的一些前沿方法,如动态面板分析、面板时间序列协整检验,考虑内生性的工具变量面板分析及检验、空间计量分析、分量回归等。这些计量方法的应用不仅确保了计量检验结果的可靠性,而且能使垂直专业化和区域发展之间所具有的内在规律性特征得以显现。为了使以上计量检验顺利实现,本书主要采用了目前的一些常用统计计量软件,如 Matlab、Stata、Gauss,以及一些专用功能相对更强的软件,如 Mapinfo、Arcgis 等。

1.4.3 研究创新

关于区域经济发展中的非均衡性及其协调发展所进行的研究可以说已经有很多,其中从经济全球化发展这样一个角度所进行的相关研究也已经有很多。但是,随着全球经济一体化向纵深方向发展,全球生产网络体系的形成和发展不仅对不同国家,更对一个国家内部不同区域的发展产生了重要影响。另一方面,在传统国际分工格局中,国家扮演着相对重要角色,相关研究也多集中在国家层面,而在全球生产网络发展环境下,区域的重要性正变得越来越突出。与此不相称的是,从全球生产网络这样一个角度来关注一个国家内部不同区域相对发展问题的研究还很少,即便有,也只是简单的比较。而本书从这样一个角度展开分析,这本身可以说就是研究视角的一个创新。除此之外,本书的主要创新更集中体现在以下几方面：

第一，不同于现有对我国地区专业化发展影响作用进行研究的很多文献，本书在考察地区专业化对区域发展影响作用的时候，一个突出特点就是区分了两种不同类型地区专业化，即重点关注了全球生产网络发展过程中所形成的垂直专业化和基于产业间、产业内贸易发展所形成的一般专业化。从对两种地区专业化发展情况的比较中可以发现，我国中西部地区一般专业化发展水平均明显高于东部地区，而垂直专业化发展水平则是东部地区显著较高。进一步分行业比较，可以看出凡是资本和技术相对密集的行业，其垂直专业化水平基本上都是东部经济发展比较靠前的一些省份更高，而一些劳动力相对密集的行业，其垂直专业化水平则是中西部经济发展相对落后的地区更高。鉴于地区专业化发展特点很大程度上体现了各区域分工发展特点，因此这里对两种地区专业化在不同区域发展状况的比较及其影响作用所进行的分析，也更好反映了我国各地区参与全球不同国际分工水平的差异。

第二，在两种地区专业化区域发展差异考察基础上，本书系统性分析更比较了两种地区地专业化对不同区域发展影响作用的差异性。其中区域总体发展影响分析表明，虽然地区垂直专业化发展水平最高的是东部地区，但受限于进一步发展中一些方面的束缚，垂直专业化边际影响作用最高的并不是东部地区而是西部地区。比较而言，中部地区一般专业化的不仅发展水平是目前阶段最高的，且边际影响作用也是最大的，其对中部地区总体影响仍处于上升时期；而在西部地区，一般专业化的边际影响作用已经开始出现衰退迹象。作为区域发展总体分析的一个组成部分，此处的动态面板回归分析结果不仅验证了两种地区垂直专业化影响作用的稳定性，还表明地区垂直专业化相对影响作用更大。而在考虑到我国不同区域经济发展的空间依赖特点后，基于空间面板的考察则很好地表明了垂直专业化对区域发展的影响作用，主要体现在三大区域相对发展差异层面上。由此分析显然也可以认为，基于空间面板的考察较好反映了从地区专业化角度所体现的全球生产网络对我国不同区域总体发展影响作用的差异性。

第三，本书研究表明地区垂直专业化发展对区域全要素生产率水平提升、产业结构调整升级以及工业集聚发展均存在显著影响作用。在分区域比较中，其影响作用均表现出某些规律性的变化。比较重要的研究结论中，地区垂直专业化对全要素生产率水平的提升更主要表现在对技术进步的影响上，且对东部地区影响作用最为显著。地区垂直专业化对三大区域工业发展均存在显著促进作用；而对服务业发展的分析则表明，东部地区工业发展和服务活动之间的地域分工格局已经有所表现。分析还发现，不同要素禀赋构成行业的垂直专业化对这些行业自身发展的影响作用呈从低级到高级的演进规律。在对工业集聚发展分析中，传统资源禀赋条件已经不再是促进地区工业集聚发展的长期影响因素；地区垂直专业化相对较大的影响作用则在制造业更多细分行业中都已经显著表现出来。此分析更进一步反映了垂直专业化角度所体现的全球生产网络对我国不同区域一些更具体且重要方面影响作用的差异性。

第四，本书分析表明，既然地区垂直专业化对区域发展来说是重要的，那么其自身如何发展及其所依赖的全球生产网络在我国不同区域的发展自然也是值得关注的，对这两个方面本书也予以了必要考察。研究中的一些重要结论表明，我国地区垂直专业化自身发展目前还没有产生近邻空间正向溢出效应。对于很多依赖传统资源禀赋优势而形成较高一般专业化发展水平的地区来说，惯性作用由于很难在短期内被改变，从而对地区垂直专业化发展造成了极为不利的阻碍作用。对我国不同区域融入全球生产网络特点和影响因素的考察，主要从不同区域产品内分工贸易发展和跨国公司不同价值增值环节区域布局两个角度展开。其中，作为对引力模型的一种改进，基于我国不同省份和主要国家、地区之间产品内分工贸易发展的研究表明，相关重要因素影响作用呈有规律的动态变化，而认清其影响的"度"至关重要。对跨国公司投资布局的分析则表明，跨国公司不同价值增值环节在我国的区位选择既受共性因素影响，又受个性因素作用。

第五，在研究结论部分，本书明确指出全球生产网络发展使得我国地区专业化和区域发展均表现出了不同以往的特点。其中，地区垂直专业化能力的形成和发展，对于提高我国整体在全球生产网络发展中的价值获取能力，促进区域更高水平的发展，以及不同区域之间、区域内部在更广、更深范围内分工合作关系的建立均具有重要影响作用。可以说，地区垂直专业化是一个重要突破口。而就区域均衡发展总体指导思想来看，各区域特别是中西部地区应该克服短期利益诱惑，通过积极融入东部产品内生产分工体系来更好地参与全球产品内分工循环，进而使地区垂直专业化能力得到更好发挥。从促进地区垂直专业化进而使区域均衡发展角度来看，本书则明确指出需要不断改进的重要方面包括：打破区域条块分割，以市场化规律来组织生产；加强政府引导；强化着眼于全球范围内集群的动态发展；改善交通运输等基础设施条件和大力发展教育事业等。

区域均衡发展的内涵和基本理论

第章

如何缩小不同区域之间的发展差距,特别是如何促进落后或者说欠发达地区的发展,一直以来都是世界各国在实际发展过程中所共同面临的突出问题。中国在当前发展阶段,这一问题已经变得更加突出。作为本书系统性研究的一个重要组成部分,本章首先明确界定了区域均衡发展的基本内涵,在此基础上阐述了区域发展一般规律和阶段特点,重点比较了国内外区域均衡与非均衡发展相关理论,总结了其对区域发展所做出的主要贡献和理论上存在的不足。

2.1 区域均衡发展内涵

2.1.1 经济发展和经济增长

本书重点关注区域经济发展问题,与此相关的一个概念是区域经济增长。对于增长和发展之间的区别和联系,直到目前为止,还没有一个明确、统一的认识。Reynolds(1977)认为:"除了已计算出来的增长和与之联系的结构变化外,人们还可以给'发展'一个特殊的意义,它表示在增长导向下经济和政治体制的系统变化。然而,历史资料表明(传统定义的)经济增长和体制变化是紧密联系的。某些最低限度的政治、经济组织结构也许是增长加速的先决条件。……由于这些原因,我们把增长和发展视为可以互相替代的两个名词。"

英国经济学家杜德利·西尔斯(1969)在《发展的含义》一书中更具体指出:"增长和发展是两个不同的概念,增长只是物质量的扩大,事实上也可能对社会有害,一个国家除了经济增长之外,还需要在减少失业、贫困和不平等现象方面也取得进步,才能说有真正的发展。而发展是一个内涵丰富且又规范的概念,既有商品、资本、财富等物质概念,又有公平、自尊、自主、稳定等社会概念。增长是发展的基础,发展是增长的目标。增长与发展,有时作为同义词使用,但是当这两个词在一起使用时,经济增长指更多的产出,而经济发展不仅包括更多的产出,而且也包括生产和分配所依赖的技术和制度安排上的变革。"

由此可见,从严格概念角度来说,区域经济增长通常指在一定时期内,区域生产商品和劳务的增加,是在提高经济质量和经济效益前提下区域经济规模在数量上的扩大,是规模增长、质量提高和效益增长的统一。也可以认为,经济增长更多地指经济规模数量的扩大。而经济发展则意味着随产出的持续增长而出现的经济、社会和政治结构的变化,这些变化包括投入结构、产出结构、分配状况、消费模式、社会福利、文教卫生和群众参与等的变化。总之,经济增长更偏重于数量概念,而经济发展则是既包括数量又包括质量概念。

2.1.2 区域均衡与非均衡发展

在具体了解什么是区域均衡与非均衡发展之前,首先来认识一下什么是区域。本质上来说,区域是一个为各门学科广泛使用的空间范畴。作为地域空间,区域既是一个有确切方位和明确边界的实体,又是一个人们在观念上按某些要素集合而成、往往没有严格边界的空间概念。不同学科对区域有不同解释。地理学认为,区域是地球表面的地域单元;社会学把区域看作具有共同语言、共同信仰和民族特征的人类社会聚落;从行政学观点来看,区域则是国家管理的行政单元。而在经济学领域,其所关注的区域是指按一定标准划分的、连续的有限空间范围,是具有自然、经济或社会特征的某一个方面或几个方面的同质性地域单位;或者说是人的经济活动所造就的、围绕经济中心而客观存在、具有特定地域构成要素并且不可无限分割的经济社会综合体。

就何谓区域均衡发展,可以从均衡发展理论中获得启发。该理论思想来自凯恩斯充分就业理论,它是发展经济学中关于发展中国家经济发展模式或战略的一种理论,在发展经济学中又称为平衡增长理论,其目的在于利用外部经济效益和各部门之间的互补性来推动经济进步。具体来说,平衡增长是指在整个工业或国民经济各个部门中同时进行大规模投资,使工业或国民经济各部门按同一比率或不同比率全面得到发展,以此来彻底摆脱贫穷落后面貌,实现工业化或经济发展。区域均衡发展主要是指区域之间要素报酬的差别可以通过要素流动趋向均衡,其中市场机制发挥着关键作用,它通过供求和价格变化最终消除区域之间人均收入差别,使经济均衡增长。可见,区域均衡发展不仅强调部门或产业间的平衡发展、同步发展,而且强调区域间或区域内部的平衡(同步)发展,即空间的均衡化。随着生产要素的区际流动,各区域的经济发展水平将趋于收敛(平衡)。

与区域均衡发展相对应,区域非均衡发展一方面指出,经济进步不可能同时出现在所有的地方,而一旦出现在某一点,巨大的动力将会使得经济增长围绕最初的增长点集中;另一方面认为,由于资本短缺、资源有限,对所有部门、所有区域同时进行大规模投资,实现均衡发展,事实上是不可能的,应选择具有较强联系效应的主导产业进行重点投资,优先发展。概括而言,非均衡发展强调发展对于非均衡的依赖性,倾向于认为无论经济发展处于何种水平,非均衡发展是绝对的,是经济发展的必要条件。

就区域均衡和非均衡发展辩证关系来看,均衡与非均衡实际上始终是贯穿于区域经济发展过程中的矛盾统一体,它们相互交替,不断推动区域系统从低层次向高层次演化。这从下文所述我国区域均衡发展的新内涵也可以看出。

2.1.3 我国区域均衡发展新内涵

就我国而言,要真正了解区域均衡发展的实质内涵,必须结合我国区域发展战略的历史变迁来分析。新中国成立初期,我国地区经济呈现明显畸形的宏观区域生产力布局,为改变这种历史遗留下来的生产力布局极不平衡状况,国家采取优先发展重工业和国防工业的区域发展战略,一方面坚持发展沿海城市,另一方面有计划地重点照顾内地。向内地倾斜发展战略的实施,初步改变了新中国成立之初历史上形成的工业过于集中在东部沿海地区的不合理状况,对改变内地经济落后状况起到了一定作用,初步奠定了中国西部工业化物资基础。但是这种战略没有把区域经济发展建立在遵循生产力发展的客观规律基础上,忽视了经济发展和区域生产力布局的效率原则,特别是排斥了市场对资源的配置作用,最终导致国民经济效率与社会公平的同时失落。20世纪80年代,党的十一届三中全会以后,在反思新中国成立以来区域经济发展战略基础上,国家对资源配置和区域经济发展战略做了重大调整。从强调区域经济均衡发展转而重视国民经济整体发展和宏观经济效益,尤其重视东部沿海区域的区位优势和经济技术优势。由此开启了区域经济非均衡发展战略时期。这一阶段,虽然我国东部地区获得了更快发展,并初步建立了市场经济体制,但是东、中、西部地区的发展差距却进一步拉大了。

20世纪90年代以来,在思考前面发展战略利弊得失的基础上,国家又制定了新时期区域均衡发展战略措施。《中华人民共和国国民经济和社会发展"九五"计划和2010年远景目标纲要》明确提出了新时期促进"区域经济协调发展"这样一个概念。国务院发展研究中心课题组在《中国区域协调发展战略》一书中,对区域经济协调发展的具体含义作了四个方面的概括:第一,先富后富,共同富裕,区域经济发展必须符合共同富裕这一社会主义的本质要求。第二,公平竞争,特别强调发展机会的公平。第三,承认市场机制作用下区域发展的不平衡,但强调政府对欠发达区域扶持,消灭绝对贫困。第四,实施空间一体化战略,既要发挥市场机制对区域经济发展的作用,又要加强政府对区域经济的干预。可以说,作为市场经济条件下区域之间经济关系的新模式,新时期区域经济协调发展必须在平等、互利、共赢的基础上进行,不以牺牲任何一个区域的经济利益为代价。从该书所涵盖的主要内容来看,又可以概括为以下四个方面:一是区域产业结构协调。要求各区域产业之间充分发挥资源优势,按产业关联关系不断进行技术和资金重组,在互利互惠贸易条件下,形成区域间相互支撑、相互补充、相互推动的产业链条。二是区域财富收入分配协调。要求在鼓励生产要素充分流动条件下,在市场机制按经济效益高低拉开各地区收入差距的同时,通过给贫困地区适当援助和提供发展经济、增加收入的机会等,对各地区收入分配加以控制和调节,而绝不是采取抑制或限制地区创造社会财富积极性的措施,来实现区域收入的低水平均等化。三是区际关系协调。要求建立合理的区域分工体系,在各地区之间形成市场相互开放、投资便利、经济技术合作密切的发展氛围,取消地区封锁和市场保护,为不同地区、不同经济成分的投资者和生产者提供公平竞争的市场环境。开展多领域、多层次、多形式的横向联合与协作,并制定相应的法律、法规,保证合作各方的利益。四是区域生态环境协调。要求提高资源利用效率,实现资源的可持续利用,加快经济增长方式转变,发展循环经济,在经济增长基础上,使生态和环境也得以良性循环。在发展过程中,要使经济增长带来的生态和环境负效应得到明显缓解和抵消,建立和完善适合我国国情的生态环境保护法律体系和管理体制,构建资源节约型和环境友好型社会。

由上述分析可见,我国区域均衡发展在新时期的思想内涵可以概括为区域经济的非均衡协调发展。这一思想体系的进一步延伸则体现在习近平新时代中国特色社会主义理论体系五大新发展理念("创新、协调、绿色、开放、共享")方面。

2.2 区域发展基本理论

作为本书关注的主要问题,对地区专业化和区域均衡发展之间关系的研究必须以成熟的区域经济发展理论为依托。我们注意到,西方发达国家大多经历了由不平衡发展到基本平衡协调发展的过程,在这方面积累了很多的经验和教训,也涌现了大量的研究成果。虽然我国发展基础和经济、社会环境与西方发达国家存在很大差别,但是发达国家的经验总结对于我国的现实发展还是具有很重要的参考价值的。下面将重点从三个方面对区域发展相关理论进行介绍和评述。

2.2.1 区域发展阶段理论

任何一个区域的发展都是其内在因素、外部环境、自然力量和人类创造共同作用的历史过程和结果。其中过程反映了量变,结果反映了质变,过程与结果交替进行并推动发展。

1) 标准阶段划分理论

1949年,美国著名区域经济学家埃德加·胡佛(E. M. Hoover)与另一名经济学家约瑟夫·费希尔(J. Fisher)在《区域经济增长研究》一文中,提出了区域发展需经历五个阶段的观点,即:(1) 自给自足经济阶段。这一阶段,区域内的居民几乎完全与生活必需品的供给联系在一起,没有其他贸易上的投资,人口按照自给自足经济所必需的资源基础而分布。(2) 乡村工业经济崛起阶段。这一阶段,交通运输业日益发展,促进了贸易往来和地区专业化分工的发展,出现了从事手工业生产的阶层,但手工业仍然与农业发展相关。(3) 农业生产结构变迁阶段。在贸易发展的推动下,农业内部开始细化,除了原来的畜牧业以外,种植业得到发展。(4) 早期区域工业化阶段。立足于农业发展基础上,先期发展的主要是食品加工业、木材加工业和纤维纺织业,后期则出现了冶炼业、金属材料加工业、化学工业、建材工业等。(5) 服务业输出阶段。区域实现了为出口服务的第三产业专业化生产,这时区域开始输出资本、技术和为欠发达地区提供专业化服务。

2) 经济成长阶段论

1960年,美国经济学家惠特曼·罗斯托(Whitman Rosotw)在《经济成长阶段论》一书中从世界经济历史过程角度和宏观层面出发,以主导产业和人类需求的更替为标志,也提出了经济发展的五个阶段,即传统社会阶段、起飞准备阶段、起飞阶段、成熟阶段、高额消费阶段。在1971年出版的《政治与增长阶段》一书中,罗斯托又补充了一个阶段——追求生活质量阶段。具体来看:第一阶段是传统社会阶段。传统社会生产力水平低下,产业结构单一,区域内的经济活动基本上是原始的农业活动,农业收入是居民和国家的主要收入来源。第二阶段是起飞准备阶段。该阶段是向起飞阶段过渡的阶段。这一阶段,农业制度开始变化,农业生产技术有所改良;家庭手工业和商业逐渐兴起,出现了专业化的分工和协作;资本市场开始发育,金融制度应运而生;城市不断发展,经济活动开始突破地域的限制,国内外贸易扩张。经济和整个社会的变化为经济起飞创造了条件。第三阶段是起飞阶段。经过长期的积累,经济增长发生了质变,由缓慢增长进入持续、高速的增长阶段,即起飞阶段。罗斯托认为,在人类经济增长的六个阶段中,起飞阶段相当于工业化的初期,是一个具有决定性意义的转变时期,是传统社会进入现代社会的分水岭。这一阶段,人均国民收入快速持续增长;农业技术进一步提高,农村经济走向商品化,劳动力向工业领域的流动加速;资本在部门间的转移加快;近代工业和交通运输业带动了其他产业的快速发展,成为推动经济增长的主导力量。突破传统社会经济停滞状态实现经济起飞的基本条件:一是高积累率;二是培植区域主导产业;三是变革制度。第四阶段是成熟阶段。成熟阶段的标志是技术上的成熟。这一阶段,新的主导产业部门(钢铁、电力、煤炭等)逐渐替代了旧的主导产业部门,成为带动经济增长的火车头;劳动力素质提高了,农业劳动力持续向工业部门转移;人口继续向城市集聚;新的管理方式、新的融资方式以及新的销售方式不断出现。第五阶段是高额消费阶段。经过成熟阶段的发展,经济水平得到大幅度提高,人们的基本生活需求已经得到满足,物质生活较为丰富,社会的注意力由生产转向消费,经济增长进入高额消费阶段。这一阶段的经济特点主要是服务型经济和福利型经济。第六阶段是追求生活质量阶段。提供劳务和提高生活质量的服务部门替代了生产耐用消费品的部门,成为推动经济增长的新的主导部门。人类开始将生活质量的增进程度作为衡量区域是否成熟的标志。

罗斯托经济增长阶段理论对发展中国家选择发展战略、重点和模式,揭示主导部门带动经济增长的作用及资本积累的重要性有一定的指导意义。他关于划分经济发展阶段理论的基本根据是资本积累率水平的研究以及关于技术创新的研究,该理论对研究发展中国家经济发展有很大的启示作用。但罗斯托经济增长阶段理论实质上分析的是发达国家经济发展历程,所描述的经济增长是一个直线型概念。由于各国历史、文化、制度和经济发展水平存在很大差异,不可能选择完全相同的发展道路,因此其普遍适用性还有待实践的进一步检验。

3) 空间组织阶段理论

美国经济学家弗里德曼(Frideman,1966)通过实证分析,证明了区域经济增长从不均衡到均衡的发展过程,并提出了空间组织阶段理论,强调区域经济的持续增长推动着空间经济逐渐向一体化方向发展。这个过程可以分为四个阶段:一是低水平均衡阶段,二是极化发展阶段,三是扩散阶段,四是高水平均衡阶段。第一个阶段比较稳定,空间系统中的各区域中心之间相对独立,缺乏联系,区域内自给自足的经济特征比较明显。第二阶段的稳定性相对较差,区域空间系统由繁荣中心和衰退外围组成,中心与外围经济发展水平出现级差,资金、人才、技术等纷纷从外围向中心集中,形成一个个大型或特大型城市,国民经济发展主要依靠几个或十几个大型、特大型城市发展带动。而外围区域由于"失血"严重,经济往往出现停滞甚至衰退状况,这也会威胁到社会和政治上的稳定。这个过程是城市化由初期、中期到过度城市化的过程。第三阶段是城市化发展到一定阶段,出现的"反城市化"过程。这个过程中,大城市尤其是特大城市由于各种负荷超量,吸纳能力下降,空间系统的变化由简单的中心-外围结构向多中心转变,大城市与外围之间形成了若干中小城市,在空间区域内出现了城市群。这是工业化逐步走向成熟的标志。这个阶段,中心外围地区开始缩小,但是外围地区仍然存在经济上的贫困和文化上的落后现象。第四阶段由于大中小城市群的发展促进了区域经济的协调发展,大城市间的外围地区逐渐被卷入附近的城市经济中,形成了功能上一体化的空间组织系统。这是工业化发展进入中、后期的基本特征,这一时期的空间组织基本上实现了全国经济一体化,区域间经济差距大大缩小。

4) 区域经济成长阶段论

在国外学者关于区域经济增长阶段理论的基础上,我国学者陈栋生等人在

第二章 区域均衡发展的内涵和基本理论

1993年出版的《区域经济学》中也对区域经济成长阶段做了研究。

他们认为,区域经济成长是一个渐进过程,可分为待开发、成长、成熟和衰退四个阶段。在待开发阶段,区域经济处于未开发或不发育状态,社会生产力水平低下,传统农业处于经济活动的主体地位,第一产业在产业结构中所占的比重极高,商品经济不发育,市场规模狭小,资金积累能力很低,区域自我发展能力差,经济增长速度缓慢。当区域经济增长跨过工业化起点时,就标志着进入了成长阶段。在成长阶段,区域经济高速增长,经济总量规模迅速扩大,技术创新能力不断增强,要素配置更为有效,经济结构明显优化,商品经济逐步发育,区域专业化分工出现并迅速发展,人口和经济活动不断向城市集聚,带动经济增长的增长极由此产生。在成熟阶段,区域经济高速增长的势头减缓并逐渐趋于稳定,工业化达到了较高的水平,第三产业较为发达,基础设施齐备,交通和通信网络基本形成,生产部门结构的综合性日益突出,区内资金积累能力增强,人们的消费结构发生了根本性变化。但此时也往往会形成潜在的经济衰退因素,如"空间不可转移"和"不易转移"要素价格的上涨,使生产成本和生活费用增高;设备刚性导致越来越多的产业和产品的比较优势逐步丧失;技术老化、市场萎缩和资源枯竭导致产业的衰退。有些区域在经历了成熟阶段后,最后有可能进入衰退阶段。其主要特征是,经济失去原有的增长势头,处于衰退状态的传统产业在产业结构中所占比重大,导致经济增长的结构性衰退,经济增长滞缓,区域逐渐走向衰落。

关于区域经济增长出现衰退的原因,陈栋生等人认为可能有四种:一、区位优势丧失而导致经济增长出现衰退的区位性衰退;二、区内支撑经济增长的关键性资源枯竭致使经济增长发生衰退的资源性衰退;三、旧的主导产业出现衰退而又没有新的主导产业来取而代之,从而导致经济增长出现衰退的结构性衰退;四、经济活动过度集聚,造成交通拥挤、环境污染、土地和水资源不足、能源和劳动力供给紧张等问题,从而限制了经济持续增长的消聚性衰退。他们还指出,当一个区域开始出现经济增长衰退征兆时,如能及时采取有效政策,通过经济多元化和结构高度化,并建立与之相适应的经济体制,就可以防止进一步衰退的出现,使经济增长趋于稳定,甚至有可能促进经济进入新的增长时期。

5)区域空间结构演变阶段论

我国另一位经济地理学家陆大道早在1988年出版的《区位论及区域研究方法》一书中,就指出了区域空间结构的演变要经历四个阶段,并且每一阶段都有其自身的特点。他在1995年出版的《区域发展及其空间结构》中,进一步深化了这一思想体系。

具体来说,第一阶段是农业占绝对优势的阶段。在此阶段,区域的总体生产力水平低下,社会生产和生活封闭性明显,区域内的居民点呈散布状态。区域空间结构总体上处于低水平"平衡"状态,并且比较稳定。第二阶段是过渡阶段。由于受内部社会变革和外部条件变化影响,区域经济在该阶段开始呈现出较快增长态势。区域经济增长主要发生在城市,因而导致区域内部经济空间不平衡,远离城市的边缘地区仍然处于极不发达状态。第三阶段是工业化和经济起飞阶段。这一阶段在技术进步和社会变革的推动下,社会生产力得到进一步解放,区域经济开发进入强烈动态增长期。上一阶段形成的单一"中心-边缘"结构逐步演变为多核心结构,城乡之间、城市与城市之间的交流日趋活跃。这个过程中,城市的等级体系开始形成,边缘落后地区也因而得到一定程度的开发。第四阶段是技术工业和高消费阶段。在该阶段,区域社会生产力因科技的高速发展和广泛应用而得到高度发展,现代交通运输和通信网络形成,各地区之间的不平衡以及就业、收入、消费水平的选择机会等方面的差异逐步消失,区域内的空间和资源也得到更充分合理的利用。区域空间结构中的各个组成部分完全融合为一个有机整体,空间结构在较高水平上重新达到平衡状态。总之,空间结构演变的四个阶段反映了社会经济空间集聚或分散趋势变化的一般规律。从这一过程可以看出,在漫长的农业社会中,社会经济的空间结构在理论上是平衡的,随着社会经济的发展,集聚开始出现,空间不平衡加剧,到了工业化后期或后工业化时期,空间结构又重新回到平衡状态。

综上,可以看出,虽然区域经济发展阶段理论只注重对宏观经济变量的研究而忽视了对微观基础的关注,但它却为一国或地区提供了一个长期可供借鉴的经济发展模式。区域经济发展阶段理论分析了区域主导产业的更替对区域经济发展所起的重要作用,指出部门关系的变化必然导致就业结构和劳动力配置的相应改变,揭示了生产要素流向所具有的强烈空间含义,分析了技术和制度创新在区域经济发展中所处的核心地位,强调了消费需求和生活方式改变程度是衡量区域经济发展是否成熟的标志。区域经济发展阶段理论一经产生,就受到发展经济学家和发展中国家政府的普遍重视,并且在区域经济实践中获得了较大成功。

2.2.2 区域均衡发展理论

二战以来,大多数发展中国家和地区始终面临着如何实现空间平等和总体经济效益提高的挑战,即如何兼顾公平与效率的严峻考验。直到今天,如何实现区域经济均衡发展仍然是一个普遍性的世界难题。也正是这一问题的存在,使得以缩小区域差异为目标的均衡发展和非均衡发展理论应运而生。

均衡发展理论的代表人物有罗森斯坦·罗丹、R.纳克斯、斯特里顿。总体来看,他们的理论观点认为,收入水平低使得欠发达地区资本积累水平低、购买力水平低,导致这些地区资本供给不足和对资本的有效需求不足,进而使这些地区长期处于"贫困的恶性循环"之中,即"低水平均衡陷阱"。因此,均衡增长理论提出应在部门、地区之间平衡地投资,谋求经济平衡增长,用相当规模的社会预投资,在各个相关行业或地区同时形成相当数量的固定资本,并同时形成相当规模的产品、市场,从而减轻经济落后部门或地区对先进部门或地区的牵制力,以达到大推进目的。

其中,罗森斯坦·罗丹是"极端"均衡增长理论的主要代表人物。他指出,经济中存在着不可分性,这种不可分性表现在三个方面:社会固定资本的不可分性、储蓄的不可分性、需求的不可分性。为克服经济中的不可分性,保证广大市场的形成,在全面发展工业化过程中,为避免一些工业部门发展过快、产品过剩,必须对各个工业部门同时按同一比率进行大规模投资,以保证各工业部门之间协调发展,比例均衡。纳克斯是"温和"均衡增长理论的代表人物。他认为,发展中国家存在着贫困的恶性循环。在供给方面,低收入意味着低储蓄能力,低储蓄能力造成资本形成不足,资本形成不足使生产率难以提高,低生产率意味着低收入。在需求方面,低收入意味着低购买力,低购买力造成投资引诱不足,投资引诱不足使生产率难以提高,低生产率又导致低收入。这一过程中,资本形成的不充分是产生贫困的恶性循环的关键原因。但是影响资本形成的主要因素不是储蓄供给的不足,而是投资有效需求的欠缺。纳克斯虽然主张工业、农业、消费品生产和资本品生产等各个国民经济部门全面投资,但他不主张各个部门都按同一比率发展,而应当以各个部门产品的需求价格弹性和收入弹性的大小来确定不同的投资比率。"完善"均衡增长理论的代表人物是斯特里顿。该理论既主张国民经济各部门按不同比率全面发展,实现平衡增长,也主张在达到平衡增长的过程中,可以依据各个产业的产品需求收入弹性来安排不同的投资率和增长率,使个别部门优先发展和快速增长,来解决经济发展中的"梗阻"问题,最终实现国民经济各部门按适当比例平衡增长。可以看出,这种折中性质的平衡增长理论,实际上是把平衡增长当作目标,把不平衡增长当作手段,前者属于长期增长过程,后者是短期增长过程。

新古典区域均衡增长理论的代表人物是美国经济学家索洛、英国经济学家斯旺、米德等。他们采取传统的静态分析方法,提出两个假设:(1)生产中有资本和劳动两种要素,它们可以相互代替,因此资本-产出比可变;(2)市场是完全竞争型的,价格机制起重要调节作用。依据假设条件,他们认为,区域经济增长取决于资本、劳动和技术三个要素,生产要素可以自由流动,区域规模报酬和技术进步条件不变。那么,尽管各区域都存在着要素禀赋和发展程度的差异,但工资、利润是由劳动、资本的供求关系决定的,市场竞争机制和利益机制会使劳动力从低工资区域流向高工资区域,资本则会从低资本收益率的高工资区域流向高资本收益率的低工资区域,最后使各要素收益平均化,这必然导致各地区经济均衡增长或平衡发展。均衡发展理论强调了区域经济的均衡增长,追求的区域发展目标是社会经济公平。为避免片面强调工业化而忽视其他部门发展,均衡发展理论强调大规模投资和合理配置有限资源的重要性,重视市场机制存在的局限性和实现宏观计划的必然性,这对平衡区域生产力布局,缩小地区发展差距起到了重要作用,为不发达国家和地区实现工业化和经济迅速发展提供了一种可供选择的发展模式,并对一些不发达国家或地区的经济发展战略政策制定产生了一定影响。新古典区域均衡增长理论克服了哈罗德-多马模型中的"刀锋"增长问题,人们可以通过调节资本、劳动的配合比例来改变资本-产出比,从而增加经济增长的可调节性。同时,该理论改变了发展经济学中盛行一时的"唯资本论"的观点,推动了对经济增长因素的实证分析。

但是该种区域均衡理论的缺陷也是非常明显的,一是假设条件与现实不符,即其假设条件为欠发达地区市场体系完善,市场机制成熟。而实际情况是,欠发达地区远没有发展到市场体系完善、市场机制成熟的程度。二是该理论过度强调了要素供给对经济增长的作用,而忽略了消费、投资和技术需求对经济增长产生的促进作用。特别是当外来资金流入受到市场、经济体制、外部政策等多种因素限制的情况下,落后地区短缺的资金并不能靠外部资金流入来解决。三是把发展中国家的经济视为同质的一元经济,忽视了发展中国家的区域差异不仅表现为多层次的经济发展水平,而且表现为多类型的经济形态。四是该理论排除了规模效益和技术进步等因素对工资报酬率高低和工资平均化的作用,使得工资报酬率和平均化完全取决于供求关系。实际上,不同的规模和不同的技术条件会使资本收益率大不相同,在市场机制的作用下,发达地区由于具备更好的基础设施、服务和高度发达的市场,对资本和劳动力等生产要素具有更强的吸引力,其规模经济所带来的极化作用远远大于其对周围区域的扩展效应,这会使区域经济发展的差异加大。可见,由于该理论是从理性观念出发,采用静态分析方法,把问题过于简单化了,与发展中国家的客观实际差距太大,无法解释现实的经济增长过程,也无法为发展中国家区域发展问题真正找到出路。

2.2.3 区域非均衡发展理论

区域均衡增长理论基于生产要素自由流动和边际报酬递减假设,认为市场机制驱动的区域间要素价格趋同会使区域差距自动消失。由于这一理论不能有效解释现实中的区域经济差异,20世纪50年代,针对区域均衡增长理论的不足,形成了一些关于区域经济非均衡增长的理论,或者说区域非均衡发展理论。

这些理论的主要观点是:在市场力的作用下,区域发展之间的差距不会缩小反而会扩大,因为规模经济和集聚经济所产生的极化效应和报酬递增将促使资本、劳动和产出在一定区域循环积累,而其所产生的涓滴效应或扩散效应以及政府的转移支付只能将区域差异保持在一定限度,不足以促进区域收敛。因此,只要总的发展水平低,市场力量的自然作用在任何时候都将增加国内和国际区域发展的不平衡程度。而要促进落后地区发展,缩小区域发展差距,必须依赖强有力的政府干预和周密的经济政策,如在落后地区建立增长极和增长中心以启动这些地区的发展,培养其自我发展能力,然后利用市场力量实现这些地区的积累增长。可以说,区域非均衡增长理论主要是从现有资源的稀缺性角度指出均衡增长的不可行性,强调应重点发展重点地区和重点部门以带动整个区域的经济发展。该理论体系中比较有影响的有佩鲁的增长极理论、缪尔达尔和卡尔多的循环累积因果原理、威廉姆森的倒U型理论以及赫希曼的相互传递理论等。

1) 增长极理论

增长极（growth pole）概念最早由法国经济学家朗索瓦·佩鲁首次提出。1950年，佩鲁在《经济空间：理论与应用》一文中，把抽象的经济空间定义为经济变量的结构关系并将其分为三类：统计学上的统一或均质的经济空间，作为势力场的经济空间，计划经济空间或政策运用的经济空间。佩鲁从第二种空间形式入手，于1955年在《略论增长极的概念》一文中正式提出了增长极概念[①]。

他指出，增长并非同时出现在所有地方，它以不同的强度首先出现于一些增长点或增长极上，然后通过不同渠道向外扩散，并对整个经济产生不同终极影响。他认为，经济增长应该是不同行业、不同部门、不同地区以不同速度不平衡增长。主导产业部门和具有创新能力的行业集中于一些大城市或地区，这些地方以较快速度优先得到发展，形成增长极。根据佩鲁的观点，增长极是一种推进型单位，或是同一部门内的一组工厂，或是有共同合约关系的某些工厂集合。它自身的增长与创新将促使其他单位增长。佩鲁的增长极理论所关注的主要还是增长极的结构特点，尤其是产业的关联效应，却忽视了增长极的空间含义。20世纪60年代初，罗德文首次将增长极理论应用于区域规划，并提出了增长极的空间含义。60年代中期，布代维尔重新探讨了经济空间的含义，拓展了佩鲁的增长极理论，将其从抽象的经济空间转换到地理空间中，强调了增长极的空间特征。他认为，经济空间不仅包括与一定地理范围相联系的经济变量之间的经济关系，而且包括经济现象的地域结构关系。此后，达温特、尼科尔斯和拉苏恩等学者进一步从地理学角度对增长极重新加以概念化，并着重强调了产业空间集聚特征。

可以说，建立在非均衡发展理论基础上的增长极理论认为，由于某些主导产业部门或有创新能力的大企业在核心区或大城市集聚，导致资本与技术的高度集中，形成规模经济，这些区域通过自身增长，成为迅速对邻近地区产生强大扩散作用的增长极，并带动邻近地区的共同发展。这一理论实质上是一种区域内部发展理论，它强调区域内部增长中心本身的形成与发展，通过增长极地区的优先增长，带动区域经济发展。其从两方面打破了经济均衡分析的新古典传

---

① 增长极概念至今仍没有一个十分精确的定义，它往往被不严密地应用到区域发展与规划中，概指经济活动的空间聚集，几个有代表性的意义是：(1) 增长极是相关产业的空间聚集；(2) 增长极是包含增长型推进性单元的一组相关产业的空间聚集；(3) 增长极是配置在城市中心的相关产业的空间聚集；(4) 增长极是诱发周围腹地增长的增长型中心城市；(5) 增长极是增长的中心城市。

统,为区域经济发展理论的研究提供了新思路:一方面,它反对平衡增长的自由主义观念,主张区域经济非均衡增长;另一方面,它通过引入空间变量丰富了抽象的经济分析内容。但其主要缺陷则在于混淆了增长极的地理意义和产业部门含义。其理论的诸多方面,如在区域发展规划中,有关增长极的数量、增长极本身的起始规模和合理规模、增长极内部的产业配置和结构优化等方面内容;在一个国家或地区范围内,增长极的确定与主导产业选择之间的关系,实施增长极战略所具备的区域条件等方面的内容,都有待于进一步研究和完善。

在政策主张方面,该理论强调通过强有力的政府转移支付,在边缘区建设对资本和劳动力地区流动具有吸引力的区域增长中心,弱化因市场失效而导致的少数主导城市的极化增长累积循环效应,但由于大量的政府地区转移支付会因欠发达地区对资本货物的需求流回核心区,并在核心区产生关联效应,因而增长极的建设往往会引起核心区更快增长。由于各地区在经济体制和发展等方面客观上存在差异,增长极理论在实践中应用的效果是不同的。但增长极理论仍然是一种很重要的区域非均衡增长理论。

2) 循环累积因果理论

1944年,瑞典经济学家、诺贝尔经济学奖获得者缪尔达尔在《美国的两难处境》一书中首先提出了循环累积因果(Cumulative Circle Causation)理论,此后在《国际经济学》《富裕国家和贫穷国家》《亚洲的悲剧:一些国家贫穷的研究》等著作中,进一步发挥和运用了这一理论。卡尔多、迪克逊和瑟尔沃尔等经济学者则对此理论做了深化、完善并建立了数学模型。

缪尔达尔认为,市场经济力量正常趋势与其说是缩小区域间差异,不如说是扩大区域间差异。由于地区间人均收入和工资水平差距的存在,某些区域发展快一些,另一些区域发展相对较慢,一旦某些区域由于初始优势而超前于别的区域发展,这些区域在既得优势基础上会继续超前发展,从而使得发展快的区域发展更快,发展慢的区域发展更慢。针对增长极理论的某些缺陷,缪尔达尔在《经济理论和不发达地区》一书中提出国内区域经济是"地理上的二元经济(geographical dual economy)"。他认为,在社会经济制度动态演进过程中,各种社会经济制度是相互联系、相互影响和互为因果的,某一社会经济因素的变化会引起另一社会经济因素的变化,循环下去,将导致社会经济过程沿着最初变化的方向发展。他指出,欠发达国家区域经济二元结构形成的原因是,发展中国家在经济发展初期,发达地区和欠发达地区在人均收入、工资水平和利润率等方面是大体一致的,但某些地区在外部因素的推动下,率先发展起来了,打破了地区间的原有平衡。生产要素在地区间流动并非像新古典主义所认为的会使要素价格或要素收入以及经济发展水平趋于一致,因为在相当长时间内,发达地区对落后地区生产要素的吸收是有选择性的。落后地区的劳动、资本、资源和技术等要素,因受发达地区较高收益率吸引而向发达地区集聚,即发达地区对落后地区的初期影响主要表现为"回波效应",该效应是循环累积因果关系作用的结果,这一作用会使得地区间经济发展的不平衡愈加严重。随着发达地区经济的不断发展,当出现人口密集、基础设施紧张、生产成本递增、资源不足、资源过剩等会延缓经济发展的问题时,发达地区对落后地区的作用才表现为"扩散效应"。此时,地区经济发展不平衡的差距才开始逐渐缩小。

循环累积因果把社会的各个有关因素作为一个整体来研究,而不限于某一个经济变量数量的变化,也不限于经济因素的分析,它把经济的与非经济的因素联系起来进行考察。其主要观点是:在一个动态的社会过程中,社会经济各因素之间存在着循环累积的因果关系。某一社会经济因素的变化会引起另一社会经济因素的变化,后一因素的变化反过来又加强了前一个因素的变化,并导致社会经济过程沿着最初那个因素变化的方向发展,从而形成累积性的循环发展趋势。从这一意义上讲,区域内有生命力的增长点的出现,会通过乘数效应而逐步扩展,并创造出新增长点或扩大增长中心。在理论分析的基础上,缪尔达尔提出了克服这种二元结构的政策性建议,即在经济达到高度发达之前,市场力量的作用通常倾向于增加而不是减少地区差距。因此,政府不能消极地等待市场力量自行熨平经济发展过程中出现的区域经济二元结构,而是要制定切实可行的政策和措施,刺激和帮助落后地区,缩小落后地区与发达地区经济发展的差距。

3) 倒 U 型理论

1965 年,美国经济学家威廉姆森在其著名论文《区域不平等和国家发展过程:一个描述模型》中,根据世界上 10 个国家的时间序列数据和 24 个国家的横切面数据,对区域增长的趋势作了系统性分析后得出结论:发展阶段与区域不平等或地理差异之间存在着倒 U 型关系。在国家经济发展的初期阶段,区域间差距将会扩大,即倾向于非均衡发展,非均衡过程是经济增长的必要条件;随着经济的发展,区域间不平衡将趋于稳定;当达到成熟阶段,区域间发展差异则逐渐缩小,即倾向于均衡发展,区域差距的缩小又构成了经济增长的必要条件。

威廉姆森认为,国内区际经济增长呈现倒 U 型变动趋势是由以下几个方面因素决定的:一是人口迁移成本。在经济发展初期阶段,由于人口分布不均,交通运输落后,人口迁移成本高昂,阻碍了劳动力从不发达地区向发达地区流动,劳动力迁移的选择性较强。随着经济的发展,运输条件的改善,迁移成本降低,劳动力迁移的选择性逐步消失,隐性失业劳动力有可能迁出。与此同时,发达地区劳动力市场逐渐饱和,熟练劳动力亦开始回流到不发达地区。二是投资收益率。在经济发展初期,由于发达地区的外部集聚经济利益、投资收益率高,促使资金流向发达地区,使发达地区经济增长加快,从而拉大了地区之间的差距。当发展到一定阶段之后,发达地区的投资收益率下降,资金开始回流到不发达地区,从而促进了地区之间差距的缩小。三是国家发展目标。在发展的初级阶段,国家目标一般是追求全国最大限度的经济增长,因而将公共投资集中在具有发展优势、增长率高的发达地区,诸多优惠政策也向发达地区产业倾斜;随着经济的发展,国家目标逐渐转向全国福利目标,公共投资和各种优惠政策开始向不发达地区倾斜。

总体而言,倒 U 型理论将时序问题引入区域空间结构变动分析,其特点在于均衡与增长之间的替代关系随时间的推移而呈非线性变化。威廉姆森将区际均衡与经济增长联系起来研究,这很有意义。从整个经济发展过程看,区域差异经历的产生、扩大、缩小、消失的过程,与倒 U 型理论描述大致吻合。但威廉姆森的倒 U 型理论所选择的发展中国家缺乏代表性,且各国使用的收入概念也不一致,因此,倒 U 型理论所描述的区域经济差异变化轨迹只能是众多变化轨迹中的一种,并不具有绝对普遍意义,更不能作为全面揭示区域经济差异变化规律的理论。另外区域经济差异的变化是多种因素共同作用的结果,其中政府作用必不可少。而该理论忽视了区际差异缩小过程中政府的干预作用,同时对于高收入下收入差距如何缩小以及应缩小到何种程度等问题也没有做出回答。

4)区域经济增长相互传递理论

区域经济增长相互传递这一理论由美国著名发展经济学家赫希曼在《经济发展战略》一书中提出,赫希曼批评了当时占主导地位的哈罗德-多马模型,认为经济发展并不主要取决于资本形成,而是取决于使用现有资源并最大限度地发挥其效率的能力。他认为在经济发展过程中,经济进步并不同时在每一处出现,巨大的动力将使经济增长集中于最初出发点;任何一个具有较高收入水平的经济体都是一个或几个区域实力中心首先发展；而在发展过程中，增长点或增长极出现的必要性意味着"增长在国与国间或区域间的不平等是增长本身不可避免的伴生物和前提条件"。

赫希曼将正在增长的区域或城市中心称为"北方"，而将落后的区域或城市中心称为"南方"，与缪尔达尔所提出的回流效应与扩散效应相对应，南北方之间也存在两种效应，一是极化效应（polarized effect），另一种是涓流效应（trickling-down effect）。极化效应将导致南北方之间的经济发展差异日益扩大，而涓流效应则有助于缩小南北方之间的经济发展差异。从长期来看，在增长中北方会产生聚集不经济，从而促进产业向四周扩散。政府会采取措施干预这一不平衡增长过程，从而使得地域上的涓流效应能够超过极化效应。

赫希曼理论主要说明了经济发展初期实行非均衡增长的必要性和意义，为发展中国家设计了一条不同于均衡发展的路径。产业之间缺乏相互联系是欠发达地区的典型特征，缺乏产生后向联系的产业是欠发达地区的最大弱点。因此，从资源有效配置角度，考虑经济发展初期如何把有限资源分配于最有生产潜力和联系效应最大的产业部门，通过使这些产业优先发展来解决经济发展的瓶颈（如工业投入缺乏）问题，并通过它们的发展来带动其他产业发展。然而，当经济发展达到较高水平，从工业化和快速发展经济的角度来看，国民经济各部门需要作一定的协调，产业发展需保持一定的均衡。该理论也在一定程度上揭示了国民经济各产业部门之间的内在联系，为一国或一地区从总体上确定各产业部门优先发展次序提供了一种理论依据和有效政策工具。

5）核心-边缘理论

1966年，美国著名城市与区域规划学家约翰·弗里德曼以中心地体系与区域经济发展不平衡思想为基础，通过对发达国家和不发达国家空间发展规划的长期研究，在总结区际不平衡较长期演变趋势的基础上，在专著《区域发展政策：委内瑞拉案例研究》中将经济系统空间结构划分为核心和边缘两部分，并提出核心-边缘理论。他在《极化发展的一般理论》一文中将其理论观点再次完善和升华，从而将其理论逐步发展为一种普遍适应于发达国家与不发达国家空间规划的一般理论。

与循环累积因果理论从狭义经济角度探讨区域不平等不同，弗里德曼从更广泛范围来研究区际不平等过程。他把落后地区看作与核心保持着殖民关系、依赖且缺乏经济自主权的边缘区，他认为思想、技术、资本和态度等有利于经济发展的因素都产生于核心。这导致空间二元结构的出现,且该结构会随时间增强。他强调政治与经济权力的不平衡、区域间文化变化速率的不对称对创新扩散类型、投资和资源配置的影响。然而,他认为随着市场的扩展、通信设施的改善、态度的变化和城市增长的拓展,空间经济一体化将会出现,从而使核心与边缘变得模糊,区域间差异最终缩小。

弗里德曼认为,核心与边缘空间不平衡程度更多地与一个国家或地区的经济、社会和政治发展水平相关。他将空间组织演替序列分为四个主要阶段,即工业化过程以前资源配置时期、核心边缘区时期、经济活动向边缘部分地域扩散时期以及空间经济一体化时期。他认为,核心区由于发展条件较好,经济效益高而处于支配地位;而边缘区由于发展条件较差,经济效益低而受制于且依附于核心区,处于被支配地位,核心区与边缘区共同构成一个完整的二元空间结构。技术、资本、信息等经济发展要素均产生和集中在核心区,而边缘区缺乏经济自主和技术、资本及信息等要素,尤其是在经济发展初始阶段,这种空间二元结构十分明显。空间二元结构最初表现为一种单核结构,随着经济进入起步阶段,单核结构逐步被多核结构所代替。而当经济进入持续发展阶段,随着政府干预的加强、区际人口的转移迁移、市场的扩大、交通运输的改善和城市层次的扩散等,核心与边缘的界限会逐渐消失,最终达到地域经济一体化。

1991年,克鲁格曼进一步完善了核心-边缘理论,揭示了经济地理聚集的内在运行机制。克鲁格曼认为地理集中主要受三种效应驱动:一是生活成本效应,厂商区位对当地生活成本具有一定影响,厂商较集中的地方,商品价格相对较低,会吸引大量消费者聚集;二是市场准入效应,即垄断厂商总是将生产安排在大市场并同时向小市场出口的趋势;三是市场挤出效应,由于竞争,厂商总是向竞争者相对少的地区集中。前两种效应的合力形成聚集力,它有利于厂商和消费者在地理上的集中,并且能相互促进;后一种效应则会形成离心力,促使厂商在地理上扩散。

核心-边缘理论对区域非均衡发展理论研究的拓展有着重要影响,它反映了20世纪70年代初区域理论研究将政治、文化等社会因素引入区域空间系统研究的尝试,打破了城市和区域发展的研究仅限于经济范围的束缚,揭示了经济发展的不平等性必然会在地区间及地区内经济中心和其他地区形成空间不平等关系,这种不平等不仅意味着人均收入和社会生产方式等发展水平上的差距,更重要的是会造成区域间竞争机会和竞争能力的不平等,这种不平等是处理地区关系所必须正视的重要问题。这种有益探讨对促进区域协调发展具有重要指导意义。但是,该理论因涉及因素较多而使实证研究的实效受到了限制,研究者不可能迅速建立完整、精确的大规模模型进行研究。再者,该理论关于二元区域结构随着区域经济进入持续增长阶段而消失的观点也值得进一步探讨。

6）梯度转移理论

梯度转移理论以弗农的产品生命周期理论为基础。产品生命周期理论总结了产品生命周期的特点,即任何一个产品,从其发展看均要经过科研创新期、发展期、成熟期和衰退期四个阶段。梯度转移理论以梯度来表示区域间经济发展水平的差异,认为区域经济发展是不平衡的,这种不平衡是产品生命周期的空间表现形式。具体来说,区域间客观上存在一种技术梯度,有梯度就必然有空间上的推移。区域可被分为低梯度区域和高梯度区域。高梯度区域的产业主要由处于创新阶段的兴旺部门所组成,而低梯度区域的主导专业化部门由处于成熟阶段后期或衰老阶段的衰退部门所组成。就生产力的空间推移来看,首先是高梯度区域应用先进技术,先发展一步,然后随着时间的推移,产业逐步有序地从高梯度区域向处于二级梯度、三级梯度的低梯度区域推移。随着经济的发展,推移的速度加快,区域间的差距就可以逐步缩小,最终实现经济分布的相对均衡。这种理论认为区域经济的盛衰主要取决于区域产业结构的优势及其转移,产业结构的更新是区域经济向高梯度发展的根本动力,随着时间的推移,有秩序地从高梯度区域向低梯度区域转移。

总体而言,上述区域经济理论从不同角度探讨了促进区域经济发展的非均衡理论,强调了发展重点地区和重点部门以带动整个区域经济发展,受到发展经济学家和发展中国家政府的普遍重视,并且在实际操作中获得了较大成功。但这些理论也存在着一定缺陷,如其片面强调发展对非均衡的依赖性而忽略了均衡发展的积极作用,没有阐述非均衡发展的合理界限,且各理论在政策主张上也不一致,突出表现在对政府和市场作用的认识等方面。

2.3 国内区域协调发展理论

从实践看,西方国家完全以市场机制为基础的区域经济发展,面临的最大难题是区域发展差距不断扩大。相比较下,我国过去完全以计划体制为基础的区域经济发展战略,面临着总体效率低下的困境。这一方面说明,完全的市场机制或高度的计划体制都难以使产业布局合理化和达到最优状态,必须将二者有机结合;另一方面也说明,真正带有普遍规律的区域发展模式尚未形成。相对国外在区域发展方面所进行的大量实证研究以及由此形成的一些成熟理论体系来说,国内在这方面的研究还很有限。

2.3.1 动态协调发展理论

曾坤生(2000)提出的区域经济动态协调发展观点,依据以协同论为代表的现代思维方法论,将动态协调观点首次引入区域经济协调发展研究,并以此为主线,全面系统地阐述了动态协调发展的理论与战略。按照区域经济协调发展是否重视时间变量,可以将其分为两大类型:一是静态协调发展;二是动态协调发展。静态协调发展是一种无时间变量的协调发展,这种发展观要求总体经济在任何时候都应保持协调发展的态势,如果在某一阶段出现了区域经济发展某种程度的不协调,就认为这种发展是不正常的。或者可以认为,静态协调发展是把现实作为发展的基点,结果往往是维持现状,致使一些本应快速发展的地区得不到优先发展,形成全国经济的低效率。表现在区域经济发展战略上,主要代表是均衡发展战略。其中最为极端的观点是,要求经济区域之间和经济区域内的各部门,如工业和农业、消费品和资本品、出口商品和内销商品等部门的净投资额或总投资额或产量都按照同一比例扩大。

动态协调发展是一种有时间变量的协调发展。从动态协调发展观点来看,经济发展的区域不均衡具有普遍规律性,要实现区域经济的协调发展,必须从整体经济的实际出发,结合区域经济发展的阶段性特征,在一定时期内突出相应的发展重点,扶植能在较短时期内做到自立发展的区域或产业,培育区域自我发展能力,以争取在一个不长时期内实现整体经济的全面发展。在区域经济发展战略选择中,动态协调发展既不完全赞成或反对均衡发展战略,也不完全赞成或反对非均衡发展战略,而是一种坚持均衡发展与非均衡发展相结合的战略。或者说,动态协调发展强调在发展中求协调,注意适时、适地、适度支持某些地区和产业优先发展,以达到整体经济的快速发展。动态协调发展还特别强调两个方面的含义:一是尊重各地区在投入产出效果和投资经营环境方面存在的客观差异,为提高资源配置效率,国家必须集中有限的人力、物力和财力,采取区域重点开发形式,即国家在一定时期内,选定若干重点开发区域,并在资源分配和政策上对这些地区给予有限倾斜,但这种倾斜要做到目标明确、重点突出,在时间上也要有严格规定,不能以长期抑制或损害其他地区发展为代价。一旦倾斜目标达到,就要迅速调整原来的倾斜政策,避免政策因素在扩大差距方面的过大影响。二是着眼于国家的长远发展和其他非倾斜区域对倾斜政策的容忍力,有计划、有步骤地进行区域储备,给落后地区在基础设施建设和社会发展方面予以适当支持和照顾,以保持地区间协调发展和经济社会稳定。总之,适时适度的重点倾斜与全面协调发展相结合,是动态协调发展思想的核心内容。

动态协调发展对于开拓中国区域经济协调发展的研究思路,正确地制定区域经济协调发展政策,具有重要的现实指导意义。曾坤生从制度观点考察区域失衡,认为区域失衡的根本原因是制度失衡,实现区域经济动态协调发展必须建立科学合理的制衡机制。这依赖于政府组织的制度创新,其中的重点又在于产权明晰、体制改造和政策选择。

2.3.2 非均衡协调发展理论

美国经济学家阿瑟·奥肯关于公平与效率的研究认为,如果平等与效率双方都有价值,而且其中一方对另一方没有绝对的优先权,那么在它们冲突的方面就应该达成妥协,为了效率就要牺牲某些公平,为了公平就要牺牲某些效率。总之,作为更多地获得某一方面的必要手段,无论哪一方的牺牲都是公正的。奥肯的这一思想体现在地区经济布局和发展原则目标取向方面,实际上表明了只有在一定程度内的不平衡发展,才有可能实现资源配置的最有效率状态。在这种状态下,任何一个区域都不可能用损害其他地区的办法来增加自己的效益,这就是帕累托最优状态,即公平与效率处于适度合理的结合区间。

从我国的实际发展情况来看,1978年前中国实施的均衡发展战略,投资的重点放在西部,带来了低下的整体经济效率。20世纪80年代以后针对中国发展的现实,理论界关于我国产业布局应采取何种战略的争论一直没有停息过,在反思均衡发展战略弊端的基础上,形成了许多不同的学术观点,有"梯度推移战略""反梯度推移战略""东部决战战略""西部跃进战略""增长极战略""T字型江海先行战略"等。这些见解各有所长,也各有所短,都从不同侧面、不同角度对中国产业布局进行了有益探索,有的在实践中也取得了一定成效。不同战略选择的争论是围绕沿海与内地关系展开的,而实质仍然是选择均衡发展还是非均衡发展问题。主张均衡发展,则把经济发展的重点重新放在西部;主张非均衡发展,则把经济发展的重点仍然放在东部。与上面的区域发展理论观点不同,非均衡协调发展理论观点综合了上述两个方面,其最大的特点:一是非均衡;二是协调。结合我国实际情况来说,首先,我国产业布局要根据非均衡发展规律,有重点、有差异、有特点地发展,而不是平均使用力量求得均衡。在不同时期要选择对全局有重要影响的重点地区、重点产业优先发展。这主要是因为中国经济正在向社会主义市场经济转轨,要建立社会主义市场经济体制。市场经济是追求效率的经济,其运行的基本规则是追求效率和效益最大化。因此,效率原则应放在首位,效率优先,效率的作用要优先发挥。而非均衡发展有利于效率的提高,在一定程度上要以牺牲一定的公平为代价。另一方面,区域经济发展的规律是由不平衡发展为平衡。我国自改革开放以来,单纯依靠计划手段配置区域资源、优化宏观区域结构已难以为继,而从目前我国的市场规则和微观行为来看,单纯凭借市场力量也难以实现优化区域生产力布局、促进地区经济协调发展的目标。这就要求我们要充分利用计划和市场两种资源配置方式,以市场机制为基础。但是,为了避免因市场机制所造成的区域经济不平衡扩大,政府必须采用计划等宏观调控手段予以调整以符合国家整体利益的要求。

总之,非均衡协调发展理论观点认为,中国区域经济尚处在初期阶段,极化效应较扩散效应更为显著,宜选择非均衡的区域发展战略,它既适应中国区域经济不平衡发展的现实,又符合提高整体经济效益的要求。非均衡协调发展理论认为要在继续坚持以效率为目标取向的沿海经济发展战略的前提下,在不放弃东部地区快速增长的同时,着手缩小中西部地带与东部的不合理差距;进一步致力于地区发展差距的缩小,即使得对公平目标的追求逐步成为新世纪西部大开发中我国地区产业布局和发展政策目标取向的重点。

第三章 地区专业化发展演化规律和基本理论

美国著名社会学家托夫勒在《第三次浪潮》一书中总结资本主义工业革命的经验时,对专业化发展在社会发展中的重要作用给予了很高评价。他认为标准化和专业化是资本主义发展的基本原则,标准化是专业化的前提,而专业化则是工业高度发展的基础。作为和区域发展有着密切联系的一个重要方面,本章将重点对专业化发展的一般规律和基本理论作具体阐述和评价。

3.1 地区专业化发展规律

3.1.1 专业化概念比较

赖宾斯坦(1970)认为,生产商品的过程是由一组操作构成的,而操作是一组相关的生产活动,活动被定义为"在生产过程中必需的一种要素或其功能所完成的一些不可或缺的行动",即生产过程的最基本单位。他指出:"所谓专门化的增进,是指生产要素向较少种类活动集中度……所谓专门化程度上的增进,我们便会想到每一个人在一段既定期间内,都在从事较少种类的活动。当专门化增进到极端状态,某一个人便要始终不断地反复从事于一项活动。"

对专业化更深入的理解可以从其与分工的关系角度来看[①]。马歇尔(1890)从微观企业层面指出,一个企业的经济活动包含了许多职能。分工或专业化过程,就是企业的职能不断地分出去,由其他专业化企业专门承担这些职能的过程。我国学者盛洪(2006)认为,专业化就是一个人或组织减少其生产活动中不同职能的操作种类,将生产活动集中于较少不同职能的操作上。与此相对应,分工就是两人或两人以上或组织将原来一个人或组织的生产活动中所包含的不同职能操作分开并分别进行操作。专业化和分工越是发展,一个人或组织的生产活动便越集中于更少的不同职能操作上。

对专业化的理解还可以从其与生产协作之间的关系来看,和专业化同分工

---

① 这里的分工主要指社会分工。按分工的形成过程和内在属性,可以将其分为自然分工和社会分工(钱书法,2003)。自然分工是在人类社会初期,以人自身的生理条件差异为基础而自然形成的分工。社会分工是指随着生产力的发展,人们的社会经济活动被划分为不同生产功能和劳动方式(劳动组织形式)的分工。

的关系一样,协作也是由分工产生的,是分工的必然结果。对于协作,马克思认为:"许多人在同一个生产过程中,或在不同但互相联系的生产过程中,有计划地一起协同劳动,这种劳动形式叫协作。"马克思讲的这种协作包含了协作的一般含意,即包括了企业内部各工种间的生产协作,也包括了有生产联系的企业与企业之间的生产协作。专业化生产分工越细,社会协作的联系就越多。因此,专业化和协作的发展也是互相联系、互相促进的。专业化生产比全能工厂生产方式(即把产品装配和零部件的生产放在一起的方式)要优越得多,然而,它只有通过组织得很好的协作才能显示出来。社会上成千上万特种类型的专业化企业的生产能力和社会生产力也只有通过企业相互之间的协作才能形成。因此可以说,专业化与协作是生产劳动过程的两个不同方面,专业化是劳动生产的社会分工形式,协作是各有关劳动过程的合作和有机配合。专业化把不同的劳动过程分离开来,划分为局部劳动过程,而协作则把这些有关的局部劳动过程联结在一起,两者紧密联系,互为条件。

理解了专业化及其与相关概念的关系,我们也就不难理解何为地区专业化(regional specialization)了。地区专业化实际上就是各个地区专门生产某种产品,有时是某一类产品甚至某种产品的某一个部分。其所表现出来的地域分布特点是生产专业化的空间表现形式,是劳动地域分工不断深化的结果。萨乌什金(1987)曾指出,随着劳动地域分工的不断发展,不同地方、企业的职能向不同方面发展,出现了专门生产这些或那些物质和精神财富的一定专门化,各地产生了各自的经济特点,作为当地的自然、民族、历史等条件下形成的经济特点的补充。盛洪(2006)则认为,和产品多样化一样,地区专业化也是分工和专业化发展的副产品之一。

3.1.2 分工专业化演化规律

生产分工和专业化发展是一个事物的两个方面,在前面对专业化概念的界定中已经指出,对专业化发展的认识有必要从其与分工发展的关系角度展开。下文对专业化发展一般规律的认识及其与区域发展关系的理论探讨,均从两者结合的角度展开。

严格来说,在人类进入近代史以前,已经历了漫长的分工和专业化发展,分工和专业化达到了某种水平,但是这种分工和专业化发展是异常缓慢的,以至于被人们认为是停滞的,在相当长时间里没有什么变化。到了近代以后,分工和专业化才得到突飞猛进的发展。因此,分工和专业化的发展可被认为是近代经济发展的主要特征。大致来看,随着历史的发展,分工和专业化的变化主要经历了三个阶段:部门间分工、部门内分工、产业链分工,如表3.1所示。

第一阶段为部门间分工,即马克思所说的一般分工,就是不同地区发展不同产业,与之相对应的专业化称为部门专业化,它是经济发展早期阶段的产业分工和地区专业化发展形式。英国是第一个开始近代史的国家,近代以来的分工和专业化发展也是从英国发端的。在亚当·斯密时代,也就是18世纪下半叶,分工和专业化已经得到了相当长时间的发展,对此最经典的描述就是呢绒上衣的联合生产过程。这一时期的分工和专业化主要体现为以个人(家庭)为单位的专业化,伴之以大量的手工业工场。尽管在工场内部,分工相对更加细密,已达到工业和零部件专业化水平,但是其规模相对还很小,还没有采用机器进行生产。这一时期,农业和制造业在分工和专业化程度上的差异,使得劳动力从农业转移到制造业,自然体现为分工和专业化水平的提高。而制造业本身的发展,则使得其内部的部门逐渐形成和分化,这既表现为产品种类的增多,也表现为单种产品数量的增多。

表3.1 分工和专业化演进规律

阶段	分工类型	专业化形式	专业化特点
第一阶段	部门间分工	部门专业化	不同部门在空间上的分离
第二阶段	部门内分工	产品专业化	同一部门不同产品在空间上的分离
第三阶段	产业链分工	功能专业化	同一产品价值链的不同环节在空间上的分离

资料来源:魏后凯,《现代区域经济学》,经济管理出版社,2006年,第161页。

第二阶段为部门内分工,就是不同地区都在发展同一个产业部门,但其产品是不一样的,称为产品专业化。19世纪上半叶,以个人(家庭)为基本单位的分工和专业化继续发展,表现出两个趋势:一是厂外加工形式,二是家庭生产逐渐被现代化工厂所取代。这一时期是一个激烈变革的过渡阶段。到了19世纪中叶,个人或家庭甚至手工工场的专业化生产逐渐被工厂生产所取代,以蒸汽机为动力的大机器工业逐渐成为生产中占统治地位的形式。这一时期分工和专业化发展主要表现为:工厂内部的分工发生了本质变化;基本经济单位如个人、家庭、手工工场和大机器工业工厂之间的分工和专业化出现了新的格局。间接地看,分工和专业化影响还表现为工厂规模的增大和机器体系的形成。

第三阶段为产业链分工,也就是说,虽然很多地区都在生产同一个产品,但是各个地区按照产业链的不同阶段和环节进行专业化分工[①]。大致从19世纪末20世纪初开始,分工和专业化发展表现出以下特点:企业内部流水线生产方式出现;企业之间的分工和专业化已经达到了零部件专业化和工业专业化程度,生产服务专业化也达到了一定程度;出现了横向和纵向一体化,多部门的大型企业出现。一个比较典型的例子就是美国农业内部的分工和专业化。斯密曾断言,农业内部很难实现分工。但是,美国农业普遍实现了生产服务专业化和工艺专业化。美国分工和专业化发展的另一个特点,就是大规模巨型企业发展。从生产技术角度来看,这些巨型企业体现了大批量生产体制;从组织结构角度来看,巨型企业体现了大型多部门企业特点;从市场角度来看,巨型企业发展表现为市场集中度提高;从过程来看,这些巨型企业的发展得益于兼并浪潮和股份公司及控股公司形式的发展。

作为对分工和专业化发展一般演进规律和特点更具代表性的认识,这里还可以从全球范围内不同国家和地区之间的分工贸易角度来加深理解。具体来说,第一阶段大致对应的是二战前产业间国际分工和地区专业化发展阶段,分工和专业化发展的基础是各国要素禀赋差异所带来的产业间比较优势。这一阶段及之前很长一段时间内全球经济发展的模式和特点是值得注意的。首先,15世纪末至16世纪上半叶的地理大发现以及随之而来的殖民地开拓,扩展出了世界范围的销售市场,促进了手工业生产向工场手工业过渡,并形成了以宗主国生产工业品和殖民地生产农产品的早期国际分工格局。18世纪60年代到19世纪60年代第一次产业革命后,在机器大工业生产的推动下,英国等少数国家垄断了先进的工业生产,成为世界工业品生产制造中心。通过把落后农业生产转移到海外,亚洲、非洲和拉丁美洲国家的农民被迫为世界市场生产原料和粮食。这样,原来在一国范围内工业部门与农业部门之间的分工,就逐渐演变成以先进技术为基础的工业国与以自然条件为基础的农业国之间的分工。这样的分工拉开了工业化国家与非工业化国家之间的发展差距,使两者之间的产业间分工和部门专业化发展特点初步形成。到了第二次产业革命(1860—1914年),由于电能和石油能源的广泛应用,工业机械自动化开始迅速发展,生产规

[①] 盛洪(2006)将分工和专业化发展划分为五个阶段,这里的第三阶段,专业化被进一步划分为零部件专业化、工艺专业化和生产服务专业化。

模迅速扩张,生产过程分工进一步深化。工业化国家与经济不发达国家之间的生产力发展水平差距进一步拉大——工业化国家出口制成品和进口初级产品,经济不发达国家出口初级产品和进口制成品的分工贸易格局变得更加明显和具有普遍性。从这里也可以看出,第一阶段部门间国际分工和专业化发展,从初期萌芽到发展成熟所经历的时间是很长的。

从国际分工贸易角度来看,第二阶段对应的是二战后兴起的产业内国际分工和地区专业化发展阶段。其分工基础在 Krugman 等人提出的新贸易理论中有具体说明,主要是不完全竞争、规模收益、产品差异化、需求差异化和劳动的不同质性。这一阶段的全球经济发展模式和特点是,第三次产业革命逐步兴起,人类社会由此进入电子时代并开始原子能利用。同时,二战以后,随着第三次产业革命的发展和殖民地国家的纷纷独立,更多国家的生产结构和生产技术水平不断接近,产业内国际分工得到更快发展。从这一阶段开始,国际分工和专业化发展的速度也变得更快,规模越来越大。第三阶段对应的是 20 世纪 70 年代以后兴起的,在当前国际分工贸易发展中占有绝对重要位置的产品内国际分工和地区垂直专业化发展阶段。具体来说,产品内国际分工是一种特殊的经济国际化过程及结构展开,其核心内涵是特定产品生产过程不同工序或区段通过空间分散化,展开成跨区或跨国性的生产链条或体系,使得更多国家或地区能够参与到特定产品生产过程不同环节或区段的生产或供应活动中去。从相对狭义的角度来看,这里的生产过程又称为制造,指生产一个产品的过程中所有工序的总和,不仅包含了一系列主要加工工序和活动区段,还包括了更为细分的程序化操作或次生工序。如果把技术、研发和物流、信息等产业辅助环节纳入前述基本生产过程,再将金融等产业发展的基础条件纳入该生产链条中,就会发现生产链的正常运行与相关的支撑辅助体系是息息相关的,这也就是所谓的广义生产过程。概括而言,它包含了从研究开发、生产制造到营运销售的全过程,及包括了更多的服务活动。

纵观国际分工和专业化发展历程,可以看出,其影响范围不断扩大,从宗主国与殖民地之间的分工和专业化发展到工业国与农业国之间的分工和专业化发展,最后促成了全球性的生产网络的形成。这一过程中,分工在不断细化,专业化发展的程度也在不断提高,分工和专业化由最初自然资源型分工和专业化到工农业产业间分工和专业化,再到工业部门内部产品间分工和专业化,最后发展到产品内价值链分工和专业化。这一过程还表现出其他一些特点,如国际分工和专业化的形成机制越来越规范,国际分工和专业化发展主体由宏观向微观倾斜,从国家过渡到企业。

3.2 分工和专业化发展理论

3.2.1 古典经济学理论观点

亚当·斯密在《国富论》中讨论了分工与市场范围的关系,其最重要的一个理论观点就是指出了分工受市场范围限制。这一观点后来被 G.J. 施蒂格勒称为斯密定理。

其主要思想是,分工起因于交换能力,分工的程度因此总要受交换能力大小的限制,换言之,要受市场广狭的限制。斯密认为,市场范围要是过小,那就不能鼓励人们终生专务一业。因为在这种状态下,人们不能用自己消费不了的劳动生产物剩余部分随意换得自己需要的他人劳动生产物剩余部分。因此,只有当对某一产品或服务的需求随市场范围的扩大增长到一定程度时,专业化生产者才能够实际出现和存在。随着市场范围的扩大,人们会逐步或者偶然认识到分工和专业化所带来的利益,市场原有的垄断力量就会被打破,垄断程度的降低和竞争的发展会降低市场交易费用,而市场交易费用降低会鼓励人们倾向于采用专业化策略。可以说,市场范围的不断扩大为分工和专业化发展提供了契机,而分工和专业化程度的不断提高还会反过来诱发市场规模的不断扩展和市场结构的不断演变。

3.2.2 新古典经济学理论观点

新古典经济学的集大成者阿尔弗雷德·马歇尔虽然也继承了斯密的分工理论思想,但是由于当时缺少处理角点解的数学工具,不能将分工理论思想通过数学方式加以形式化。为此,马歇尔采用边际分析方法,用规模经济概念代替分工,将规模经济当作收益递增的实现机制,使经济学研究的焦点从生产率与经济组织之间的关系(分工问题)变成了要素、产品数量与价格的相互影响

(资源配置)。具体来说,规模经济主要包括内部规模经济(internal economies of scale)和外部规模经济(external economies of scale)。当一个企业的生产力随着企业规模的扩大而提高时,就意味着内部规模经济的存在。而外部规模经济则是指一个企业的生产力随着整个经济或一个部门规模的扩大而提高。在这一框架下,生产者与消费者处于完全分离状态,纯消费者必须从外生给定的市场和企业购买所有的商品,个人不能选择分工和专业化水平。其致命缺陷就是,在给定分工结构下,实现资源配置的最优化、均衡和帕累托最优资源分配总是同外生给定的生产可能性边界联系在一起。总之,新古典经济学认为规模经济是经济增长、实现收益递增的驱动力量。古典经济学中关于分工与经济增长的经典理论在马歇尔(1890)之后,逐渐从主流经济学派中消失。

在马克思经济学中,分工理论同样占有十分重要的地位。对于分工的起源,马克思曾在《德意志意识形态》中从生产力和分工关系角度做了精辟论述。他指出:"分工起初只是性别行为方面的分工,后来由于天赋(例如体力)、需要、偶然性等等才自发地或自然形成分工。"分工只有人的生理前提是不够的,还必须有生产力的发展。按马克思的理解,分工与生产力是一种互为因果的逻辑关系,他认为:"一个民族的生产力发展水平明显表现于该民族分工的发展程度。任何新的生产力,只要它还不是迄今已知的生产力单纯的量的扩大(例如,开垦土地),都会引起分工的进一步发展。"随着分工与生产力的交互发展,分工的自然形成性质逐渐为分工的社会性质所取代。他还指出,分工从本质上说是社会劳动的一种形式,是在剩余劳动时间的形成、生产工具的进步而引起的生产规模扩大、劳动种类发展、人口增长与集中等客观因素作用下自然形成的。

3.2.3 新兴古典经济学理论观点

1928年,英国经济学家杨格在《报酬递增与经济进步》中重新发展了斯密的分工理论,使得分工问题又一次得到了经济学家的重视。杨格把斯密定理发展为"分工一般地取决于分工",这就是所谓的杨格定理。

假定一国的经济禀赋是既定的,决定其产业效率的一个重要因素就是市场规模,市场规模不是单纯的面积或人口而是购买力,而购买力又是由生产力水平决定的。因此,分工和分工特征表现出一定程度的因果关系。杨格提出使用三个概念来描述分工,第一个是每个人的专业化水平,这种专业化水平随每个人的活动范围缩小而提高;第二个是间接生产链条的长度;第三个是此链条上每个环节中产品的种类数。他从三个方面对分工发展问题做了解释:首先,分工和专业化是递增报酬实现的机制。分工和专业化程度一直伴随着经济增长的全过程,企业规模扩大只是递增报酬在某种条件下实现的物质技术条件,并不是其本质原因。在分工格局既定时,如果我们把目光局限到单个企业,可能会认为企业规模是实现递增报酬的关键。其次,市场大小决定分工,而分工也决定市场大小。杨格认为市场大小取决于由分工决定的购买力,即消化大量产出的能力。所以,市场与分工之间的作用是相互的,二者之间的正反馈作用才是经济增长的不竭动力。最后,分工是一个网络效应。不能孤立看待企业规模大小,单个企业规模大小还取决于该行业内其他企业规模大小,某一行业规模也同时取决于其他相关行业规模。总之,杨格把经济增长过程理解为分工深化,生产迂回环节增加,生产迂回方式改进,技术不断进步,产品价格持续下降,需求和市场不断扩展并导致分工进一步深化的循环动态过程。这些都使得斯密定理动态化,从而超越了斯密关于分工受市场规模限制的思想。但是杨格无法将他的理论数学化,该理论未能得到主流经济学家的重视,也就没有重新唤起他们对专业化分工问题的关注。

专业分工理论的真正复兴则是在 20 世纪 80 年代,以罗森、贝克尔、杨小凯、博兰和黄有光等人为代表的新兴古典经济学家,从生产者和消费者完全统一、生产中存在专业化经济、消费者偏好多样化和存在交易费用四个基本假设出发,用超边际分析方法,重新将古典经济学中关于分工和专业化的深刻思想用现代数学工具加以模型化,并在分工专业化内生基础上,重新组织了经济学基本框架。

该理论认为分工是一种制度性与经济组织结构安排,牵涉到个人与个人、组织与组织之间的关系与协调。个人最重要的生产决策就是选择个人的专业化水平,即做不做某项工作的选择问题,因而一定程度的分工演进将会促使技术进步、生产率提高、个人与组织间依存度上升以及经济组织的结构性转变等现象的产生。对专业化的界定,杨小凯使用了生产函数来描述个人的专业化经济。假定一个人可以从事两种生产活动,生产产品 x 和 y,如果我们将该生产者投入第 i 种生产活动中的劳动份额称为他在该项活动中的专业化水平,并用 l_i 表示专业化水平,那么该生产者的生产函数可以写成

$$x^p = x + x^s = l_x^a, y^p = y + y^s = l_y^a, l_x^a + l_y^a = 1$$

其中，x^p 和 y^p 分别表示两种产品的产量，x 和 y 为该生产者自己消费的产品量，x^s 和 y^s 为两种产品的销售量，a 为一个表示专业化经济程度的参数。如果总的劳动份额为1，那么生产的约束就可以用 $l_x^a + l_y^a = 1$ 来表示。根据上述生产函数，可以得到两点有用的结论：一是该生产者在每种产品生产上的边际劳动生产率随着其专业化水平的提高而增加；二是该生产者在每种产品上的平均劳动生产率随着专业化水平的提高而增加。如果每个生产者具有上述专业化生产函数和时间约束，那么分工水平的提高就可以表示为至少一个人的专业化水平提高而其他人的专业化保持不变或者也在提高的状态。如果用1、2分别表示两个不同的生产者，假定两人经济中的生产函数和时间约束分别为

$$x_1^p = l_{1x}^a, y_1^p = l_{1y}^a, l_{1x} + l_{1y} = 1; \quad x_2^p = l_{2x}^a, y_2^p = l_{2y}^a, l_{2x} + l_{2y} = 1$$

假定这两个人在决策前有同样的时间约束和同样的生产函数。如果他们选择自给自足，则他们的生产结构就完全相同，每个人都生产 x 和 y；如果他们的偏好也相同，则他们的生产计划也将是一样的。但这并不是一种最优的分工结构，因为每个人在两种产品生产上的专业化程度都较低。如果在市场的自发选择下，每个人根据其自身的优势选择其专业化程度较高的产品进行生产，那么将形成每个人只专业化生产一种产品的结构，此时专业化程度最高，分工水平也最高。但是，如果两个人都同时生产 x 或者同时生产 y，将不会出现分工结构。虽然这种状态下每个人的专业化程度都很高，但是并没有形成多种专业化结构，因而也没有出现分工。因此，分工和专业化之间具有一定的联系，但并不完全相同。专业化是分工的基础和前提，分工则是不同专业化程度之间的一种结构。在存在多种专业化的前提下，我们可以近似地使用专业化概念来表示分工水平。

概括而言，以杨小凯的理论为代表的新兴古典经济学分工理论认为，由于专业化经济的存在，人们喜欢专业化生产和多样化消费，因此分工意味着贸易。但在既定的交易效率下，刚开始人们生产经验不多，生产率低，支付不起更高分工与专业化水平下的交易费用，因此每人都选择自给自足。随后通过学习，人们慢慢积累了知识，并进行技术和制度创新，提高了生产率，从而可以支付更高的交易费用，因此可以选择更高的分工与专业化水平。这种正反馈机制最终使劳动分工自发、内生地产生演进。

3.3 垂直专业化发展理论

从既有文献对地区垂直专业化概念和发展特点的描述中不难注意到,地区垂直专业化主要还是体现在全球生产网络发展过程中,不同国家和地区之间的产品内分工贸易发展方面[①]。因此,本章在解释地区垂直专业化起因与模式时,以经典国际分工贸易理论为重要的理论基础。但是,垂直专业化毕竟不同于传统产业间和产业内分工所表现出来的不同地区之间有各自专业特色的贸易发展,其更需要对标准分工贸易理论进行有意的拓展,这种拓展主要分两个方面:第一,国际贸易理论研究的对象由产品层面深入到工序层面,即由标准理论中的产业间、产业内贸易划分扩展为产品间分工与产品内分工划分;第二,一些学者将产业组织与契约理论的概念纳入贸易模型,构建了产业组织理论与贸易理论相结合的分析框架,并重点关注了交易成本和不完全契约等问题。

3.3.1 赫克歇尔-俄林要素禀赋理论

传统国际贸易理论对贸易起因的解释中暗含着一个前提假定,即作为分工和贸易对象的产品,其全部生产过程在某一国家或经济体内部进行,产品的生产过程被假定为不可分割的。要从比较优势角度考察垂直专业化分工的经济合理性,必须改变这一隐含前提,可以考虑产品工序在全球不同要素禀赋国家和地区分布的情况。在产品生产工序空间可分离条件下,比较优势成为垂直专业化的利益源泉。Ishii 和 Yi(1997)、卢锋(2004)等人均指出,与传统贸易理论对贸易起因的解释相类似,国际垂直专业化仍然建立在比较优势或规模经济基础上,只是这种比较优势或规模经济需要深入到工序层面来考察。

在考虑国际垂直专业化发生的决定因素时,学者们最初是从传统贸易理论出发加以引申的,主要观点就是认为比较优势同样是产品内分工的重要基础。较早对国际垂直专业化建立理论模型的有 Sanyal 和 Jones(1982)、Dixit 和

---

① 这里首先引用了地区垂直专业化描述,但对其更具体的内涵,特别是本书所定义的垂直专业化内涵将在后面 4.2.2 节中具体给出。

Grossman(1982),他们均在要素禀赋理论模型框架下,考虑了生产可以分割为不同阶段的情况,模型中比较优势仍然是专业化与贸易方式的决定因素。此后不少学者,如 Arndt、Deardorff、Jones 和 Kierzkowski 以及国内学者卢锋等,在解释垂直专业化的起因及其经济影响时,也同样应用了李嘉图模型(Ricardian model)、赫克歇尔-俄林模型(Heckscher-Ohlin model)、特定要素模型(specific-factor model)等比较优势理论模型框架。

该理论的主要思想体现在下面的两个分析图中。图 3.1 表示 X 生产经历两道工序,其中 X_1 的劳动投入比较密集,X_2 的资本投入比较密集,总体看来,资本密集部分在成本结构中所占份额较大,所以如果只允许进行产品间分工,依据比较优势原理,该产品生产仍应在资本要素比较丰富的发达国家(甲国)进行。X 产品生产扩张线上单位价值产品的实际生产点,可以利用两道工序向量和来确定,即通过 OZ 代表的资本密集型工序和 OV 代表的劳动密集型工序组合得到,等成本线 AC 给出了在甲国完成这两个工序的生产过程需要的成本量。但是其中劳动密集型工序生产扩张线位于 OS 线下方,说明该工序如果分配到劳动要素比较丰富的乙国进行能节省成本。

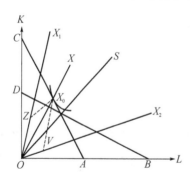
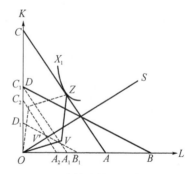

图 3.1 生产工序的投入差异　　图 3.2 比较优势和垂直专业化

图 3.2 说明了比较优势通过垂直专业化创造利益的原理。其中 OV 表示劳动密集型工序,VZ 表示资本密集型工序;如果允许工序国际分工,把工序 OV 转移到劳动价格相对较低的乙国进行,工序 VZ 仍在甲国完成,有可能创造额外经济利益。为说明这一点,将乙国等成本线 BD 平行内推到正好与 V 点接触的 B_1D_1 位置,它表示在乙国进行劳动密集型工序 OV 需要的成本;然后把甲国等成本线 AC 平行内推到 A_1C_1 位置,它相应表示甲国完成 OV 工序的成本。从下述描述中可以看到工序分工带来的成本节省。过 V' 点作一条新的甲国等成本

线 A_2C_2，由于定义规定 BD 和 AC 是等值等成本线，因而 B_1D_1 与 A_2C_2 各自代表的成本也相等。A_2C_2 表示的成本量小于 A_1C_1 代表的 OV 工序在甲国进行所需要的成本量，两条等成本线差异显示了工序国际分工创造出的利益。

3.3.2 新贸易理论框架下的分析

按照对贸易起因的解释，标准国际贸易理论大致可以分为两部分，一部分即前面分析过的建立在完全竞争市场结构前提下的传统贸易理论，该理论以比较优势为基础解释产业间贸易；另一部分则是建立在规模经济与不完全竞争基础上的新贸易理论，该理论以市场不完全性解释产业内贸易。既然作为传统贸易理论基础的比较优势可以用来分析国际垂直专业化分工贸易的发展，那么从新贸易理论出发，考虑规模经济与不完全竞争在国际垂直专业化中的作用也是合乎逻辑的。该理论框架下的分析，同样将研究视野由产品层面扩展到工序层面。

从规模经济角度解释垂直专业化的合理性在于，如果产品不同生产阶段对应的有效规模不同，在生产过程为一个整体不能分割的情况下，只能依据某个关键生产阶段的有效规模安排整体生产过程的规模，这样有效规模较大的那些生产阶段就无法实现规模经济利益。因此，通过产品内分工，将有效规模不同的生产阶段加以分离，并安排到不同的空间场合进行生产，可以节约成本、提高资源配置效率。但是，上述分析并没有说明，这种以实现不同生产阶段规模经济为目的的产品内分工应该在一个国家内部还是在国家之间进行。这也是 Ishii 和 Yi（1997）、卢锋（2004）等人认为国际垂直专业化由比较优势和规模经济两方面因素决定的原因。他们指出，不同生产阶段既可能存在规模经济差异，也可能存在要素投入比例差异，通常是后者决定了不同生产阶段的国别分工结构，而前者强化了这种分工。

在新贸易理论中，不完全竞争企业的竞争行为可以成为引发国际贸易的独立原因，与这一观点相适应，部分学者分析了不完全竞争企业之间的竞争在国际垂直专业化分工与贸易中的作用。如 Chen 等人（2004）假定在一个异质双寡头垄断模型中，本国企业与外国企业使用同质中间投入生产最终产品并在本国市场上竞争，外国企业在中间投入的生产上更有效率，因此本国企业可以选择自己生产或从外国企业购买中间投入。在这一模型框架下，本国企业为节省成本而进行外包,从外国企业采购的动机被所谓的战略动机加强,即本国企业的外包行为可能会减弱外国企业在最终产品市场上与本国企业竞争的动机。

3.3.3 引入产业组织与契约理论的分析框架

除了从纯国际贸易理论角度出发解释国际垂直专业化发展,一些学者另辟蹊径,将产业组织与契约理论概念纳入贸易模型,将贸易与企业组织模式选择相结合以解释国际垂直专业化。这一分析框架主要应用了产权(property rights)理论、交易成本(transaction costs)理论、激励系统(incentive systems)理论、委托代理(delegation of authority)理论等有关企业边界的理论来对企业在一体化生产与外包之间的组织模式选择作出解释。

具体来说,对企业本质的研究由来已久,新古典经济学依照瓦尔拉斯范式,把企业高度抽象成由外生技术决定的生产组织。企业的本质表现为将输入的各种生产要素,以使资源组合最优的方式进行产出,从而构成最优的经济体系,微观上满足帕累托最优条件,宏观上实现瓦尔拉斯一般均衡。在遵循完全理性、完全竞争、完备信息和交易费用为零的假设条件下,该理论赋予企业一个人格化的目标函数——利润最大化。科斯在《企业的本质》中指出,真实世界里的市场机制并不免费,交易费用为正,而企业组织正是由于节约交易费用而存在,企业能够节约交易费用,是因为在企业内,市场交易被取消了。科斯的企业理论在一定程度上解释了企业的存在,但是其把交易费用最小化视为最优治理结构(组织形式)的标准,进而在企业与市场间抉择,这一观点存在理论上的缺陷。一方面,交易费用最小化存在一个考察期限的问题,短期的交易费用最小并不一定意味着长期最小;另一方面,在实际中,针对某一特定交易,选择什么样的组织形式取决于它们能否以一定的成本实现最大的收益,即成本收益法才是根本的标准,而不仅仅是交易成本因素。若按照交易成本法,肯定存在某种组织形式的交易成本最小,但不排除存在市场与企业两种组织形式下扣除交易成本后的净收益均为负的可能,在这种情况下,根据成本收益法,企业内部化和外部市场购置均不可取,然而,大量交易并未因此受限,究其原因,就是在两极治理方式之外,企业与企业之间构建了一种长期、稳定的网络组织形式,这种结合了企业与市场特征的混合组织形式,改变了原来单纯两极治理方式下的成本与收益曲线,使得交易变得更为理性。比如当交易量过小企业内部化不可行,同时信息不对称造成交易成本太大以至于外部市场购置也不可行时,便可建立领导厂商与供应商的合作网络,这种长期合作关系以及预期贸易伙伴之间信任关系的注入将会移动成本收益曲线,从而使得这类交易通过成本收益法则的检验成为可行。因此,网络是完成企业与市场不能完成的特定交易的一种组织形式,也可看作一个市场契约取代了一系列市场契约,只不过这里的一个市场已经变成"网络内的市场",并且"网络内的市场"交易是基于"长期稳定的网络合作关系"而不是"企业内的要素市场"交易下的等级权力。这种网络组织形式包括研发、生产、销售等环节中各种各样的合作与联营。显然,全球生产网络正是这样一个包含了多种不同深度合约的复合网络组织形式。它是整个世界经济发展中一次重要的组织创新活动,兼容了传统二元治理模式的优点,从而使生产组织得更有效率,也使居于网络中的某一企业尤其是领导厂商更具竞争力。

由此可见,全球生产网络的出现促成了经济全球化新的微观基础的形成,使得垂直专业化逐渐成为国际分工中又一种新的且越来越重要的分工模式。而全球生产网络中垂直专业化分工等网络化组织的出现,更提供了一种例证,即资源配置并不仅仅有企业和市场两种组织形式,还存在网络这一创新组织形式。当采用市场与企业形式组织完成交易变得不符个体理性时,交易还可能通过网络完成。

第四章 全球生产网络视角下的地区专业化发展研究

从本章开始,我们将从实证分析角度对相关问题做具体研究。这里涉及的主要内容有以下几个方面:首先,对全球生产网络概念、发展趋势及其对地区专业化发展的影响做了具体分析;接着,通过多种检验指标,对体现全球生产网络发展特点的地区垂直专业化以及体现产业间、产业内分工贸易发展特点的一般专业化,在我国不同地区的发展情况做了系统比较。本章的研究主要揭示了全球生产网络发展过程中,地区专业化发展的新特点和变化规律。

4.1 全球生产网络概念和发展趋势

4.1.1 全球生产网络概念

在具体了解什么是全球生产网络之前,首先来认识一下什么是生产链,如图4.1所示,所有生产过程的核心部分都包含四个基本步骤,它们被相互之间的一系列交易联系起来,投入被转化为产品,而产品被配送和消费。同时所有这些过程又均是双向的,一方面,原材料、半成品和最终产品沿着一个方向流动;另一方面,信息(消费者需求)和金钱(购买商品和服务)沿着另一个方向流动。并且,生产链上的每个单元都依赖于各种各样的技术投入、金融法律和管理协调等职能。可见,生产链上的每一个单元以及它们之间的交易联系,都依赖于许多其他形式的投入(包括服务),以使整个过程得以进行。

与生产链相对应的一个重要概念是价值链,这一概念最早由迈克尔·波特(2005)提出。他指出,价值链就是一种商品或服务在创造过程中所经历的从原材料到最终产品的各个阶段,包括研发设计、生产制造、营运销售等诸多环节,包括所有参与者和生产销售等活动的组织及价值、利润分配过程。由于这些环节或者活动本质上就是一个价值创造过程,其前后有序的承接关系也就可以用价值链条的形式来表示了。

在当今经济全球化发展背景下,资源开始在全球范围内被优化配置,商品的生产销售过程被片段化,在空间分布上表现出越来越明显的离散特征。围绕着商品生产销售而形成的跨国生产组织体系,把分布在世界各地不同规模的企业、机构组织在一个一体化的生产网络中,这一网络同样表现出了前后有序的

第四章 全球生产网络视角下的地区专业化发展研究

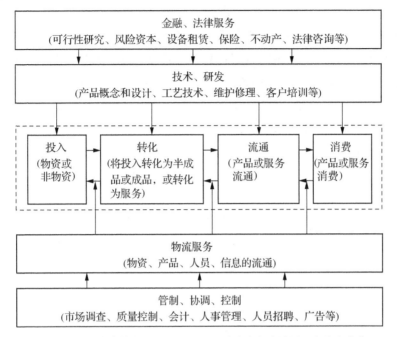

资料来源:彼得·迪肯,《全球性转变——重塑21世纪的全球经济地图》,商务印书馆,2007年,第14页。

图 4.1 生产链构成情况

承接关系,该网络就是全球生产网络(Global Production Network,GPN)。从价值链角度来看,生产链即为全球价值链(Global Value Chains,GVC)[①]。可以认为,从生产链(价值链)到全球生产网络(全球价值链),它们本质上都强调了生产过程的分解(即广义生产过程)和价值创造。

此外,对全球生产网络概念的理解也可以从跨国公司全球生产体系建立角度来重新认识,即全球生产网络指跨国公司通过整合在世界各地的生产资源,采用投资建厂或业务外包形式,建立起世界范围的工厂或制造飞地。在这一生产体系下,不同生产环节之间产生大量的零部件或中间品贸易,其中大量的零部件或中间品贸易体现为国际贸易或离岸贸易的形式,并对所在地的进出口和就业产生重要影响。由于跨国公司的生产规模越来越大,面对的又是全球性的市场竞争,传统的由单一工厂再到单一市场的生产经营活动已经完全不能适应

---

① 全球价值链指在全球范围内组织最佳的价值生产过程,这个巨大的跨国界生产链条连接设计、开发、制造、营销、销售、售后服务等各种增值活动,是价值工程在国际经济关系的体现。

竞争的需要,需要在全球范围内构筑一个几乎能够渗透世界每一个角落的生产和销售的巨大网络。可见,全球生产网络的产生和发展本质上是跨国公司利用全球规模经济,在多国或多区域实行高度专业化分工,协调形成一体化国际生产,最大限度追求全球资源整合效率的结果。跨国公司从多国分散经营向区域一体化再向全球一体化经营的战略转变,是全球生产网络形成的微观基础。起初,跨国公司倾向于在多个国家市场上设厂生产,分散在各东道国的子公司大多以当地市场为目标,海外分、子公司间的生产并非专业化分工的,每个公司自成一个利润中心。随着现代技术所带来的跨国协调成本的降低、投资政策壁垒的消除和区域经济集团化的加强,跨国公司地理上分散和不完整的生产体系开始转向区域性甚至全球性的一体化生产和分销体系。在跨国公司生产体系向区域和全球一体化经营体系转变的进程中,参与其中的各国的生产也随之加入跨国公司的全球生产网络之中。

4.1.2 全球生产网络发展趋势

全球生产网络发展对原有国际分工体系有更长远而深刻的影响,使得国际分工体系表现出了更为明显的多层次特征。由于全球生产网络的发展既包含了不同产业之间、同一产业不同产品之间的分工,也包含了相同产品内不同增值环节等多个层次的分工,因而在分工特点上既表现出了一般分工类型的共性特征也表现出了一定的个性特征。从趋势角度来讲,全球生产网络的发展越来越凸显出以下一些特点:

第一,全球生产网络的发展本质上是一种市场演化现象,在当前其不断向外扩展的过程中,其分工系统内部不同角色控制能力和价值增量的分配方式越来越表现出由市场基本竞争规则决定的特征。全球生产网络发展体系中控制性和支配性较强的环节,一般也是价值链上利润相对较高的环节,占据这些区段的厂商通常会在价值和利润分配上处于更有利的位置。

当然,在全球生产网络发展过程中,不同行业在其所形成的产品内国际分工体系中,供应链中控制性较强的环节或者价值链中利润丰度较高的区段,在具体分布形态上还是存在着明显区别的,甚至同一行业内的某些产品生产,随着时间的推移和市场的变化,其控制性和支配性较强的环节也会发生一定变化。前者如服装产品全球化生产的供应链和价值链中,处于加工环节的厂商的控制力很弱,而品牌商、零售商则在供应链和价值链中占据了关键位置;汽车供应链体系中,最终产品品牌商和关键部件供应商具有较大支配力。后一种情况以全球电子产品生产为例,20世纪80年代早期,电子产品市场被少数以最终组装和制造为主的大型跨国公司如IBM、西门子、松下和东芝等所控制。后来随着市场的不断变化,核心组件厂商如英特尔和微软,应用软件供应商如Adobe,纯粹产品定义公司如思科等开始逐渐掌握关键控制力,并获得了相关产品大部分的生产利润。

第二,从空间地理布局上看,全球生产网络发展也越来越表现出离散性和统一性相结合的特征。尽管随着全球生产网络的发展,生产工序越来越细化,被拆分到不同国家或者地区进行,工序的空间分布具有了离散性,但是生产特定产品的最终目标又使这一系统在功能协调上具有了整合性。即使工序的空间分布具有离散性,从地理分布上看,也还是表现出了越来越明显的区域性集聚特征。各价值环节的地理集聚使得更多区域性产业集群更容易被纳入全球生产网络体系,成为全球价值链的一个组成部分。而各个区域自身进一步的发展不仅需要挖掘集群的内部联系,更需要在全球范围内加强与域外的联系,通过改变自身在全球价值链中的位置、提升产品、改变效率,或通过迈入新的相关产业价值链,来促进区域内集群整体性的不断升级和可持续发展能力的提升。

第三,在当前全球生产网络发展过程中,传统比较优势理论和要素禀赋理论仍然适用,但是要素的涵义被进一步拓宽。其中,自然资源和劳动力等传统要素的作用趋于减弱,而技术、信息、人才和创新机制等知识要素的作用则趋于增强。可以说,此时的全球生产网络发展及其所体现的国际分工可以是传统上定义的劳动密集型产业、资本密集型产业和技术密集型产业之间的分工,更表现为依据价值链各环节所需要素比重不同而定义的同一产品价值链上具有劳动密集、资本密集、技术密集或其他要素密集型性质的各个环节之间的分工。

仍以全球电子产品市场发展为例,依据企业经济活动资金和技术密集程度及其在产品价值链中的相应位置,企业可分为如下几个层次:第一层次是信息、技术和人才密集型企业,主要集中在美国、日本、欧洲部分发达国家和地区,这些企业主要从事相关产品的研发、设计和行使管理控制职能。第二层次是资本和技术比较密集型企业,这些企业主要制造各种上中档次电子部件,如韩国的存储器,新加坡的硬盘等等。它们一方面和第一层次的美国、日本企业有着密切的分工合作关系,积极承接来自上层的外包制造活动;另一方面,鉴于来自上层和同层其他国家、地区的竞争压力和自身沿价值链不断攀升的内在需要,也开始将更多的制造环节向第三层次企业再转包。第三层次企业主要提供中等或中低档零部件,承担产品组装等劳动密集型区段和工序活动,在电子产品价值链构成体系中处于最低层次,如中国部分沿海省份或者城市的企业。

此外,前面已经指出即使是同一行业内的某些产品生产,随着时间的推移和市场的变化,其控制性和支配性较强的环节也会发生一定变化。对此,从要素禀赋角度来说,即使同一个产品生产过程,在其动态发展中,所需要的要素禀赋条件和应该具备的比较优势也会发生变化。全球电子产业发展历程表明,在最初的产业化阶段,技术在其发展中处于主导地位,而随着时间的推移,技术进入稳定期,对产业价值链的推动作用减弱,此时满足客户不断提高的需求就成为主导动力。

第四,全球生产网络发展的微观基础决定了其自我强化和推进机制会随着时间推移不断显现,厂商间战略性竞争行动为全球生产网络发展注入了持久动力。通常情况下,如果某个企业率先采用外包等生产方式,便能够获得先行者优势,并在市场上占据较为有利的竞争地位。在寡头结构成为很多行业市场形态特点的经济环境中,某个厂商外包策略及竞争力增强的效果,会在竞争对手企业当中引起反响,使后者不论自身初始认识和偏好如何,也不得不认真考虑采用类似手段加以应对。

第五,从企业具体组织形式来看,全球生产网络的发展既可以通过企业内的分工(包括同属于某个厂商分布在不同国家的附属企业之间的分工)来进行,也可以通过分布在不同国家的独立厂商之间的合作来完成。其中前一种组织形式构成了单一企业垂直一体化生产方式,它最早出现在美国,相当长一段时期内,垂直一体化都是美国等西方发达国家重要产业部门的主导性产业组织模式。通过这种方式实现的产品内分工主要有两种形态:一种是通过国外直接投资,把产品某些生产环节转移到国外子公司或附属企业,而在国内仍保留部分主要工序和区段;另一种是通过并购国外某些企业,形成产品内分工,这两种形态都是由母公司通过资产控制手段来协调整个产品的生产过程。

20世纪80年代中期开始,具有垂直一体化生产组织形式的大公司由于缺乏灵活性及具有管理控制等方面的缺陷,而呈现出衰退或解体的特征,随之兴起的便是网络型分工的垂直一体化,即上文所述后一种生产组织形式。这种新型组织形式把原来一体化的上下游关联产业分拆成一个个完全独立的产销环节,分拆后的产销环节不仅由业务范围单一的专业化公司独立承担,而且更多地依托市场机制进行内部的组织协调。近年来一些国际大公司(如 IBM 公司、福特汽车公司等)纷纷提高经营活动中的外包占比,这些都更清楚地预示着新经济时期外部一体化已经越来越成为提高跨国公司核心能力的有效手段。

4.2 全球生产网络对地区专业化发展的影响

4.2.1 影响特点分析

经济全球化发展本身是一个动态化过程,与此相对应的是,经济全球化对地区专业化的形成和发展,特别是对地区专业化在不同阶段所表现出来的特点的影响也是一个动态化过程。

具体来说,在经济全球化发展过程中,各地区分工和专业化发展的程度在不断细化,由最初自然资源型分工和专业化演化到工农业产业间分工和专业化,再到工业部门内部产品间分工和专业化,最后发展到各地区基于产品内价值链分解基础上的分工和专业化。经济全球化发展对分工和专业化发展的影响还表现出了一些其他特点,如国际分工和专业化的形成机制越来越规范,从最早时候的暴力掠夺和经济殖民,到后来的发达国家和发展中国家之间的对立,再到当前阶段基于市场机制的内在推动;如经济全球化的发展,使得分工和专业化发展的主体由宏观向微观倾斜。

结合上面的变化规律分析,鉴于经济全球化发展越来越表现为全球生产网络在更广范围内的进一步深化发展,可以认为,当前阶段全球生产网络的发展实际上相对更显著促进了不同地区之间专业化发展水平的进一步细化。越来越多的国家和地区纷纷参与到全球生产网络发展所构建的生产和交换过程中,并在这一过程中形成了彼此之间更加稳定的分工合作关系和专业化发展特点,应该说这就是一个很好的例证。当然,不可否认的是,从实际情况来看,经济全球化发展依然保留着一些传统特色,如产业间、产业内分工贸易发展所体现的经济全球化发展特点:仍然有专门从事资源和原料开采并用这些产品和别国(地区)的制成品进行交换的国家(地区),如非洲一些国家以及我国中西部很多地区;也有不少参与到一个产业内部,主要从事一个产业内技术含量较低产品的生产,再用这些产品与别国(地区)同一产业内技术含量较高的产品交换的国家(地区),如生产低档服装的部分东南亚国家。显然,在这种情况下,这些国家(地区)在国际上的生产分工和专业化发展也依然保留了产业间、产业内分工专业化发展特点。但从趋势上来说,很多地区产业间、产业内分工专业化发展水平都处于一个下降的过程中。

全球生产网络发展相对也使得不同地区之间的分工和专业化发展越来越多地表现为基于价值链分解基础上的分工和专业化。在产业间、产业内分工贸易格局下,不同国家和地区基于自身要素禀赋条件和相对比较优势,确实能够在某些产业或者产品的生产上表现出明显竞争优势,进而形成很强的地区专业化生产能力。但不同地区之间这种专业化能力形成和发展的关联性相对来说可能并不强,或者说地区专业化生产能力发展的互补性可能明显要小于竞争性。在全球生产网络发展过程中,不同国家和地区基于自身要素禀赋条件和相对比较优势不仅形成专业化生产能力的可能性得到了大大增强,而且其利益获取的相关性变得更强。利益获取相关性变得更强的原因是全球生产网络环境下产品内分工发展本身就需要不同国家和地区在进一步协调分工、强化合作的基础上共同创造产品价值。因此,不同地区之间专业化能力形成和发展的关联性也可能变得更强,即更多体现出基于价值链分解基础上的分工和专业化发展特点。

从机制角度来说,全球生产网络的发展也使得各地区分工和专业化发展越来越多地强调市场机制的影响和作用,并且分工和专业化发展本身也越来越多地体现出市场机制的一些规律性特征。全球生产网络环境下,不同地区在形成新专业化生产能力的同时,相对更需要关注这些新专业化生产能力彼此之间的协调发展问题。而由于新地区专业化的细化程度越来越高,涉及的生产活动越来越多,如何有效地进行协调显然成为一个突出的问题,而这一问题的一个最重要解决途径就是充分发挥市场机制的广泛性和灵活性。再从基于价值链分解基础上的分工和专业化发展特点来看,各地区专业化发展涉及生产过程中的有限价值生成和最终整体产品价值合理分配的问题,如何有效解决其中的一些矛盾,显然市场机制也会产生重要影响。

上面具体分析了全球生产网络对地区专业化发展影响特点的一些重要方面。作为最后一点说明,这里还需要强调指出的是,在经济全球化发展过程中,虽然原先的分工性质与分工关系依然存在,但表现形式已经发生了很大变化,分工的基础和范围已经与原先大有不同。可能在相当长一段时间内,旧的分工模式与新的分工模式会并存,但彼此地位已经发生变化。新的分工模式使用得越来越多,甚至已经渐渐在起着主导作用。从全球生产网络对地区垂直专业化发展的影响角度来看,上述观点一方面说明虽然产业间、产业内国际分工所体现的经济全球化发展特点对地区专业化发展的影响作用依然存在,但随着全球生产网络的发展,它们的影响作用是在不断减小的。另一方面,上述观点也说明,在全球生产网络发展仍然处于一个上升过程的时候,其对地区专业化发展的影响作用也呈上升趋势,其中的很多重要特点还会不断表现出来。

4.2.2 垂直专业化内涵

前面的分析已经指出,全球生产网络发展促进了一种新的分工专业化类型的形成和发展,并且这种专业化类型不同于传统产业间、产业内分工贸易所体现的地区专业化发展特点。此种专业化可以称为垂直专业化(vertical specialization)。尽管垂直专业化的雏形可以追溯到三个多世纪前产业革命时期的专业化分工与协作,但受市场范围和技术条件的限制,作为现代意义上的与产业间分工和产业内分工共生互补的垂直专业化分工直到20世纪中后期全球生产网络迅速发展起来以后,才得到空前迅猛的发展。

究竟什么是垂直专业化,其本意是什么?西方学者大多认为,垂直专业化和分割价值链(slicing up the value chain)、外部采购(outsourcing)、生产的非一体化(disintegration of production)、生产过程的分裂化(fragmentation of production)、多阶段生产(multi-stage production)、产品内专业化(intra-production specialization)等概念所要表达的本质都是一样的。Hummels 等人(2001)对垂直专业化概念的内涵和外延进行了统一界定,即垂直专业化指一国用进口来的中间产品生产最终品,或者完成产品的某一个生产阶段,然后出口给其他国家。从关联角度来说,垂直专业化正是全球生产网络发展过程中所采用的主要分工模式。这一分工模式能够将不同国家和地区的优势资源组合在一起,充分利用各国比较优势,进而提高全球范围内的资源利用效率。

结合全球生产网络和垂直专业化概念之间的本质联系,可以进一步将垂直专业化特点概括为以下四个方面。首先,垂直专业化是一个国际分工概念,

Hummels等人(2001)认为垂直专业化必须具备以下三个条件：第一，产品的生产需要经过两个或两个以上的连续阶段；第二，两个或两个以上的国家或地区参与产品的生产过程，提供价值增加值，每个参与方专业化于一个以上的生产阶段，但不完成所有的生产过程；第三，至少超过一次的跨越国界，即至少一个国家必须在它所从事的生产领域使用进口投入品，或其出口的产品将作为另外一个国家生产中的投入品。其次，垂直专业化是产品内的一种分工，即该产品的整个价值链，包括产品的研发、原材料采购、中间产品的生产，以及最终产品的生产、销售、售后服务等整个价值增值链条。垂直专业化的对象是形成并实现最终产品的各个要素，包括劳动、资本、技术等。垂直专业化下的要素是不同质的，这种不同质的要素能够形成不同的要素报酬率。再者，垂直专业化存在着一个主导与被主导、控制与被控制的市场作用力，它是对产品价值链的分工，产品价值链的价值增值活动具有不同的可替代性，这会导致产品价值链的价值增值呈不均衡分布。可替代性强的低价值增值部分容易为可替代性弱的高价值增值部分所控制。此外，简单的、非熟练劳动力也可以参与高技术产业的生产，但只是限定在低附加值工序，因为在垂直专业化框架下，容易形成技术转移和扩散的人为障碍，技术交易的非市场化体制所造成的技术垄断，低附加值生产的分工地位短期内难以被打破。最后，并不是所有的产品都可以通过垂直专业化的方式进行生产，但是随着科学技术的发展，会有越来越多的产品可以通过垂直专业化的方式来生产。垂直专业化下的产品，其价值链必须有一定的长度，且具有可分割性。随着科学技术的发展，一些价值链较短、不易分割的产品的价值链会变长且易于分割，这样，越来越多的产品可采用垂直专业化的方式进行生产。

总之，从上述对垂直专业化概念的描述中已经可以看出，垂直专业化发展本质上确实表现出了明显的分工专业化特点。但另一方面，考虑到垂直专业化发展所呈现出来的地域分布性，其更主要还是表现为不同地区之间产品内分工贸易的扩张，即直观上我们看到的还是一种贸易发展。这在一定程度上使得很多研究所关注的垂直专业化更确切地说应该是垂直专业化贸易，与本书严格从专业化角度所考察的垂直专业化实际上还不完全是同一个概念，即本书所要研究的是基于垂直专业化贸易角度的地区专业化。

在这里强调这一点是非常重要的，对其中的原因将在下文进一步分析。即便如此，本书在后续具体分析时候，还是沿用了垂直专业化这一概念。这里的

"垂直"仍然强调了我国不同区域和其他国家(地区)之间基于全球生产网络发展而形成的产品内分工合作关系；而"专业化"则更主要强调了国内不同地区在融入全球生产网络的过程中所形成的新地区专业化发展特点。

4.3 地区专业化发展研究

由3.1节和4.2节对地区专业化发展规律的分析可见,随着经济全球化的发展,其对不同地区专业化的形成和发展,以及对专业化发展过程中所表现出来的相关特点,均具有重要影响。而由全球生产网络对地区专业化,特别是对地区垂直专业化发展的影响可见,全球生产网络和地区专业化之间具有更密切的联系。本节将在前面分析基础上,重点采用不同衡量指标,就体现产业间、产业内分工贸易发展特点的一般专业化和体现全球生产网络环境下产品内国际分工贸易发展特点的垂直专业化在我国不同地区的发展状况和变化特点,特别是对两种完全不同地区专业化发展的差异性做全面比较和分析。

4.3.1 衡量指标

地区专业化具有多重均衡和不稳定特点,因此在实际操作过程中,对其进行衡量将是一项很复杂的工作。由于统计数据的限制,加上人们对专业化的认识不一致,因此,到目前为止,国内外学术界对专业化并没有一个公认权威的测算方法。甚至由于不同学者采用了不同的衡量指标,最终获得的分析结果会存在很大差异。本节首先归纳比较了常用的几种指标或系数。

1) 衡量专业化程度的传统指标

衡量地区专业化程度的传统指标大体分为贸易指标和生产指标两类。胡兆量等人(1987)曾指出国家和地区的专业化最终是通过贸易表达的,所以贸易指标是研究专业化的最理想指标,常用的主要有区域商品率和市场占有率等。然而,由于统计资料限制,国内地区之间往往缺乏贸易方面的统计数据,因此一般采用的指标多为生产指标。生产指标主要包括生产总值比重和人均产出等。生产总值比重是某地区生产总值(如总产量、总产值等)占全国甚至世界生产总值的比重,该指标既可用于产业部门分析,也可用于产品分析,适用于地理分工比较明显、专业化比较突出的部门,而其缺点就是受地域规模影响较大。因此,在用这些指标比较不同地区专业化水平时,有必要持谨慎态度。而就人均产出指标如人均产量、人均产值等来讲,该类指标虽可以消除地域规模大小的影响,但其假设前提是各地区消费需求是一致的。

2) 区位商和 Hovver 专业化系数

(1) 区位商比较

区位商也叫专业化率,是长期以来得到广泛应用的衡量地区专业化程度的重要指标。它是一个地区特定产业的某个发展指标和该地区所有产业相应发展指标的比例,与全国该产业发展指标和全国所有产业相应发展指标比例的比值,用公式表示就是

$$LQ_{ik}(t) = [e_{ik}(t)/\Sigma_k e_{ik}(t)]/[E_k(t)/\Sigma_i E_k(t)] \qquad (4-1)$$

其中,$e_{ik}(t)$ 表示 t 时刻 i 地区 k 行业的发展指标数据,$E_k(t)$ 表示样本总体中 k 行业的发展指标数据,$\Sigma_k e_{ik}(t)$ 表示 i 地区对应发展指标数值合计,$\Sigma_i E_k(t)$ 表示样本总体对应发展指标数值合计。具体的判断准则是:若一个地区 i 的区位商 $LQ_{ik}(t)$ 大于 1,则表示在样本总体范围内,行业 k 在 i 地区相对集中;若一个地区 i 的区位商 $LQ_{ik}(t)$ 小于 1,则表示在样本总体范围内,行业 k 在 i 地区并没有比全国总体更显著的集中性。在分析指标的选择上,人们最初采用的是就业指标,后来由于研究需要和数据限制,也大量使用生产量、总产值、销售收入等指标。区位商是一个相对指标,不能反映该产业在全国和地区中的地位。同时该指标的重要假设前提是各个地区具有大体一致的消费需求结构。

(2) Hovver 专业化系数

Hovver 专业化系数的计算公式式如下:

$$HOV_{ik} = \frac{1}{2} \sum_{k=1}^{n} \left/ \frac{\sum_i E_i^k}{\sum_i \sum_k E_i^k} - \frac{E_i^K}{\sum_k E_i^k} \right. \qquad (4-2)$$

其中,E_i^k 表示地区 i 产业 k 的某个发展指标,n 表示行业部门个数。这一系数测算了一特定地区产业结构与样本总体平均产业结构之间的不同或者说专业化程度。如果地区 i 的产业结构与样本总体平均产业结构相同,那么 Hovver 专业化系数的值就是最小值 0,说明这一地区的专业化程度相对非常低;如果该地区的产业结构与样本总体平均产业结构完全不相同时,则它就是最大值 1,说明这一地区的专业化程度相对非常高。就 Hovver 专业化系数的应用来看,只

有在其所比较的对象具有类似或相近经济发展水平的情况下,才能够得到比较合理的结果。Hovver 专业化系数具有相对较好的解释力。

3) 产业集中度指标

可借用产业组织理论中的集中度指标考察地区的总体专业化程度,可借用的指标主要有 SCR_n 指数和 SHHI 指数两个指标。

(1) SCR_n 指数主要是借用产业集中率指标来衡量地区前几位产业所占的份额大小。其计算公式为

$$SCR_n = \sum_{k=1}^{n} S_k \qquad (4-3)$$

其中,SCR_n 为前 n 个产业相应指标所占的份额;S_k 为某地区 k 产业相应指标占地区总的比重;n 为从高到低的前几位产业数,一般取值 1、4、8。该方法的特点是较为简单,但不能确定哪些产业属于专业化部门,而且其数值会因 n 的取值不同而不同。

(2) SHHI 指数来源于赫芬达尔指数,主要用来衡量地区产业总体专业化程度。其计算公式为

$$SHHI = \sum_{k=1}^{n} S_k^2 \qquad (4-4)$$

其中,n 表示地区全部产业数。SHHI 的值在 $1/n$ 到 1 之间变动,该值越大,表示地区产业结构越不平衡,地区专业化程度越高,产业发展越高度集中在某些行业上;反之,该值越小,则表示地区产业结构越多样化。

4) Krugman 专业化指数

自克鲁格曼(2000)采用两个地区之间的结构差异指数来衡量地区专业化和分工程度以来,这种方法便开始日益流行。Krugman 专业化指数(Krugman Specialization Index)计算公式为

$$GSI = \sum_{k=1}^{n} |s_{ik} - s_{jk}| \qquad (4-5)$$

其中,s_{ik} 为地区 i 产业相应指标 k 在所有行业中的份额,s_{jk} 为地区 j 产业相应指标 k 在所有行业中的份额,n 为样本总体中部门数。分析中,可以将 s_{jk} 换成 s_k,即

$$GSI = \sum_{k=1}^{n} |s_{ik} - s_k| \qquad (4-6)$$

s_k 表示样本总体中产业 k 在所有行业中的份额,由此可考察各地区与样本总体平均水平之间的结构差异,这与 Hovver 专业化系数最为接近。Krugman 专业化指数在 0~2 之间变动,如两个地区有相同的行业结构,其值为 0;反之,如完全不同,则其值为 2。

5) 地区产业结构趋同指标

地区产业结构趋同是指在不同地区中,各工业产业产值或所使用的资源占该地区工业总产值或总资源比例所形成的比例结构是接近的。目前学术界衡量产业结构相似性采用的主要是联合国工业发展组织(1980)提出的结构相似性系数。其隐含前提是地区之间的分工为一种部门间分工。也就是说,如果地区间只存在部门间分工,那么相似性系数的提高意味着存在结构趋同,而这种结构趋同将伴随着区际分工的弱化。事实上,这种"只存在部门间分工"的假设在当今经济社会中并不成立。它只适用于产业分工很不发达的经济发展初期阶段。相似性系数方法只是一种静态分析方法,它将过去结构作为判断未来结构合理性的标准。值得注意的是,国内外的很多经验都已经表明,产业结构的趋同并非意味着地区间分工和专业化的弱化。特别是近年来随着经济全球化的推进和科学技术的迅猛发展,地区间产业分工逐渐向部门内产品间分工和产业链分工方向发展。在这种新型分工格局下,一方面出现了产业结构趋同的趋势,另一方面区域产业分工和专业化却在不断深化。由此可见,产业结构趋同并非一定意味着区域产业分工的弱化,恰恰相反,产业结构趋同与区域分工深化可以并存(魏后凯,2005)。Duranton 和 Puga(2001)的研究是最好的例证,他们发现 20 世纪后期美国城市的部门专业化在不断弱化,即出现了产业结构趋同。此外,美国城市功能专业化则不断提高,相对大城市不断强化的经营管理职能,中小城市的生产制造功能在逐步强化。

除了以上一些衡量区域分工专业化发展状况的指标,还可以从其他一些角度进行观察,诸如全能工厂、通用车间、小社会型企业、低水平重复建设、小规模工厂、产品非多样化等角度。相对更复杂的衡量方法则有 Ellison 和 Glaeser(1997)在引入"企业集中度"基础上提出的 γ_j 系数,我国学者路江涌和陶志刚(2007)在 γ_j 系数基础上构建的 β_j 系数,樊福卓(2007)在封闭经济和地区间需求结构一致假设下构造的地区专业化系数。这些指标中有些并不具有普遍适用性,而仅仅是从某些侧面对地区专业化作出了某种程度的描述。

4.3.2 总体状况比较

4.2.2节已经对本章所研究的地区垂直专业化概念做了具体界定,因此下面可以结合上述不同专业化衡量指标,对此处需重点关注、能体现全球生产网络发展特点的地区垂直专业化发展情况做出具体衡量和分析。

依据概念,这里将垂直专业化贸易数据作为地区垂直专业化考察指标计算中的原始数据。参考相关研究,可以发现对垂直专业化贸易水平的衡量主要有以下几种方法。第一种是价值增值法。Adelman(1955)最早用价值增值法(VAS)来衡量生产非一体化(VDI)程度。而销售收入是中间投入与价值增值之和。因此,VDI 就等于 1 减去价值增值与销售收入的比值,用公式表示就是

$$VDI = M/Y = 1 - VA/Y \qquad (4-7)$$

其中,M 代表中间品投入,VA 代表价值增值,Y 代表销售收入或产出。第二种是投入产出法。Hummels 等人(2001)根据投入产出表数据测算垂直专业化贸易水平。他们把进出口产品中的进口投入品的价值及其比例作为考察垂直专业化贸易水平的指标,而不是衡量总产出或总投入中进口中间投入品的比例,因此对垂直专业化贸易的定义较为严格。根据 Hummels 等人的定义,垂直专业化贸易量=(进口中间品价值/总产出)×出口价值。在国内学术界,刘志彪与吴福象(2005)、张小蒂与孙景蔚(2006)均使用 Hummels 等人建立的衡量指标,对中国参与国际垂直专业化分工贸易程度做了计算。与这些研究类似,张伯伟和彭支伟(2006)利用 GTAP(Global Trade Analysis Project,全球贸易分析项目)数据库(1995年和2001年)的多国投入产出矩阵,计算出东亚各国和地区各部门在生产过程中投入的部门内中间品总体进口比率。第三种是零部件贸易法。Athukorala 和 Yamashita(2006)以国际贸易标准商品分类 SITC3 编码为 7 类和 8 类的若干贸易品作为零部件产品,衡量了分散化贸易比重。由于垂直专业化贸易可能涉及更多制成品类别,所以此种方法会低估垂直专业化贸易量。例如 Athukorala 等人根据 SITC3 编码查得汽车生产所需要的部分中间品跨越三个类别,其中发动机属于"718",刹车属于"784",离合器属于"663",轮胎属于"625",车灯属于"813",座位属于"821",等等。第四种为加工贸易比重法。Baldone 等人(2007)根据对外加工贸易数据衡量了垂直专业化分工贸易水平。我国学者邱斌等人(2007)则用加工贸易出口比重考察了中国参与生产非

一体化的程度。

总体来看,这些方法各有千秋,但大多都只适用于国家整体层面相关问题的分析。由于本书主要是研究我国内部不同区域的垂直专业化水平,因此上述有些方法虽然更科学合理,但是其适用性并不高。权衡之后,本书最终采用类似第三四种方法的处理手段。具体来说,就是在后续分析中,分别采用我国分地区加工贸易进出口总值和分行业加工贸易进出口数据对垂直专业化贸易,以及地区垂直专业化发展水平做出衡量。其中分地区、分行业加工贸易数据主要来自国务院发展研究中心数据库,而总体加工贸易数据则主要是根据各地区统计年鉴和经济年鉴综合整理得到。这里分地区、分行业加工贸易数据包括来料加工和进料加工贸易数据;而各地区总体加工贸易数据,除了主要包括来料加工和进料加工贸易数据外,个别省份如江苏、山东等地的统计资料还给出了出料加工贸易数据,虽然其相对数量很小,但我们还是予以了考虑。由于在后面地区垂直专业化总体分析中,本书均将重庆相关发展数据并入四川,这里也将重庆加工贸易数据并入四川作为一个整体进行考察。

表4.1 基于区位商测度的两种地区专业化情况动态比较

类型	一般专业化指数					垂直专业化指数				
指标	2004	2010	2016	平均值	增长率	2004	2010	2016	平均值	增长率
北京	1.736	1.756	1.818	1.955	0.033	0.567	0.518	0.524	0.518	−0.002
福建	0.380	0.974	1.154	0.901	0.074	1.167	1.020	0.896	0.990	−0.020
广东	0.460	0.528	0.607	0.532	0.015	1.533	1.465	1.386	1.437	−0.005
海南	2.031	2.054	2.127	2.126	0.011	0.281	0.256	0.259	0.268	0.046
河北	1.992	1.820	2.020	2.003	0.003	0.319	0.391	0.287	0.328	0.035
江苏	1.118	1.037	0.697	0.931	−0.008	0.803	1.038	1.320	1.091	0.041
辽宁	2.367	1.037	1.086	1.337	−0.034	0.464	1.023	0.982	0.892	0.062
山东	0.894	0.701	0.768	0.757	−0.010	0.489	0.659	0.598	0.597	0.009
上海	0.938	1.045	0.944	0.992	0.007	0.702	0.733	0.757	0.746	0.017
天津	0.929	0.714	0.822	0.794	0.008	1.352	1.218	1.058	1.166	−0.018
浙江	1.516	1.744	1.724	1.720	0.011	0.543	0.458	0.491	0.468	−0.007
东部地区	1.306	1.219	1.252	1.277	0.010	0.747	0.798	0.778	0.773	0.014
安徽	1.922	1.944	2.013	2.024	0.007	0.387	0.353	0.357	0.359	0.016

续表

类型	一般专业化指数					垂直专业化指数				
指标	2004	2010	2016	平均值	增长率	2004	2010	2016	平均值	增长率
广西	1.949	1.971	1.679	1.890	0.000	0.361	0.330	0.307	0.325	−0.034
河南	1.675	1.695	1.755	1.781	0.005	0.326	0.372	0.378	0.357	−0.002
黑龙江	0.919	1.010	1.063	1.075	0.016	0.506	0.233	0.089	0.250	−0.070
湖北	1.936	1.958	2.027	2.038	0.007	0.373	0.341	0.345	0.344	0.008
湖南	1.185	1.935	2.219	1.974	0.042	0.490	0.253	0.158	0.254	−0.058
吉林	2.070	2.093	2.167	2.178	0.007	0.244	0.222	0.225	0.220	−0.014
江西	1.847	1.838	1.755	1.944	0.008	0.419	0.398	0.461	0.337	0.046
山西	2.164	1.875	2.376	2.064	0.054	0.152	0.126	0.291	0.188	0.178
中部地区	1.741	1.813	1.895	1.885	0.016	0.395	0.314	0.312	0.315	0.008
甘肃	1.775	1.796	1.859	1.774	0.499	0.429	0.406	0.382	0.363	−0.060
贵州	1.724	1.744	1.806	1.722	0.524	0.279	0.229	0.235	0.234	0.005
内蒙古	2.004	2.027	2.098	2.083	0.017	0.308	0.281	0.284	0.265	−0.062
宁夏	2.084	1.903	2.257	2.097	0.027	0.230	0.357	0.152	0.232	0.010
青海	1.625	1.644	1.702	1.762	0.010	0.275	0.216	0.223	0.240	−0.075
陕西	2.013	1.872	1.767	2.073	0.050	0.298	0.297	0.489	0.362	0.085
四川	1.452	1.873	1.907	1.845	0.021	0.494	0.389	0.416	0.411	−0.003
新疆	2.026	1.366	0.603	1.297	0.047	0.286	0.860	0.083	0.224	0.476
云南	2.533	1.560	1.716	1.945	−0.015	0.249	0.199	0.484	0.270	0.089
西部地区	1.915	1.754	1.746	1.844	0.131	0.390	0.441	0.383	0.360	0.052

表4.1首先以区位商衡量了各地区(不包括西藏、重庆和港澳台地区)两种不同专业化的分布情况,考虑到有些年份的数据存在异常波动,表格中给出的是考察年份的平均值。总体来看,最明显的特点是两种专业化发展地区分布情况存在显著差异。与认为我国对外贸易发展主要集中在东部沿海地区,因此这些地区相对专业化水平较高的一般观点不同,这里的垂直专业化发展布局情况和一般认识还是比较吻合的,而一般专业化发展布局情况则完全不同。具体来看,垂直专业化主要还是东部地区显著高于中西部地区。东部几个省市,如广东、福建、江苏、上海、山东、北京、天津和辽宁,其垂直专业化水平都是最高的;

其次是浙江,垂直专业化水平略低一些。中西部地区中,只有四川的垂直专业化水平相对来说是最高的,其次是甘肃、陕西、河南、安徽、湖北几个省份。一般专业化发展布局构成情况中,除了海南外,专业化发展水平最高的都是中西部地区省(自治区),如吉林、内蒙古、陕西和宁夏,其一般专业化水平是最高的;其次是河北、山西、安徽、湖北和湖南。东部地区中,一般专业化水平相对最高的辽宁和浙江,也仅仅位列第四档;广东、福建、江苏、上海和山东,这几个对外贸易开放度在全国都排在最前列的几个省市,其一般专业化水平更低。这里的垂直专业化贸易显然也从一个重要方面体现了各地区参与全球生产网络的相对情况,比较表格中数据可知,东部沿海对外开放较早,几个经济发达省份参与全球生产网络的水平最高;中西部地区中,只有四川一个省份最为突出,其他省份和东部地区相比均存在着较大发展差距。这里通过粗略比较还可注意到,中部地区参与全球生产网络的平均水平总体而言要略高于西部地区。因而从整体上可见,三大区域参与全球生产网络、从事产品内国际分工的水平,呈现出较明显的从东到西逐步递减的特点。

从各地区一般专业化贸易分布特点来看,一般专业化与垂直专业化贸易总体分布情况和变化规律大致相同。这也是此处分析中最值得注意的地方。因为相对于从地区专业化角度所体现的各地区两种外向型分工模式之间较大的发展差异来说,这里从贸易角度所体现的各地区两种外向型分工模式之间的发展差异并不是很大,甚至可以说它们是很相似的。这一对比结果也表明本书从地区专业化角度考察全球生产网络对我国不同区域发展的影响作用,比单纯从贸易角度考察全球生产网络对我国不同区域发展的影响作用,更能够反映很多实质问题。由此角度分析也初步体现了全球生产网络发展不同于以往对外开放对我国区域发展的影响。

通过直接比较可以发现,垂直专业化贸易布局中,东、中、西部地区之间有显著的梯度变化,而三大区域地区垂直专业化梯度变化要缓和得多。这实际上体现了贸易布局相对更明显的地域集中特点。进一步将这里两种地区专业化和与其相对应的两种地区贸易发展情况进行比较,可以发现,虽然东部地区一般专业化贸易发展相对中西部地区仍然体现出了总量规模优势,但是随着其融入全球生产网络程度的不断加深,垂直专业化贸易实际上得到了更快发展。从一般专业化水平来看,一般专业化贸易对东部地区经济发展的影响力的相对大小实际上是在不断降低的。与此不同,在中西部地区,特别是就中部地区发展情况来看,其相对更高的一般专业化水平表明,其在一般专业化贸易发展方面还是具有很大潜力的,一般专业化贸易对中部地区经济发展的影响作用可能也是三个区域中最大的。

表 4.1 进一步考虑了时间因素,从动态角度比较了两种地区专业化发展的相对变化情况。其中平均值一栏即为各地区考察期内垂直专业化和一般专业化平均值。这里注意到,无论从专业化平均水平还是平均增长率角度来看,一般专业化和垂直专业化均表现出了几乎完全不同的特点:一方面,中西部地区相对应的一般专业化考察值均明显高于东部地区,中部地区相对最高;另一方面,垂直专业化平均水平则是东部地区相对最高,且和中西部地区的差距更为明显。这里的平均增长率构成情况中,则是西部地区显著高于东部和中部地区,后两大区域的增长速度差距并不是很大。从动态角度的比较中可以发现,一般专业化平均水平随着时间的推移总体上呈增长趋势的只有中部地区,东部和西部地区的下降趋势相对更明显。在垂直专业化变化特点中,东部地区垂直专业化水平呈显著上升趋势,中部地区呈显著下降趋势,西部地区则是先升后降。总体而言,由这里的分析结果可见,传统对外分工贸易模式下所形成的一般专业化虽然在中部地区表现得仍然很突出,但从全国范围来看,其有明显衰退迹象。全球生产网络发展过程中所形成的地区垂直专业化虽然在中西部地区还具有较大的不稳定性,但是却表现出了很快的发展势头。

前面对两种不同地区专业化发展情况进行考察时所采用的均是区位商指数。为了补充检验采用该方法对地区专业化进行衡量所得结果的有效性,表 4.2 进一步给出了 SHHI 指数和 GSI 指数以分析结果。表中各地区均统一按照地区垂直专业化分析值从大到小做了排序。可以发现,相对于前面通过区位商对两种地区专业化做出的带有明显规律性的分析结果而言,此处所得到的结果与实际情况存在着较大出入。如 SHHI 指数分析结果中,西部地区中青海的垂直专业化水平最高,宁夏、甘肃的排名也非常靠前;而东部地区的北京、天津、江苏和上海的一般专业化水平所对应的值均很高。相类似地,在 GSI 指数分析结果中,西部地区中的青海、甘肃、宁夏的垂直专业化水平排在前三位,上海和广东的排名靠后,浙江和山东更是排在了倒数前五位。一般专业化分析结果中,部分东部地区省份如山东、浙江和江苏的 GSI 指数同前面用区位商计算所得到的结果是比较一致的,均很小,但是上海、广东、天津和北京所对应的值则均比较大。有鉴于此,在后续有关章节分析中,本书均统一采用通过区位商构造的两种地区专业化发展数据来对相关问题展开具体研究。

表 4.2 两种地区专业化的 SHHI 指数和 GSI 指数分析结果

SHHI 指数			GSI 指数		
地区	垂直专业化	一般专业化	地区	垂直专业化	一般专业化
青海	0.657	0.237	青海	1.717	0.813
北京	0.578	0.156	甘肃	1.525	0.739
天津	0.572	0.127	宁夏	1.455	0.835
宁夏	0.527	0.225	北京	1.346	0.684
甘肃	0.511	0.14	河南	1.337	0.442
上海	0.463	0.126	天津	1.324	0.573
江苏	0.436	0.126	贵州	1.319	0.69
四川	0.384	0.156	四川	1.295	0.582
山西	0.36	0.037	新疆	1.291	0.583
广东	0.342	0.111	江苏	1.282	0.342
陕西	0.309	0.114	山西	1.279	0.614
新疆	0.294	0.151	重庆	1.228	0.915
内蒙古	0.272	0.08	陕西	1.206	0.623
湖北	0.267	0.104	上海	1.203	0.471
河南	0.263	0.084	云南	1.166	0.648
福建	0.26	0.078	福建	1.128	0.458
黑龙江	0.238	0.044	湖南	1.102	0.596
贵州	0.219	0.119	广东	1.096	0.507
湖南	0.191	0.103	内蒙古	1.05	0.376
浙江	0.191	0.117	安徽	1.026	0.415
辽宁	0.173	0.062	广西	0.934	0.474
海南	0.172	0.092	辽宁	0.88	0.487
重庆	0.169	0.189	河北	0.879	0.528
安徽	0.157	0.087	黑龙江	0.816	0.451
云南	0.133	0.093	吉林	0.786	0.839

续表

地区	SHHI 指数		地区	GSI 指数	
	垂直专业化	一般专业化		垂直专业化	一般专业化
江西	0.129	0.086	浙江	0.785	0.328
山东	0.129	0.056	山东	0.742	0.311
河北	0.119	0.085	湖北	0.732	0.502
吉林	0.113	0.119	江西	0.629	0.355
广西	0.091	0.067	海南	0.427	0.618

4.3.3 分行业考察

下面进一步通过与传统对外分工贸易模式比较,来考察全球生产网络发展过程中,我国各地区不同行业垂直专业化发展情况。分析之前,首先从总量角度对各行业垂直专业化贸易发展情况进行排序。从排序结果来看,第十六类机电、音像设备及其零件、附件是我国参与全球生产网络最主要的行业,其加工贸易进出口所占比重在考察期内的均值超过一半;其次是第十一类纺织原料及纺织制品制造业,尽管其比重在考察期内明显下降,但总体平均比重还是维持在8.1%。有鉴于此,我们首先比较了这两个典型行业各地区垂直专业化发展情况。

从表4.3的比较结果来看,机电、音像设备及其零件、附件行业垂直专业化水平排在前五位的分别是天津、北京、上海、江苏和广东,其次是四川、福建和陕西,而排在最后五位的均为西部地区省(自治区)。表4.3同时给出了相应行业各地区一般专业化构成情况,排在前五位的分别是北京、四川、重庆、广东和陕西。与机电、音像设备及其零件、附件行业不同,纺织原料及纺织制品行业垂直专业化水平排在前五位的分别是海南、湖北、黑龙江、江西和内蒙古,除海南外,其他均为中西部地区省(自治区)。该行业一般专业化水平排在前五位的分别是浙江、江苏、江西、内蒙古和福建,除了内蒙古、江西外,其他又都是东部地区省份。

表 4.3 典型行业分地区两类专业化构成情况

机电、音像设备及其零件、附件			纺织原料及纺织制品		
地区	一般专业化	垂直专业化	地区	一般专业化	垂直专业化
天津	1.95	9.869	海南	0.196	0.667
北京	2.467	9.832	湖北	0.52	0.61
上海	1.908	8.802	黑龙江	0.236	0.462
江苏	1.378	8.301	江西	0.901	0.452
广东	2.062	7.471	内蒙古	0.776	0.392
四川	2.319	7.106	浙江	1.122	0.369
福建	0.942	6.34	山东	0.675	0.36
陕西	1.977	6.203	吉林	0.116	0.341
黑龙江	1.122	4.901	河北	0.551	0.306
辽宁	1.007	4.805	辽宁	0.254	0.2
浙江	1.354	4.786	湖南	0.298	0.189
湖北	1.698	4.633	陕西	0.244	0.183
湖南	1.016	4.558	宁夏	0.454	0.18
安徽	1.574	3.655	安徽	0.65	0.175
山东	0.912	3.369	广西	0.126	0.135
重庆	2.111	2.996	上海	0.663	0.133
贵州	1.168	2.777	广东	0.466	0.131
内蒙古	1.129	2.615	北京	0.329	0.127
吉林	1.522	1.871	江苏	0.965	0.116
广西	0.865	1.727	福建	0.772	0.111
河北	0.7	1.61	重庆	0.157	0.089
山西	0.695	1.186	山西	0.041	0.067
江西	0.754	1.028	天津	0.374	0.066
海南	1.435	0.861	河南	0.579	0.062
河南	1.057	0.392	四川	0.501	0.059
新疆	1.233	0.275	新疆	0.721	0.026
甘肃	1.36	0.255	甘肃	0.151	0.013

续表

机电、音像设备及其零件、附件			纺织原料及纺织制品		
地区	一般专业化	垂直专业化	地区	一般专业化	垂直专业化
云南	0.758	0.226	云南	0.128	0.003
宁夏	1.269	0.007	贵州	0.052	0.001
青海	1.286	0.001	青海	0.486	0

我们的实际考察所涉及的细分行业总共有十三个,限于篇幅,这里对其他行业不再具体列出分区域垂直专业化和一般专业化的构成情况。为了揭示一些重要的规律性特征,通过表4.4和表4.5分别对其他行业两类专业化构成情况做了统计性描述。综合比较后大体可以发现,凡是资本和技术相对密集的行业,其垂直专业化水平基本上都是东部经济发展水平比较靠前的一些省份更高,典型的如第十八类光学、医疗等仪器制造业行业;而一些劳动力相对比较密集的行业,其垂直专业化水平基本上都是中西部经济发展水平相对比较落后的地区更高一些,典型的如第七、八、九、十类制造业行业。可见,这里针对其他行业地区垂直专业化发展情况所得到的总体规律和上面两个典型行业是基本一致的。

表4.4 其他行业各地区垂直专业化构成情况

行业	样本量	均值	标准差	最小值	最大值	排名前三的地区
code4	30	1.533	3.963	0	21.779	新疆(21.779)、陕西(4.198)、内蒙古(2.809)
code6	30	2.547	2.097	0.552	8.656	青海(8.656)、云南(7.561)、甘肃(6.280)
code7	30	1.424	2.058	0.001	10.820	宁夏(10.820)、贵州(3.942)、安徽(3.822)
code8	30	3.319	4.825	0	17.517	河南(17.517)、河北(13.862)、广西(13.806)
code9	30	1.182	2.558	0	12.407	吉林(12.407)、黑龙江(6.503)、河南(3.915)
code10	30	0.458	0.539	0	1.975	江西(1.975)、广西(1.482)、广东(1.474)
code12	30	2.125	3.466	0	13.495	福建(13.495)、河南(12.989)、山东(7.294)

续表

行业	样本量	均值	标准差	最小值	最大值	排名前三的地区
code13	30	2.298	5.205	0	28.353	重庆（28.353）、湖南（7.980）、广西（4.144）
code15	30	3.602	3.668	0.265	14.653	青海（14.653）、甘肃（12.779）、山西（10.040）
code17	30	2.069	2.062	0	7.427	重庆（7.427）、安徽（5.605）、湖南（5.497）
code18	30	1.662	1.946	0	8.705	江苏（8.705）、福建（4.792）、湖北（4.184）

注：code4 表示第四类食品；饮料、酒及醋；烟草及制品。code6 表示第六类化学工业及其相关工业的产品。code7 表示第七类塑料及其制品；橡胶及其制品。code8 表示第八类革、毛皮及制品；箱包；肠线制品。code9 表示第九类木及其制品；木炭；软木；编结品；code10 表示第十类木浆等；废纸；纸、纸板及制品。code12 表示第十二类鞋帽伞等；羽毛品；人造花；人发品。code13 表示第十三类矿物材料制品；陶瓷品；玻璃及其制品。code15 表示第十五类贱金属及其制品。code17 表示第十七类车辆、航空器、船舶及运输设备。code18 表示第十八类光学、医疗等仪器；钟表；乐器。下表4.5 同。

再看其他行业各地区一般专业化构成情况，这里特别值得注意的是，同样是劳动密集型行业，典型的如第七、八、十、十二类，其一般专业化水平最高的并不是中西部地区省份，而是东部地区一些省份。由此说明的一个重要问题就是，在全球生产网络发展环境下，一些劳动密集型制造业行业通过建立区域间产品内分工协作关系，能够更快地从已经不再具有比较优势的东部地区向中西部地区转移，并在那里形成专业化发展能力。相对而言，在传统分工贸易格局下，通过一般专业化所体现的产业间、产业内分工协作关系来促使这些劳动密集型制造业行业向中西部地区转移并形成专业化能力则要慢得多。这表明，我国三大区域在互动发展过程中，彼此之间基于全球生产网络发展正在形成一种新的分工合作关系，其也体现了相关产业转移过程中的新特点。

表4.5 其他行业各地区一般专业化构成情况

变量	样本量	均值	标准差	最小值	最大值	排名前三的地区
code4	30	0.516	0.388	0.041	1.843	云南（1.843）、福建（1.182）、贵州（1.049）
code6	30	1.175	0.559	0.474	2.691	宁夏（2.691）、贵州（2.370）、云南（2.361）
code7	30	0.673	0.408	0.118	1.855	福建（1.855）、上海（1.334）、广东（1.219）
code8	30	0.646	0.873	0.021	4.731	河北（4.731）、福建（1.513）、浙江（1.350）

续表

变量	样本量	均值	标准差	最小值	最大值	排名前三的地区
code9	30	0.095	0.098	0.002	0.388	广西(0.388)、黑龙江(0.360)、海南(0.207)
code10	30	0.655	0.459	0.027	1.678	山东(1.678)、江苏(1.333)、黑龙江(1.259)
code12	30	0.733	1.369	0.011	7.149	福建(7.149)、河南(2.754)、浙江(2.380)
code13	30	0.936	0.963	0.034	3.516	福建(3.516)、河南(3.406)、广西(2.487)
code15	30	1.315	0.743	0.423	3.629	青海(3.629)、宁夏(3.001)、甘肃(2.705)
code17	30	3.103	3.588	0.094	15.805	重庆(15.805)、吉林(14.404)、海南(8.139)
code18	30	1.435	0.800	0.323	3.741	北京(3.741)、重庆(2.903)、陕西(2.778)

4.4 本章小结

本章在阐述了全球生产网络概念和发展趋势的基础上,从经济全球化对地区专业化发展动态影响的角度,探讨了全球生产网络对地区专业化发展的影响特点。由此引申出一种新的地区专业化,即本书重点关注、体现全球生产网络发展特点的地区垂直专业化,并对其概念和特点做了深入研究。作为本章分析的最主要内容,我们重点关注了经济全球化发展不同阶段所对应的不同地区专业化发展特点和它们彼此之间的差异。从中得出以下结论和启示:

过去我们强调对外贸易和外商直接投资对一个国家或者地区经济发展的重要作用,却忽视了其内部构成差异所带来的影响。特别是随着时间推移这种差异会变得越来越明显,并导致不同区域发展特点的差异,甚至是长期可持续发展能力的差异。从现实情况来看,最典型的就是我国东南沿海地区的广东、上海、江苏等几个省市,其对外开放和参与全球生产网络发展水平均是最高的,产品内国际分工贸易发展特点也是最明显的,相应的地区垂直专业化发展特点也是最突出的,我们也可以看到这些地区经济发展更快。这既体现在这些地区经济发展效率提升、经济结构调整方面,也表现在集聚能力不断增强所带来的区域竞争力提升等方面。而另一方面,相对东部地区,本章分析表明,中西部地区对外分工贸易发展大多还停留在依赖以传统自然资源禀赋和简单劳动力为代表的初级要素禀赋基础上,其地区垂直专业化发展特点还很不明显。这就使得中西部地区很难充分挖掘自身内在潜力,甚至由于这一发展模式的固化效果,其对现状的改变也存在着很大困难。

第五章 地区专业化和区域经济发展研究

从本章开始,本书将更具体研究全球生产网络发展过程中,新地区专业化(即第四章所定义的垂直专业化)对区域经济发展的影响。内容架构上,本章首先分析了全球生产网络对区域发展的影响,接着从理论角度阐述了地区专业化对区域发展的影响,特别是在全球生产网络影响区域发展中,发挥重要"桥梁"作用和体现基于全球生产网络这样一个研究视角的,地区垂直专业化对区域经济发展的影响[①]。在此基础上,通过系统比较,重点考察了垂直专业化和基于产业间、产业内分工贸易发展视角的一般专业化对区域经济发展影响的差异性。

5.1 全球生产网络对区域经济发展的影响

在具体考察地区专业化,特别是地区垂直专业化对我国不同区域发展的影响之前,我们首先考察了全球生产网络对区域经济发展的影响特点。从中不难注意到的一个重要方面就是,全球生产网络对区域发展的影响体现在很多方面,其中包括对地区分工专业化发展水平的影响,并通过对地区分工专业化的影响对区域经济发展产生更深远影响。本章的内容主要有两个方面:首先从全球角度,分析了全球生产网络对不同国家或者地区经济发展的影响;接着具体阐述了全球生产网络对我国整体以及不同地区经济发展的一些重要影响。

5.1.1 全球经济发展影响分析

全球生产网络的发展,体现了以产品内分工为核心的新国际分工给世界经济和国际经济关系带来的深刻影响,其进一步推动了经济全球化的发展,并使全球化的内涵变得更加丰富。全球生产网络对全球经济发展的影响主要表现在以下几个方面:

第一,全球生产网络把更多国家和地区卷入经济全球化浪潮中,使国际分工和专业化的范围更加广阔。在全球生产网络出现之前,由于技术和资本的限

---

① 本书重点关注从全球生产网络视角考察地区专业化发展新特点对区域经济发展的影响,为了更突出所关注的本质问题——地区专业化,特别是体现全球生产网络发展特点的地区垂直专业化对区域经济发展的影响,本书在后续章节分析中,均进一步专注于从地区专业化角度进行分析。其中对全球生产网络视角的体现,更多是从地区垂直专业化影响角度出发的。

制,有不少国家和地区无法参加一些复杂产品的生产制造,只能停留在资源性产品或地域性产品的生产上,进入国际分工的程度不深。现在在全球生产网络体系下,参与的企业只需专业化从事一个产品内部的一个或几个部件的生产,不发达国家或者地区也可以参与较为高级产品的生产,并形成很强专业化能力,这就把众多的国家和地区卷入了高级产品的生产中来,而且是深度地卷入。

第二,全球生产网络发展在一定程度上改变了不同区域对外贸易的形式,产品内贸易已经越来越成为各区域对外贸易的主要内容,并加快了区域贸易增长的速度。即由于产品内贸易正在成为区域对外贸易发展的基本趋势,使得现实贸易中大量的贸易品是产品的零部件,而且其中有许多零部件在参与产品内分工的国家和地区进行相互贸易甚至反复贸易。

第三,由于许多国家和地区在全球生产网络发展所形成的新国际分工体系中只参加生产过程的一段,在全球价值链中也只获取属于自己的一部分,但在贸易行为上却有可能表现为整个产品的交换,这就在一定程度上掩盖了部分国家和地区出口产品结构的真相,扭曲了参与国的国际收支结构。例如,在 WTO 或世界贸易和发展会议等国际经济组织的报告中,一部分发展中国家和地区高技术产品的出口比例不断提高,产业升级趋势明显,然而,真实情况却是许多发展中国家和地区的高技术产品生产只是该产品生产的某一环节,而且往往是最没有技术含量的一段生产过程,只不过是产品最后在这些国家和地区组装,出口时便统计为高技术产品。同样的道理,在全球生产网络体系下,许多国家的国际收支状况也非常容易被扭曲,由出口而产生的国际收入部分有相当大的比例应当被零部件的进口费用所抵冲。

第四,全球生产网络发展加强了地缘政治和经济关系的紧密化,促进了区域之间更频繁的经贸往来,但也为区域间的经济合作与博弈增添了新的变数。经济全球化的趋势本是要淡化国际和区域之间的界限,国际经济的活动可以超越地缘关系,但全球生产网络发展讲究更为合理的生产布局和市场布局,地缘关系不仅没有弱化,反而有所增强。

第五,在全球生产网络发展所形成的新国际分工格局下,参与分工的国与国之间形成一种新的经济共同体,促进了经济外部性发展;但另一方面,国与国之间又呈现出一种新的依附关系。在全球生产网络发展过程中,一种产品在多国的合作下才能生产出来,生产要素在更大的范围内实现了有效配置,参与分工的企业得到了更多的经济外部性,参与分工的国家也由此提高了产业效率,彼此均获得了相应的利益。同时,每个参与分工的企业因别国企业的参与而获得了经济外部性,参与分工的国家也因别国的参与而获得更加有效的生产要素。但另一方面,由于全球生产网络是由发达国家跨国公司主导的,在这一新的分工体系中,发展中国家的产业对这种分工有更大的依附性。当一个国家的产业已经深度卷入一个产品的价值链生产之中,生产什么和怎样生产需要依靠别人的"指令",那么该国的产业已经变得没有"弹性"了,只有依附他国的生产体系才能生存和延续。

5.1.2 我国经济发展影响分析

当前,中国已经深度参与到全球生产网络发展所形成的新国际分工格局中,这可以从多个方面得到体现,如在很多研究中已经很清楚描绘过的中国近年来对外贸易规模的迅速扩张和贸易结构的显著变化、跨国公司对中国投资的不断涌入,以及本书第四章所描绘的地区专业化新发展特点。然而,全球生产网络发展所形成的新国际分工格局对中国经济的影响又是非常复杂的,新国际分工格局在为中国经济高速增长创造有利机遇的同时,又给中国经济长期协调发展带来了许多复杂影响因素,甚至提出了新的难题。归纳起来至少有三方面的复杂关系值得高度关注:

第一,全球生产网络发展在带来巨大财富效应的同时,又带来了区域经济发展越来越明显的依附性。在全球生产网络体系下,中国制造业集中于产品内专业化生产的效率是具有世界水平的,也因此带来了巨大的财富效应,这种分工以及参与对国家经济的迅速繁荣功不可没。但是,这也使中国不同区域制造业对这种分工体系和跨国公司的"流程式订单"有很大的依附性,越来越多的制造业已经缺乏市场"弹性",在一定程度上失去了自我适应市场需求以及随市场应变的能力。

第二,在全球生产网络发展过程中,我国各地区的国际市场范围不同程度扩大的同时,区域内企业竞争力的单一性特点也越来越明显。通过融入全球生产网络,中国很多地区的出口能力有了不同程度的提升,特别是东部沿海地区出口能力的提升更是迅速,中国国际市场的扩大速度令其他国家难以仿效。但这种出口能力的扩张,主要基于中国出口企业普遍地实行了高度的专业化生产,借助模块化制造效力而形成了很强的市场竞争力。显然,这种竞争力优势是单一的,被整合的是生产资源,而不是生产资源的主体。即便不是从事加工贸易的本土企业,其出口的竞争优势也主要体现在产品单一环节的制造上,这种竞争力的单一性是有高度风险的,是很难化解的。

第三,全球生产网络发展促进部分地区迅速繁荣的同时又会造成区域发展的鸿沟。为什么外商直接投资主要集中于东南沿海地区,而较少涉足中西部地区?许多文献从基础设施、开放度、制度演化的地区差异去研究,这固然是一种方法,但进一步研究便可发现,随着中西部地区基础设施的改善、开放程度的提高,外资集中于东南沿海地区的程度不是减轻了,而是进一步加剧了。其实这和全球生产网络发展有密切联系。虽然中西部地区的土地、劳动力生产成本更低,基础设施也大有改善,但由于外资企业在中国往往从事的是产品内加工,其上游产品是根据统一的供应链(supply chain)来自其他国家和地区,有可能来自马来西亚或泰国,也有可能来自中国台湾,有可能再把产品销往韩国市场或日本市场,从物流总成本和及时完成供应链方面来讲,把企业设在东部沿海地区是最有效的。可见,从短期或现状来说,这种分工对我国中西部地区吸引生产型资本的流入仍然是不利的,区域发展的鸿沟有可能因此而加大(徐康宁和陈健,2007)。但从长期来看,随着我国东、中、西部区域间以及区域内分工合作关系的进一步发展,全球生产网络及其各种效应对各区域特别是中西部地区的影响也会因此而变得越来越明显。

总之,全球生产网络发展和新国际分工是一种复杂的现象,中国参与其中自然能得到不少利益,但也要付出代价,总的来说,目前利益大于代价,但将来获取的总福利是否最大,目前对此还没有准确答案。这取决于中国,特别是中国中西部地区是否能够通过更好参与全球生产网络而获得稳定且持续的学习能力,继而提高产业层次。在这方面,国际上有成功经验(如韩国的成功经验),但大国实现这一过程的时间相对较长。从长期(以数十年为期)看,现在的参与对中国是有利的,但关键是如何用尽可能短的时间来实现模式转型,还有就是思考通过哪些方面的发展来实现这种转型。就这一点而言,通过本书后续研究,将不断得到验证的是,促进各地区垂直专业化能力的形成和发展是很重要的一个方面。

5.2 地区专业化对经济发展影响研究

5.2.1 专业化影响一般观点

对于分工专业化和区域发展之间的关系,人们很早就已经开始关注了。柏拉图早在公元前 380 年就曾讨论过分工和专业化发展对增进社会福利的意义,认为分工是市场和货币的基础;威廉·配第在 17 世纪末也认识到分工和专业化对生产力进步的作用。

在经典理论体系对这一问题的分析中,古典经济学从分工可以节约社会劳动从而提高劳动生产率角度出发,论证了分工专业化对生产力和经济发展的促进作用。亚当·斯密在《国富论》中明确提出财富增长取决于两个条件:一个是人口和资本的增加,另一个就是分工专业化促进劳动生产率提高。他用制造业来说明分工可提高劳动生产率、促进经济增长,认为分工是经济增长的源泉,分工有三大好处:一是分工有利于劳动者熟练程度的增进;二是分工会节省工作转移的时间损失;三是分工促进了劳动简化和劳动机械的发明。

新古典经济学派认为各个地区按照资源禀赋进行分工,可以密集使用它所拥有的丰富生产要素,从而使劳动生产率得到提高,他们从这一角度论证了分工经济对生产力和经济发展的促进作用。其中,马歇尔对分工经济思想的贡献主要体现在报酬递增与工业组织上。他认为:首先,专门工业集中于特定地方,通过行业秘密公开化、辅助行业的形成、熟练技术工人市场的形成等因素,以产生代表性企业的外部经济,进而产生报酬递增。其次,企业的大规模生产通过技术的经济、机器的经济、原料的经济等内部经济可产生报酬递增。最后,私人合伙企业、股份公司、合作社等组织对职能分工的发展有利于企业家的产生,有利于分散经营风险从而实现报酬递增,保持企业生命力。概括而言,马歇尔从外部经济和内部经济两个方面,以及工业布局、企业规模生产、企业经营职能三个层次分析了分工专业化对报酬递增的积极作用。

专业化分工同样是马克思所强调的推动资本主义经济增长的重要动力之一。马克思认为专业化分工具有二重性:一方面,其是社会生产力进步的杠杆;

另一方面，其对社会生产关系具有制约性。在专业化分工对生产力进步的作用方面，马克思强调其对提高劳动生产力的社会化水平和建立科学劳动组织具有重大意义。他认为，专业化分工能极大地促进社会生产力发展，其对社会生产力进步的促进作用主要是通过扩大和发展社会劳动范围实现的。马克思还科学地阐明了专业化分工对社会组织的作用，阐明了分工对人的发展、商品经济、阶级关系的制约性。例如，就专业化分工对商品经济发展的影响作用来看，马克思认为，商品交换随着分工的发生而发生，同时也随着分工的发展而发展。一方面，商品交换的深度取决于生产分工的水平。分工的发展推动了商品交换的发展，分工的存在和演进使商品交换的形式一步一步由低级向高级发展。另一方面，商品交换的规模也取决于分工的水平。当然，在指出专业化分工好处的同时，马克思也探讨了其存在的负面作用。如在谈到专业化分工对人的发展方面的影响时，马克思就指出分工使精神活动和物质活动、享受和劳动、生产和消费由不同的个人来分担这种状况成为可能；分工所产生的效率是以劳动者的片面、畸形发展为前提的；社会的人被分工分割为孤立的人，健全的人被分工分割为残缺的人，造成了人的片面、单向发展。正是由于其产生了严重的片面化和异己化，马克思提出了消灭专业化分工的主张，即用新的专业化分工代替旧的专业化分工的辩证运动。

杨格在《报酬递增和经济进步》中对亚当·斯密的分工与市场理论进行了深化，解释了分工对经济增长和经济发展的促进作用。在杨格看来，现代形式的劳动分工总是表现为迂回生产，即在原材料和最终产品间插入越来越多的中间环节。他认为经济发展过程中，很重要的一个方面就是规模报酬，其不仅产生于企业内部，更产生于社会内部，产生于企业与企业间的分工与专业化及其协作上。规模扩大再也不是传统意义上的简单水平复制，而是伴随科学技术变革、生产方式改进等更具效率的结构调整意义上的扩张。

新兴古典经济学派在古典经济学派对分工经济研究的基础上，也强调了分工专业化对区域发展的重要影响。他们的理论明确指出，分工演进始终是经济增长的主线，分工与专业化演进是解释区域经济现象的唯一线索，是解释区域经济发展过程中各种经济现象的基本思路。具体来说，分工与专业化的起点即区域经济发展的早期。影响区域经济发展起点阶段的因素主要是自然资源禀赋及其属性，该因素决定着区域经济发展演变的路径。随着该区域分工与专业化水平的提高，产业链条不断延伸，从宏观上看就是区域经济的不断发展。区域经济的发展从启动阶段进入完整且相对独立的区域经济系统阶段后,区域经济主体根据绝对比较优势原理获得知识和经验。这种积累达到一定程度后,区域经济的宏微观层次便表现出"获得者优势",即因起点优势以及伴随分工与专业化演进获得的微小优势累积而获得的更大优势,并形成良性循环。而当分工与专业化达到一定高度时,高势能区域经济系统内的某些生产要素便不能满足其进一步发展需要,此时吸纳系统外的生产要素成为必然,这在一定程度上能相应地拉动低势能区域的经济发展。当分工与专业化水平演进到更高水平时,经济势能则进入向外输送势能阶段,由此更显著拉动低势能区域的经济发展。

总之,经典理论观点强调了分工对经济发展的促进作用,认为分工既是生产力的表现形式,又能推动生产力的发展,分工可提高劳动生产率,从而降低生产成本,推动技术创新,扩大市场容量。但是不同理论观点又略有不同,亚当·斯密认为分工可提高劳动生产率,促进经济增长,分工是经济增长的源泉。杨格利用报酬递增的动态观念和迂回生产方式来解释分工对经济增长和经济发展的促进作用,认为报酬递增是分工的结果,分工和市场规模互为限制,分工可利用迂回生产方式,把先进的生产方法引入生产过程,提高生产率。新兴古典经济学则认为专业化和分工水平能加速技术改进和提高生产率,从而促进经济增长。马克思分工理论则既考察了分工对生产力发展的促进作用,又研究了分工对生产关系的作用,指出了分工是"社会不平等的根源"。

在国内,学者盛洪(2006)也系统性讨论了分工和专业化的经济性,或者说分工和专业化给人们带来的利益。他认为,分工和专业化的经济性大致可以分为直接的经济性和间接的经济性两种。直接经济性就是采用一定程度分工和专业化生产方式后带来的生产效率的提高或生产资源的节约。直接经济性大致有以下五个方面:(1)分工和专业化使得劳动生产者越来越多地将其生产活动集中于较少的操作上,这样能够较快提高其生产的熟练程度。劳动熟练程度的提高意味着一个劳动者在单位时间内或者说在支付一定量生产劳动情况下,能够生产更多的劳动产品。(2)分工和专业化会使劳动生产者节约或减少因经常变换工作、变换生产活动中的不同操作而损失的时间。(3)分工和专业化发展使得劳动生产者可以节约生产所使用的物质资料。如专业化可以使一个生产者减少所要准备的工具数量,也可以使生产者节约或更有效利用工作场所。(4)分工和专业化使人们的工作在既定技术水平条件下变得较为简单。这样可以减少工作的学习和培训时间,减少工作中所应支付的智力资本,减少工作中的失误和对高级技术、多面手工人的需求。(5)企业的专业化发展还可以降低企业管理工作的复杂程度,从而提高企业管理效率。间接经济性指分工和专业化发展为生产方式的其他创新提供了条件,而对这些创新的采用会带来生产效率的提高或生产要素的节约。间接经济性主要表现在以下几个方面:(1)促进技术进步。一方面,分工和专业化发展使得人们将注意力集中在更窄的生产领域中,因而能够使技术创新较容易出现。另一方面,分工和专业化发展使得劳动生产者的操作越来越趋于简单和单调重复,这为采用机器代替人工提供了条件,因为人们最初的技术能力只能创造出单调重复工作的机器。分工和专业化也为大批量生产力采用高效率的机器设备提供了前提。(2)促进迂回生产方式的发展。迂回生产方式,即将资源投入对生产资料的生产上,而不直接投入对消费资料的生产上,这反而使得消费资料的生产有更多的增长。分工和专业化促进了生产工具的变革,也必然会增大对机器设备的需求。生产工具的变革使生产工具种类变多;同时,生产资料的生产也会出现分工和专业化不断发展的趋势,会出现生产机器设备的机器设备,也必然会有对这种机器设备的生产及专业化分工。(3)促进投资方式的出现和发展。所谓投资是指人们将手中掌握的一部分资源投入对生产设备和其他生产条件(厂房、基础设施)的生产上,在投资期限内甚至在投资后相当一段时间内不能从中得到报酬,而在以后的时间里可望收回投资并且盈利。分工和专业化发展促进了机器设备的采用和迂回生产方式的发展,也就等于促进了投资方式的发展。

在分工和专业化经济性分析的基础上,盛洪还特别指出了地区专业化发展的经济性,主要有这样几个方面:(1)可以利用具有比较优势的自然资源、地理资源和人力资源。(2)可以共享社会生产条件,即基础设施,减少对基础设施要求的复杂性。(3)可以形成较高效率的地方劳动力市场。雇主们往往到他们能找到所需要的有专门技能的优良工人的地方去。同时,寻找工作的人自然到有许多需要他们所具备技能的雇主的地方去。(4)可以共享辅助行业提供的专门服务。由于辅助行业或者采取了高度专门性质的机械,或者只是采取了生产或服务专门化的方式,所提供服务的单位成本是低廉的,而如果在一地区没有较多的同类企业,专门提供这样的服务是不值得的。(5)有利于专业技术的传播和扩散。从事同样的需要技能的工作的人,从邻近的地方所得到的利益是很大的。行业的秘密不再是秘密,已经变得公开化。

5.2.2 垂直专业化影响研究

作为分工专业化发展过程中的一种重要形式,全球生产网络环境下所形成的垂直专业化不仅具有一般专业化的发展特点,同时,其自身所具有的个性特点使得区域发展也表现出了更丰富内涵。

首先,从增进福利角度来看,垂直专业化将国际分工的对象由产品层面扩展到了工序层面,使得与此相关的贸易利益范围扩大,从而促进了总福利水平的提高。国际分工细化程度的加深,使得那些在某种产品特定环节生产上具有优势的国家和地区也能从国际分工和贸易中获利,而且可能使原本就从最终产品贸易中获利的国家和地区的福利进一步提高。垂直专业化给发展中国家和地区带来了两方面利益:一方面,即使发展中国家或地区在某些产品生产中不具有优势,但只要在这些产品特定生产阶段具有优势,就可以参与国际分工并从中获利;另一方面,在发展中国家或地区具有优势的产品上,国际生产分割带来的分工程度加深也有利于发展中国家和地区资源配置效率的提高。当然,从一国或者地区内部不同要素所有者的福利角度看,虽然一个国家或地区能够从国际垂直专业化中获益,但该国或地区某些要素所有者的福利可能会受到损害,这取决于其所承接生产环节的要素密集度、独立生产该商品时的要素密集度以及各国或地区在垂直专业化前平均要素密集度的大小。

其次,就发达国家向发展中国家的技术扩散来看,垂直专业化的影响可以分为被动与主动两种形式:前者以技术含量较高的中间品贸易为途径,成本相对较低;后者是发达国家企业主动转移技术,发展中国家企业努力适应、掌握所接受的技术,相对成本较高。就国际垂直专业化发展而言,在发达国家将某个生产环节转移到发展中国家的过程中,为了提高这一环节的生产质量,发达国家更有可能向发展中国家或地区主动转移技术。因此,除了传统的国际贸易、直接投资、许可证贸易等途径,国际垂直专业化也可以成为技术扩散的一个重要渠道。但是,和上面垂直专业化对发展中国家或地区福利(收入)影响的不确定性一样,这里不同发展中国家和地区从中获益的程度也是不同的。发展中国家和地区获益的多少,除了和参与国际垂直专业化的水平有关,还依赖于区域的制度因素是否有利于激励发达国家或地区的技术转移,以及是否有利于鼓励本国或地区企业投入更多成本去掌握所接受的技术。发达国家或地区技术转移有两个重要的影响因素：一是发展中国家或地区内部知识扩散与技术模仿的难易程度；二是对所接受技术的吸收能力。

5.3 区域发展差距的多重比较

5.3.1 区域发展差距一般比较

在上面相关理论分析的基础上，本节将针对我国具体情况，首先采用多种方法，重点对各地区经济发展状况和差异加以考察。一个区域的经济发展体现在很多方面，这也使得对不同地区发展差异的比较可以体现在很多方面。

作为对区域发展总体状况的一个初步了解，这里同样首先通过图形比较予以考察。选择两个综合性指标，一个是地区生产总值(GDP)，该指标从绝对总量上衡量不同地区的发展状况；另一个是人均地区生产总值(PGDP)，该指标主要从平均量上衡量不同地区的发展状况。在两个指标原始数据处理中，考虑到不同地区相对价格水平差异，对各地区生产总值根据1978年为基期的消费价格指数进行处理，人均地区生产总值则用消除价格差异后的真实地区生产总值除以各地区年底总人口得到。

表5.1反映了在1978年（改革开放初期）、1990年（重要发展转型期）和2007年（新时期改革开放实质阶段）三个时间点，我国不同地区上述两个经济指标的相对发展情况。首先，从所给出的绝对数量级来看，不同时期的指标均存在着显著变化，特别是2007年和1990年相比，变化的趋势和特点更加明显。

具体就地区生产总值变化情况来看，1990年和1978年相比，各地区大多没有太大变化，唯一例外就是福建省生产总值水平由1978年的位居第四档迅速上升到1990年的位居第二档。1978年该省国民生产总值仅为66.37亿元，从1986年开始增长速度明显加快，1990年时已经达到522.28亿元。大致也就是这一时期，福建省对外开放步伐明显加快，1986年至1991年间，全省累计审批利用外资项目4 163项，协议外资金额45.6亿美元，实际使用19.2亿美元，相当于前七年的3.8倍。而福建省对外开放的较快发展，与沿海地区加工贸易的快速发展有着密切的联系。从2007年和1990年的数据可以看出，黑龙江、吉林、安徽、湖北和湖南这几个省份的相对发展水平明显落后。尽管其中的原因是多方面的,但不可否认的是,这些地区对外开放的相对滞后是很重要的一个原因,与东南沿海地区相比,其整体对外开放水平相对晚了十几年,这使得其发展失去了很多机会。如在实际利用外资方面,东部地区所占比例在85%以上,而上述几个省份所占比例平均仅为5%。由于这些省份仍然主要以劳动密集型产业为主,因此其经济增长在很大程度上也主要依赖劳动投入。

表5.1 各地区GDP和PGDP分布情况

地区	GDP(亿元)				PGDP(元)			
	1978	1990	2007	2020	1978	1990	2007	2020
安徽	113.96	658	7 360.92	38 680.63	244	1 182	12 045	63 426.47
北京	108.84	500.82	9 846.81	36 102.55	1 257	4 635	58 204	164 889.5
福建	66.37	522.28	9 248.53	43 903.89	273	1 763	25 908	105 818
甘肃	64.73	242.8	2 702.4	9 016.7	348	1 099	10 346	35 994.81
广东	185.85	1 559.03	31 777.01	110 760.9	370	2 484	33 151	88 210.04
广西	75.85	449.06	5 823.41	22 156.69	225	1 066	12 555	44 308.95
贵州	46.62	260.14	2 884.11	17 826.56	175	810	6 915	46 266.7
海南	缺失	102.42	1 254.17	5 532.39	缺失	1 562	14 555	55 130.94
河北	183.06	896.33	13 607.32	36 206.89	364	1 465	19 877	48 564
河南	162.92	934.65	15 012.46	54 997.07	232	1 091	16 012	55 435.01
黑龙江	174.81	715.2	7 104	13 698.5	564	2 028	18 478	42 634.61
湖北	151	824.38	9 333.4	43 443.46	332	1 541	16 206	74 440.47
湖南	146.99	744.44	9 439.6	41 781.49	286	1 228	14 492	62 900.25
吉林	81.98	425.28	5 284.69	12 311.32	381	1 746	19 383	50 799.75
江苏	249.24	1416.5	26 018.48	102 719	430	2 109	33 928	121 231
江西	87	428.62	5 800.25	25 691.5	276	1 134	12 633	56 871.06
辽宁	229.2	1 062.7	11 164.3	25 114.96	680	2 698	25 729	58 872.39
内蒙古	58.04	319.31	6 423.18	17 359.82	317	1 478	25 393	72 062.35
宁夏	13	64.84	919.11	3 920.55	370	1 393	14 649	54 527.82
青海	15.54	69.94	797.35	3 005.92	428	1 558	14 257	50 818.6
山东	225.45	1 511.19	25 776.91	73 129	316	1 815	27 807	72 151.35

续表

地区	GDP(亿元)				PGDP(元)			
	1978	1990	2007	2020	1978	1990	2007	2020
山西	87.99	429.27	6 024.45	17 651.93	365	1 528	16 945	50 527.92
陕西	81.07	404.3	5 757.29	26 181.86	291	1 241	14 607	66 291.58
上海	272.81	744.67	12 494.01	38 700.58	2 497	6 107	66 367	155 768.1
四川	184.61	890.95	10 562.39	48 598.76	261	1 134	12 893	58 125.54
天津	82.65	310.95	5 252.76	14 083.73	1 133	3 487	46 122	101 614.2
西藏	6.65	27.7	341.43	1 902.74	375	1 276	12 109	52 344.98
新疆	39.07	261.44	3 523.16	13 797.58	313	1 713	16 999	53 593.24
云南	69.05	451.67	4 772.52	24 521.9	226	1 224	10 540	51 975.2
浙江	123.72	904.69	18 753.73	64 613.34	331	2 138	37 411	100 620.3
重庆	67.32	327.75	4 676.13	25 002.79	256	1 031	14 660	78 170.36

数据来源：国家统计局。

相对于地区生产总值不同区域的发展变化情况，人均地区生产总值（PGDP）三个时点的变化更加明显，东、中、西部三大区域之间的发展差距随着时间的推移变得更大。1978年较高PGDP水平的分布表现出了一定的地域集中特点，主要集中在东北三省和华北地区的山西、河北和京津一带。东南沿海地区只有江苏、上海和广东三个地区的PGDP处于相对较高水平。虽然从GDP总量来看，四川省经济发展水平相对还是比较高的，但是如果从PGDP角度来看，其经济发展在三个时间点实际上均处于中下游，与其西部地区第一经济大省的地位显得很不相称。从四川省PGDP与全国PGDP的百分比关系来看，1978年是68.7%，1984年最高时也只达到72.9%，之后总体呈下降趋势，1996年达最低（60.3%），2007年为68.27%，总体始终维持在平均65%左右。

应该说，这里1990年和1978年相比，各地区PGDP水平的相对变化是最大的。其中，东南沿海地区一些省份，如山东、浙江、福建和海南的发展速度明显加快，而东北地区（如黑龙江和吉林）、华北地区（如山西和河北）的发展速度则不同程度减缓。2007年和1990年相比，较高PGDP水平向东部沿海地区集中的特点变得更加明显。这也与中西部地区某些省（自治区）相对更加明显的发展落后状况形成了鲜明对比，最明显的就是新疆和青海。实际上，无论从GDP还是PGDP来看，在整个20世纪80年代，虽然新疆与全国或东部地区的绝对差距还是不断扩大的,但是相对发展差距是在缩小的。而90年代以后,无论相对差距还是绝对差距都在扩大,特别是绝对差距呈加速扩大态势。同样就青海省而言,在2000至2004短短的五年时间里,其以城镇居民人均可支配收入衡量的区域经济发展水平在全国排列的位次,从最高时候的第19位迅速降至第30位。作为对西部地区经济发展总体状况的一个客观评价,西北大学中国西部发展研究中心课题组完成的西部蓝皮书《中国西部经济发展报告(2008)》指出,从人均地区生产总值看,西部地区是各地区中最低的,分别相当于东部、东北、中部和全国平均水平的39.91%、59.67%、88.39%和61.09%,是最贫穷落后的地区。

5.3.2 区域发展差距变化特点

在前面对各地区经济发展的一般性分析中,本书采用的是相关指标绝对数。在下面进一步分析中,我们则采用了一些专门衡量地区发展差距的综合方法,从而能够对更多和区域发展相关经济指标的时间序列数据做更深入的比较。具体来说,反映区域发展差异的相对指标主要有变异系数(CV)、基尼系数(Gini)、泰尔(Theil)指数、标准差、熵指数等,虽然它们所反映的本质问题是相同的,但从纯粹数据结果的角度来说,由于这些指标本身的差异,最终结果可能还是会存在一定分歧。为了更全面、客观地对区域发展差距做进一步比较,我们在权衡后,综合采用了加权变异系数、基尼系数和泰尔指数三个指标。各指标的具体含义和相应计算公式如下:

1) 指标说明

(1) 加权变异系数。该系数最早由美国经济学家威廉逊于1965年提出,其中的加权数根据各地区人口确定,其计算公式如下:

$$CV_W = \frac{1}{\bar{x}} \sqrt{\sum_{i=1}^{n}(x_i - \bar{x})^2 \times \frac{P_i}{P}} \quad (5-1)$$

其中,x_i 和 $\bar{x}$ 分别表示某个样本观察值和所有样本观察值的平均值,n 表示总样本数,P_i 为 i 地区的人口,P 为全国总人口。CV_W 系数越小,表明各地区间观察指标的相对差距越小;反之,则越大。

(2) 基尼系数。基尼系数是衡量收入分配和不平等的重要指标。Keeble等人于1986年最早将其用于产业空间分布的衡量中。之后,Krugman(2000)、梁琦(2004)等学者又采用该指标研究产业地理集中问题。其表达形式如下：

$$G_i = \frac{1}{2n(n-1)\bar{s}} \sum_{i=1}^{n} \sum_{j=1}^{n} |s_i - s_j| \qquad (5-2)$$

其中，G_i 为区位基尼系数，s_i 和 s_j 分别表示某变量（可以是产值、增加值、贸易额、就业人数等）占总体的比例，n 为地区数量，$\bar{s}$ 为全国平均份额。

(3) 泰尔指数。泰尔指数满足可加分解特征，且能够满足达尔顿-庇古转移原理、收入零均质性和人口规模独立性。达尔顿-庇古转移原理指富裕者向贫困者的任何支出转移，在不改变它们相对位次的情况下，将减少泰尔指数的值；收入零均质性指如果每个人的支出按照相同比例变动，泰尔指数保持不变；人口规模独立性则意味着数值只取决于支出水平相对人口的频数，而不取决于绝对人口频数。由于泰尔指数满足以上公理，指标可被分解成两个部分，一部分用来测度区域间（组间）经济差距，另一部分用来测度区域内（组内）经济差距。如果将总体样本分为 N 组，那么其分解公式如下：

$$T = \sum_{i=1}^{N} y_i \ln \frac{y_i}{p_i} \qquad (5-3)$$

其中，N 为地区数，y_i 为 i 地区的 GDP 占全国的份额，p_i 为 i 地区的人口占全国的份额。对泰尔指数进行一阶分解，计算公式如下：

$$T_p = \sum_i \sum_j \left(\frac{Y_{ij}}{Y}\right) \ln \left(\frac{Y_{ij}/Y}{N_{ij}/N}\right) \qquad (5-4)$$

其中，Y_{ij} 为第 i 地带第 j 省的收入，Y 表示所有省份的总收入，N_{ij} 为第 i 地带第 j 省的人口，N 为所有省份总人口。对上式进行计算得到：

$$T_p = \sum_i \left(\frac{Y_i}{Y}\right) T_{pi} + \sum_i \left(\frac{Y_i}{Y}\right) \ln \left(\frac{Y_i/Y}{N_i/N}\right) = T_{WR} + T_{BR}$$

$$T_{pi} = \sum_j \left(\frac{Y_{ij}}{Y_i}\right) \ln \left(\frac{Y_{ij}/Y_i}{N_{ij}/N_i}\right)$$

其中，Y_i 为 i 地带总收入，N_i 为 i 地带总人口，T_{WR} 为区域内差距，T_{BR} 为区域间差距。

2) 比较结果

在下面具体考察中，对于区域经济发展指标的选择，我们除了保留消除价格因素影响的地区生产总值（GDP）和人均地区生产总值（PGDP）两个综合指标外，还通过人均消费支出对各地区消费水平做了衡量，通过固定资产投资从投入角度对各地区以基础建设等为代表的投资状况做了衡量，通过地区从业人员数量(JOB)对就业情况做了衡量。此外,还通过第二、三产业增加值对各地区工业和服务业发展情况做了考察。对于各地区人均消费支出和第二、三产业增加值,同样考虑到价格因素影响,我们用各地区以1978年为基期的消费价格指数(1978年消费价格指数等于100)进行处理;对于各地区固定资产投资数据,为消除价格因素影响,1995年以前各省固定资产投资平减指数主要根据《中国国内生产总值核算历史资料:1952—1995》中的固定资本形成指数计算得到,此后时段按照《中国统计年鉴》中各省固定资产投资价格指数计算得到。

图5.1~图5.4给出了加权变异系数和基尼系数分析结果,总体来看,随时间推移区域经济发展各指标大多呈向上增长趋势,表明所考察指标区域间发展差距是在不断扩大的。首先关注人均地区生产总值(PGDP)的变化情况。加权变异系数和基尼系数分析结果均表明,其在1990年前后出现较大波动,之前总体呈下降趋势,只不过加权变异系数的下降趋势相对来说并不是很明显。这说明从1978年我国实行改革开放到1990年这段时间,以该指标所衡量的区域发展差距总体上是在不断缩小的。这之后,由基尼系数反映的情况来看,区域发展差距在很长时期内都是扩大的,在2004年左右才开始转而呈现出差距逐步缩小的趋势。再就地区生产总值(GDP)所反映的区域发展差距变化情况来看,其相应曲线在整个时间段内基本上都呈较稳定上升趋势,表明该指标所体现的区域发展差距一直呈扩大态势。人均消费支出在考察时间段内(1986—2007年)也总体呈波动上升趋势,表明消费的区域差距也是不断扩大的。

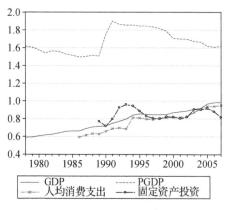

图5.1 加权变异系数(1)

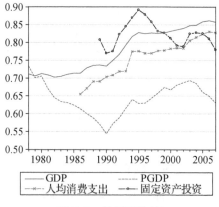

图5.2 基尼系数(1)

图 5.3 加权变异系数(2)

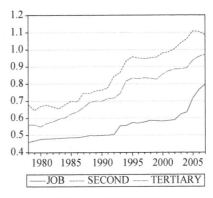

图 5.4 基尼系数(2)

与上面考察的几个变量变化规律有所不同,固定资产投资地区差距呈现出先升后降的变化特点。由于区域发展不平衡,自 20 世纪 90 年代开始,中央实施的西部大开发、中部崛起和振兴东北老工业基地战略均在逐步推进。这些政策的影响主要表现在近年来我国固定资产投资的空间分布特点上:相比较而言,东部地区投资增速最低,西部和中部投资增速迅猛。大致在 1994—1995 年间出现了最明显的转折点,此后中西部地区固定资产投资增速均已连续多年保持在高位运行,区域投资差距不断缩小。特别是自 2004 年开始,投资所表现出来的区域发展差异进一步降低,中西部地区固定资产投资增速已明显高于东部地区。

由就业和第二、三产业所体现的区域发展差距变化情况来看,其一定程度上也表现出不同于上面几个指标的变化特点。首先,地区就业加权变异系数和基尼系数时间序列总体也呈上升趋势,但是这种趋势在很长一段时间内(这里大致从 1978 年到 2002 年)基本上不是很明显,甚至维持在水平状态。从 2002 年开始,其开始呈现出极为明显的加速上升态势,并在此后一直保持着持续上涨势头。从跨省流动人口地区分布来看,东部地区的广东、上海、北京、浙江和江苏为主要的人口流入大省(市),这些地区就业机会相对较多;而四川、安徽、湖南、河南和湖北等中西部地区省份则为主要的人口流出大省。在经济全球化的背景下,特别是在 2001 年底,随着我国加入世界贸易组织,对外开放程度不断加深,外商直接投资部门不断扩展,沿海地区的区位优势进一步得到充分体现,以劳动密集型产业和高新技术产业为主的制造业发展迅速,并以一种反梯度模式进行着其特殊的"再工业化"过程,形成对内地国有部门和传统工业地区的刚性就业替代(杨云彦等,2003),从而使得区域差距在就业机会方面的表现变得更加突出。可以说,沿海地区就业机会的迅速扩大和中西部地区就业的萎缩,在很大程度上和经济全球化加深有着密切的联系。

图 5.3 和 5.4 所反映的第二、三产业变化情况中,两者的相应指标(SECOND 和 TERTIARY)也均呈上升趋势,表明两大产业的区域间发展差距同样在不断扩大,且比较而言,第二产业的区域发展差距始终大于第三产业。这就从产业差异层面表明了我国区域发展差距的不断扩大,主要还是体现在以工业为主体的第二产业区域发展差异方面。范剑勇和朱国林(2002)的相关研究就曾指出,我国地区间差距的持续扩大是与第二产业在空间上向东部沿海地区集中分不开的。

就各地区经济发展指标的泰尔指数总值及其分解构成情况来看(图 5.5～图 5.7),地区生产总值(GDP)、第二、三产业增加值和人均消费支出的泰尔指数总值大体呈上升趋势,表明除区域总体发展差距在不断扩大外,其他指标总体均呈不同程度下降趋势。表明这些指标所衡量的区域发展差距是不断缩小的,这显然同上面加权变异系数和基尼系数的分析结果存在着较大差异。分析其中原因,我们认为主要在于泰尔指数所衡量区域差异构成的不同。由于泰尔指数影响既来自区域间发展差异也受区域内发展差异影响,从而导致最终区域发展差异影响作用由两部分共同决定,这显然会存在着更多的变数。

从具体分解情况来看,除固定资产投资外,各地区经济发展指标组间差距都有不同程度扩大。相比较而言,组内差距变化的波动不仅较组间差距要小得多,而且大多呈下降趋势。由图可见,地区生产总值(GDP)组间差距要显著大于组内差距,前者随着时间推移大致从 1990 年开始迅速扩大;而组内差距变化恰好相反,1990 年之前迅速下降,表明三大地区内部差距存在显著"俱乐部收敛"趋势,之后基本上维持在水平状态,其综合影响最终表现为区域发展差距不断扩大。人均地区生产总值(PGDP)变化情况中,组内差异要明显大于组间差异,其总体变化趋势为不断降低主要也是受组内差异不断下降的影响。但是从图中可以看到,组间差异大致从 1990 年开始是明显呈上升趋势的,直到 2004 年才转而降低。地区就业发展差异变化情况中,组间差异始终保持着稳定增长态势,组内差异则保持着较稳定的下降趋势,综合来看,组内差异影响起了主导作用,从而使得综合差异不断下降。

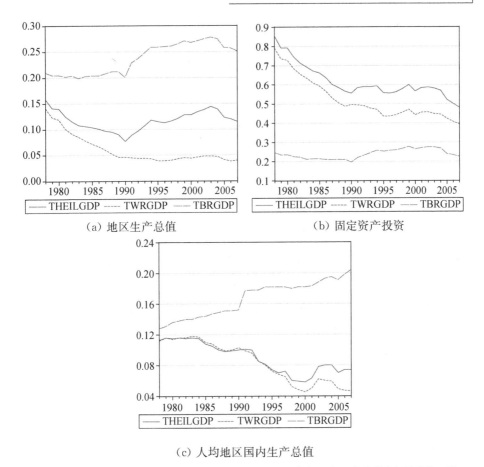

（a）地区生产总值　　（b）固定资产投资

（c）人均地区国内生产总值

注：各区域经济发展指标前缀"THEIL""TWR""TBR"分别表示泰尔总值、组内差异和组间差异。图5.6和图5.7相同。

图5.5　泰尔指数分解情况（1）

第二、三产业分解情况中，第二产业组间差距在1990年以前基本保持稳定，到1995年开始逐步上升，表明地区间差距在这段时间内是不断扩大的；再之后，又基本保持稳定并从2004年开始逐渐降低。比较而言，第二产业组内差距在所考察时间段内基本呈稳定下降趋势，其总体发展差距也由于受组内差距不断缩小的影响而不断降低。第三产业组间、组内差距以1990年为明显分界点，在这之前组间、组内差距均不断降低，之后则不断上升，其总体差距也表现出了类似的变化特点，表明组间和组内差距在第三产业总体区域发展差距的构成中均产生了影响。

固定资产投资组间差异也是显著大于组内差异，大致以1995年为分水岭，之前呈不断扩大态势，之后则不断缩小，总体呈倒 U 型变化特点，这同前面基于

113

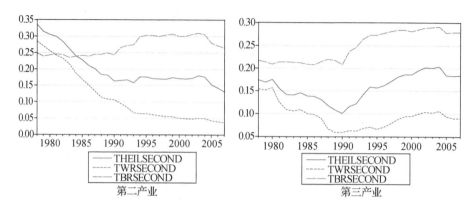

图 5.6 泰尔指数分解情况(2)

加权变异系数和基尼系数所得到的分析结论十分相似。人均消费支出组间和组内差距变化特点基本一致,1995 年之前特别是 1990—1995 年上升趋势相对比较明显,之后到 2004 年基本稳定,再之后才开始略有降低,也呈不显著倒 U 型变化趋势。总之,结合分析可见,所有指标均充分说明,我国区域发展差距的不断扩大,主要还是表现在东、中、西部三大区域之间。要缩小区域发展差距,最重要的是要缩小三大区域间的发展差距。因此,本书后面相关分析也将重点从三大区域间发展差距角度逐步展开讨论。

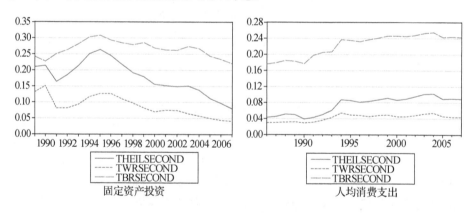

图 5.7 泰尔指数分解情况(3)

5.4 地区专业化影响差异分析

通过前面相关分析,我们已经对全球生产网络环境下地区垂直专业化的发展状况和不同区域发展差距有了更深入了解,而专业化对区域发展影响的理论分析也为后面实证研究做了重要支撑。在此基础上,本书通过建立理论模型,运用计量方法就两种地区专业化对区域发展影响的差异进行比较,重点关注了体现全球生产网络发展特点的地区垂直专业化对不同区域发展影响的差异性。由此开始,也真正将本章开头所提到的全球生产网络对区域经济发展的影响具体化到从垂直专业化角度做更深入研究。

5.4.1 理论模型构建

参考 Ethier(1982)、Grossman 和 Helpman(1991)模型,假设生产函数为

$$Y_{it} = AL_{it}^{\alpha} d_{it}^{1-\alpha}, 0 < \alpha < 1 \tag{5-5}$$

其中,A 是常数,L_{it} 是生产中的劳动量,d_{it} 是中间品投入量,α 和 $1-\alpha$ 分别是劳动量和中间品投入量占比。各种差异化中间品是通过 CES 生产技术生产出来的。d_{it} 计算公式如下:

$$d_{it} = \left[\int_0^n x(j)^{\rho} dj \right]^{1/\rho}, 0 < \rho < 1 \tag{5-6}$$

其中,$x(j)$ 是所使用的第 j 种差异化中间品数量;ρ 反映了差异化中间品之间的替代弹性,替代弹性为 $\sigma = 1/(1-\rho)$;n 表示最终产品生产过程中需要的差异化中间品种类。假设所有的差异化中间品 $x(j)$ 都是通过规模收益不变的生产技术生产出来的。在对称性假设下,如果中间品价格相同,那么在均衡时所有中间投入品数量相同,即 $x(j) = x$。此时,式(5-6)简化为

$$d = \left[\int_0^n x(j)^{\rho} dj \right]^{1/\rho} = (n_{it} x)^{1/\rho} = n_{it}^{1/\rho} x \tag{5-7}$$

将式(5-7)代入最终产品生产函数(5-5)中,可得

$$Y_{it} = AL_{it}^{\alpha} (n_{it}^{1/\rho} x)^{1-\alpha} = AL_{it}^{\alpha} n_{it}^{(1-\alpha)/\rho} x^{1-\alpha} = AL_{it}^{\alpha} (n_{it} x)^{1-\alpha} n_{it}^{(1-\alpha)(1-\rho)/\rho} \tag{5-8}$$

如果将生产中所需的所有中间品看作资本投入(Keller,2004),即 $X = nx$,那么,式(5-8)可以转化为

$$Y_{it} = AL_{it}^{\alpha} X^{1-\alpha} n_{it}^{(1-\alpha)(1-\rho)/\rho} \tag{5-9}$$

对式(5-9)两边同除以 L 并取自然对数,可得到

$$\ln \frac{Y_{it}}{L_{it}} = \ln A + (1-\alpha) \ln \frac{X_{it}}{L_{it}} + \frac{(1-\alpha)(1-\rho)}{\rho} \ln n_{it} \tag{5-10}$$

由于 $0 < \alpha < 1$ 且 $0 < \rho < 1$,由式(5-10)可知,随着生产中所使用中间品种

类 n 和中间品投入量 X 的增加,最终产品人均产出将会提高。在贸易开放条件下,特别是从各地区参与全球生产网络、从事产品内分工贸易角度来看,这表明一个地区经济发展和该地区可获得、可利用的中间品种类及其总量规模有着紧密联系。

5.4.2 计量结果和说明

在下面的具体分析中,我们首先在不考虑其他控制变量的情况下,重点关注垂直专业化对区域发展的影响作用。参照上面理论模型推导式(5-10),建立如下回归方程(1)。同时,为了进一步通过计量方法比较一般专业化和垂直专业化对区域发展影响作用的差异性,这里的分析还同时设定了另一个回归方程(2)。两个方程的具体表达形式如下:

方程(1): $\quad \ln \text{pgdp}_{it} = a_0 + a_1 \ln \text{pvstrade}_{it} + a_2 \ln \text{lqvstrade}_{it} + \varepsilon_{it1}$ (5-11)

方程(2): $\quad \ln \text{pgdp}_{it} = a_0 + a_3 \ln \text{ptrade}_{it} + a_4 \ln \text{lqtrade}_{it} + \varepsilon_{it2}$ (5-12)

其中,对区域发展状况的衡量,我们参考 5.2 节分析,通过综合比较并借鉴相类似研究处理方法,最终采用消除价格波动影响后的人均地区生产总值(pgdp)来表示区域发展状况,具体处理方法同 5.2 节。对自变量的衡量,理论模型中人均中间品投入量用各地区人均垂直专业化贸易额(pvstrade)和人均一般专业化贸易额(ptrade)表示。由于相应的贸易额数据均以美元计价,这里统一根据当年人民币对美元汇率转换成以人民币计价。对式(5-10)所使用中间品种类 n 的衡量,鉴于地区专业化发展和中间品投入之间密切的联系,我们直接用前面比较中的区位商指数(lqvstrade、lqtrade)来表示。

式(5-11)和(5-12)中,ln 为自然对数符号,a_0 为常数项,ε_{it1} 和 ε_{it2} 为随机误差项,下标 i 表示地区,t 表示时间。实证分析中不包括港澳台和西藏自治区数据,且重庆数据并入四川省。各变量数据来源说明情况如下:人均地区生产总值数据根据《中国统计年鉴》整理计算得到,两种专业化及相对应贸易发展数据来源和处理说明见 4.3 节。预期各变量系数符号均大于零。

表 5.2 首先给出了总体和分区域情况下,各变量之间相关系数情况[①]。

[①] 三大区域划分中,本章所涉及东部地区包括河北、北京、天津、广东、江苏、辽宁、山东、上海、浙江、福建;中部地区包括安徽、河南、黑龙江、吉林、湖北、湖南、江西、内蒙古、山西;西部地区包括广西、贵州、云南、四川、宁夏、青海、甘肃、陕西、新疆。

表 5.2 相关性分析结果

总体	pgdp	ptrade	pvstrade	lqtrade	lqvstrade	东部	pgdp	ptrade	pvstrade	lqtrade	lqvstrade
pgdp	1.000					pgdp	1.000				
ptrade	0.849***	1.000				ptrade	0.852***	1.000			
pvstrade	0.76***	0.885***	1.000			pvstrade	0.724***	0.864***	1.000		
lqtrade	0.431***	0.279***	0.037	1.000		lqtrade	0.446***	0.278***	0.033	1.000	
lqvstrade	0.658***	0.545***	0.592***	0.726***	1.000	lqvstrade	0.625***	0.525***	0.598***	0.72***	1.000
中部	pgdp	ptrade	pvstrade	lqtrade	lqvstrade	西部	pgdp	ptrade	pvstrade	lqtrade	lqvstrade
pgdp	1.000					pgdp	1.000				
ptrade	0.752***	1.000				ptrade	0.897***	1.000			
pvstrade	0.718***	0.894***	1.000			pvstrade	0.846***	0.906***	1.000		
lqtrade	0.092	−0.070	−0.293***	1.000		lqtrade	0.456***	0.361***	0.141	1.000	
lqvstrade	0.509***	0.41***	0.516***	0.52***	1.000	lqvstrade	0.713***	0.593***	0.625***	0.76***	1.000

注：*** 表示在 1% 水平上显著。

从总体变量间相关系数构成来看,人均一般专业化贸易额(ptrade)和区域发展(pgdp)之间相关度最高,其次是人均垂直专业化贸易额(pvstrade)所体现的中间投入影响。进一步从分区域考察情况可以判断出,上述两方面因素同区域发展总体水平之间的相关系数差异主要是由东部地区差异造成的,因为中西部地区两方面因素的相关系数差异均不是很大。就两种地区专业化同区域发展总体水平的相关系数来看,地区垂直专业化(0.658)比一般专业化(0.431)要高出二十多个百分点,这一结果表明,总体上来看,全球生产网络发展中所形成的地区垂直专业化对区域发展的影响作用似乎要明显大于一般专业化。再就分地区考察情况来看,大致也是如此,垂直专业化和区域发展之间的相关系数均显著高于一般专业化。这里还注意到,相对于变量 ptrade 和 lqtrade,变量 pvstrade 和 lqvstrade 之间的相关系数值要大得多,这也就从相关性角度反映了全球生产网络发展过程中,我国各地区垂直专业化和垂直专业化贸易之间较为紧密的联系。

表5.3针对总体和三大区域的计量分析结果中,方程Ⅰ和方程Ⅱ对应数据均为按照前面设定方程(1)和方程(2)得到的回归结果,方程Ⅲ为仅保留垂直专业化指数的回归结果。从全国总体情况来看,各变量系数符号均与预期相符,并至少在5%水平上通过了显著性检验,所有方程均具有较好拟合度,表明回归结果还是具有较好解释能力的。由于各变量具体衡量方法不同,因此,这里不能直接比较同一方程中各变量回归系数的大小,但是对分区域考察的同一方程中的各个变量,还是可以直接进行横向比较的。

表5.3 垂直专业化对全国和东部地区的影响分析

	全国			东部		
	方程Ⅰ	方程Ⅱ	方程Ⅲ	方程Ⅰ	方程Ⅱ	方程Ⅲ
pvstrade	0.079*** (3.06)			0.22*** (10.78)		
lqvstrade	0.164*** (6.53)		0.207*** (9.03)	0.076** (2.01)		0.305*** (10.69)
ptrade		0.36*** (18.17)			0.413*** (23.96)	
lqtrade		0.154*** (9.71)			0.076*** (3.05)	
_cons	8.714*** (51.37)	6.509*** (46.32)	9.199*** (183.54)	7.847*** (51.58)	6.187*** (50.54)	9.344*** (182.31)
R^2	0.911	0.924	0.915	0.67	0.823	0.563

续表

	全国			东部		
	方程Ⅰ	方程Ⅱ	方程Ⅲ	方程Ⅰ	方程Ⅱ	方程Ⅲ
拟合检验	86.78***	719.11***	81.57***	198.89***	627.95***	114.35***
样本量	406	406	406	154	154	154

注：***、**和*分别表示在1%、5%和10%水平上显著；_cons为常数项。

通过方程Ⅰ，先就垂直专业化(lqvstrade)对区域发展的影响来看，结果多少有些出乎意料。东部地区影响作用要显著小于中部和西部地区，垂直专业化对西部地区发展的影响作用最大。按照4.3节的分析结论，地区垂直专业化发展水平最高的是东部地区，从直观上理解，地区垂直专业化水平对东部地区影响最大，但实际上这却与此处的分析结果存在着很大差异。即便考虑到方程Ⅰ的回归结果可能存在的多重共线性影响（变量lqvstrade和pvstrade之间的相关系数平均在50%以上），而在方程Ⅲ中对垂直专业化影响作用单独加以考察，结果基本上也没有发生根本性改变。西部地区的影响作用仍然是最大的，只不过这里中部地区的影响作用略微变得小于东部地区。诚然，东部地区无论从参与全球生产网络的范围、程度还是规模上来说，都较中西部地区具有绝对优势，但是在进一步发展过程中，受限于外部发达国家所主导的全球生产网络对生产价值链的控制，东部地区垂直专业化发展面临着结构调整升级困难和成本上升等多重压力，在现阶段，其垂直专业化发展已经饱和，而完全依靠其自身来改进还存在着很大困难。另一方面，从技术角度来说，由于在这里的分析中，所有变量均以对数形式进入回归方程，因此所得到的回归系数是弹性值，其最终反映的是相关因素的边际影响作用。基于上述分析，这里的结果实际上表明垂直专业化对东部地区发展的边际影响作用随着时间推移是在不断降低的。相比较而言，中西部地区，特别是西部地区正处于参与全球生产网络的起步阶段，因此垂直专业化对西部地区的边际影响作用是最大的。可以预见，随着西部地区对外开放水平的进一步上升，这种影响作用还会得到释放。就中部地区而言，受东部极化效应和区域间较大发展环境差异影响，其发展相对还是比较缓慢的，这也是西部地区在进一步发展中可能会遇到的问题。

就方程Ⅱ中一般专业化对三大区域发展影响作用的分析结果来看，其对中部地区的边际影响作用最大，其次是东部地区，而对西部地区影响最小，和上面垂直专业化考察情况截然不同。结合4.3节中的一般专业化地区分布情况可见，中部地区不仅一般专业化整体水平当前是最高的，且其边际影响作用也是最大的。由此可以认为,一般专业化对中部地区发展的正向影响作用目前还是处于一个显著上升时期。而在西部地区,由这里的分析实际可见,一般专业化对该区域发展的边际影响作用已经开始出现衰退迹象。

表5.4 垂直专业化对中西部地区的影响分析

	中部			西部		
	方程Ⅰ	方程Ⅱ	方程Ⅲ	方程Ⅰ	方程Ⅱ	方程Ⅲ
pvstrade	0.197*** (8.19)			0.218*** (11.12)		
lqvstrade	0.11** (2.28)		0.295*** (7.17)	0.166*** (5.64)		0.359*** (12.77)
ptrade		0.376*** (12.58)			0.395*** (22.07)	
lqtrade		0.091* (1.91)			0.056** (2.13)	
_cons	7.905*** (47.67)	6.403*** (33.48)	9.195*** (156.47)	8.058*** (64.91)	6.439*** (51.79)	9.421*** (284.78)
R^2	0.542	0.586	0.603	0.79	0.85	0.801
拟合检验	146.77***	158.34***	51.43***	419.76***	563.93***	163.12***
样本量	126	126	126	126	126	126

注:***、**和*分别表示在1%、5%和10%水平上显著;_cons为常数项。

根据理论模型,前面的一般分析中,所有方程的回归结果都具有较好的拟合度,但是由于没有考虑相关控制变量影响,因此分析结果中两种专业化影响的稳定性还值得商榷。下面通过动态面板数据(DPD)分析方法来解决这一问题。该方法的基本思想就是在自变量中,除了重点考虑两种专业化影响作用外,还增加了滞后一期因变量,即滞后一期人均GDP,以此来代替所有其他因素影响。该方法所使用的差分处理进一步将一般回归分析中隐含在残差项中的一些因素的影响作用给消除了。

从现存文献来看,动态面板数据模型最大的困难体现在估计的技术方面。由于该方法存在着作为解释变量的因变量滞后项,从而导致解释变量与随机扰动项之间出现相关性问题(即解释变量的内生性问题)。因此,如果应用标准随机效应或者固定效应对动态面板数据模型进行估计,必将导致估计量的非一致性,基于估计结果所产生的经济含义也必定是扭曲的。为解决这一问题,Arellano和Bond(1991)、Blundell和Bond(1998)提出了广义矩估计(GMM)方法。

应用该方法的一个关键技术问题就是工具变量的选择,而对各变量进行一阶差分的主要目的就是选取合适的工具变量和产生相应的矩条件方程。这里解释变量 $D(pgdp_{-1})$ 和随机扰动项相关,为解决这种相关性,在估计中,我们用对数化处理过的滞后两期人均 GDP 作为 $D(pgdp_{-1})$ 的工具变量。相对此处的考察变量个数来说,样本的大样本性质(Arellano,Bond,1991;Blundell,Bond,1998)使得我们最终选择了两步广义矩估计方法。针对总体的分析结果和检验指标情况如表 5.5 所示。

表 5.5 GMM 方法估计结果[被解释变量为 D(pgdp)]

变量	方程Ⅰ 系数	方程Ⅰ z 值	方程Ⅱ 系数	方程Ⅱ z 值
$D(pgdp_{-1})$	0.919***	148.82	0.921***	178.41
$D(lqtrade)$	−0.02***	−6.49		
$D(lqtrade_{-1})$	0.033***	9.06		
$D(lqvstrade)$			−0.008	−2.88
$D(lqvstrade_{-1})$			0.021**	7.5
_cons	0.011***	8.77	0.011***	9.56
Sargan 值	28.91		28.95	
ar(1)/Prob 值	−3.64(0.0003)		−3.53(0.0004)	
ar(2)/Prob 值	0.01(0.991)		−0.18(0.858)	
拟合检验	69 263.79***		46 671.14***	
样本量	319		319	

注:***、**和*分别表示在 1%、5%和 10%水平上显著;D 表示对变量做差分处理,下标−1 表示对变量的滞后一期处理;_cons 为常数项;括号中数据为检验指标相伴概率。

首先,从检验指标来看,两个方程的 Sargan 统计量均表明,系统广义矩估计方法中所使用的工具变量是可靠的,因此系统矩估计量也是可靠的。对于动态面板回归,经过差分转换后的残差一定有一阶序列相关性,但如果没有二阶序列相关性,则可断定原假设成立。从这里差分转换后方程的一阶和二阶序列相关系数 ar(1)、ar(2)来看,均满足上述条件,表明已消除自相关性对回归结果的影响。系统方程卡方检验值也在 1%水平上通过了显著性检验。

从具体结果来看,变量 $D(pgdp_{-1})$ 回归系数显著为正,这表明一个区域当前的经济发展很大程度上依赖于区域早期的经济发展,该区域具有较强的自我强化功能。重点就一般专业化和垂直专业化发展影响作用来看,一般专业化当期影响作用显著为负,垂直专业化当期影响作用虽为负但并不显著。两种专业化滞后一期结果都显著为正,且正是由于滞后一期正向影响作用更大,才使得两种专业化当期与滞后一期系数和所体现的总体影响表现为促进作用。其中,一般专业化贸易专业化总体影响只有 0.013,而垂直专业化总体影响则高达 0.021(由于其当期差分影响作用未通过显著性检验,因此未加以考虑)。

总之,由此分析最终可见,尽管前面的总体和分地区一般考察结果中并没有考虑相关控制变量,但这里的动态面板回归分析用因变量滞后项代替了未考察的控制变量综合影响;更重要的是,这里的分析仍然表明两种地区专业化的影响作用是显著存在的,且垂直专业化的影响作用要明显大于一般专业化,分析结果具有很好的稳定性。

5.5 考虑空间因素的分析

5.5.1 空间面板方法介绍

不同地区之间的经济发展具有空间上的相互依赖性[①],忽略区域发展之间的这种差异性将导致结果不可靠。按照空间经济学理论观点,空间单位的异质性会产生空间效应在区域层面上的非均一性(Anselin,2002)。空间相关性主要来自两个方面:一方面,不同地区经济变量样本数据的采集可能存在空间上的测量误差;另一方面,相邻地区间的经济联系客观存在,尤其是在区域经济一体化和经济全球化发展的今天,地区之间的经济联系相对来说已经变得更加密切。有鉴于此,实证研究必须对这种空间因素予以考虑。

实际刻画变量之间空间相关性的时候,存在着两种基本模型:一种是建立变量 y 与其因变量滞后项 W_y 的函数关系,称为空间滞后模型(Spatial Auto-regressive Mode,SAR),指一个地区的样本观测值与其他地区的观测值相关。观

---

① 空间依赖性(spatial dependence)可以定义为观测值及区位的一致性(Anselin,2002)。当相邻地区随机变量的高值或低值在空间上出现集聚倾向时空间相关性为正。

测值在空间上缺乏独立性,空间相关程度及模式由绝对位置和相对位置(布局,距离)决定。具体表达形式如下:

$$空间滞后模型(SAR):y=X\beta+\rho W_y+\varepsilon \qquad (5-13)$$

如果区域经济发展存在空间相互作用,那么空间自回归系数 ρ 一定显著异于0,但 ρ 大于0还是小于0,在理论上还无法做出预测,其绝对值大小反映了临近地区经济发展对本地区经济发展的相对影响作用。

另一种是建立误差项 ε 与其空间滞后误差项 W_ε 之间的函数关系,称为空间误差模型(Spatial Error Model,SEM)。具体表达形式如下:

$$空间误差模型(SEM):y=X\beta+\varepsilon,\varepsilon=\lambda W\varepsilon+\mu \qquad (5-14)$$

如果这里的空间误差自相关系数 λ 显著不为0,则表明存在的其他潜在因素构成了残差项并影响着不同区域之间的经济发展。以上两个方程中其他变量的含义如下:y 均为因变量,X 均为自变量向量,β 为变量系数,ε 和 μ 为随机误差项,W 为 $n\times n$ 空间权重矩阵。

为了估计方程,还需要对权重矩阵进行赋值。从理论上来说,空间权重矩阵 W 中的元素最好与方程中其他参数一样,可通过估计得到。但实际操作中,由于自由度不够,其无法利用数据和模型生成。W 必须根据空间模型的经济含义事先设定(卢洪友,2007)。根据 Anselin 等人(1996)的研究,空间距离往往是影响资源流动的重要因素,劳动力的流动会受地域文化和迁移成本影响,从而表现出地域性特征,而且资本同样会因产业聚集效应向同一地区流动。为此,我们首先采用空间距离作为确定权重矩阵的一个基准,以得到单二分空间权重矩阵 W_1。其遵循的判定规则是 Rook 相邻规则,即两个地区拥有共同边界则视为相邻。具体设定方式如下:主对角线上的元素为0,如果 i 地区与 j 地区相邻,则 W_{ij} 为1,否则为0。和地理距离权重相对应,我们同时构建了经济权重矩阵 W_2,该矩阵主要依据两个地区人均 GDP 差距的倒数来设置,两个地区之间收入差距越小,则经济水平越相近,赋予的权数就较大;反之,则赋予较小权数(林光平等,2005)。

在具体分析方法上,以往很多研究主要利用横截面数据估计模型,然而,横截面数据分析方法存在的主要问题就是忽略了各个主体间的差异,也没有考虑时间影响。而将面板数据引入空间模型进行估计,不仅可以克服截面数据的诸多缺点,增大自由度,更提高了估计精度。根据已有文献,在进行具有空间相关性的参数估计时,主要采用最大似然估计(MLM)和广义空间两阶段最小二乘法(GS2SLS)。虽然两种方法都可以用于估计,但相对于后者,最大似然估计保证了估计值的无偏和有效性(李永友和沈坤荣,2008)。

5.5.2 变量选择和结果

在进一步分析中,我们重点考虑了空间相互作用情况下,垂直专业化对区域发展的影响。对相关控制变量的选择和处理情况如下:(1)从业人员(worker),用各地区年底从业人员总数表示,该指标衡量并控制了一个地区劳动力供给状况对区域发展的影响作用。(2)固定资产投资(capital),用各地区消除价格因素的固定资产投资总额表示,具体处理方法同5.2节。该指标度量并控制了基础投资对区域发展的影响,预期该变量符号为正。(3)教育水平(hum_high、hum_low),该指标用来衡量并控制高素质劳动力对区域发展的影响。这里选择了高等学校在校学生数占总人口比例以及中学在校学生数占总人口比例,以此体现不同层次结构人才影响的差异性。(4)基础设施(traffic),用每万平方公里公路线路长度表示,以此衡量并控制基础设施投资影响作用。(5)制度因素(policy),对制度环境改善对区域发展的影响作用很多文献都有研究,这里我们用地方财政支出占GDP比重表示。相应比值越大,表明地方政府在经济发展中代替市场发挥资源配置作用的可能性越高,在政府相对市场总体效率偏低假设下,预期该变量符号为负。实际回归前,对所有变量均做对数化处理。限于篇幅,这里没有再给出所有变量的描述性统计和相关性分析。

为通过比较体现空间计量模型相对更好的回归结果,表5.6首先给出了普通最小二乘(OLS)回归和控制了三大区域地理差异的虚拟最小二乘(LSVD)回归结果。比较而言,由于控制了地理差异,LSVD回归结果中,垂直专业化的影响作用显著提高(由0.028到0.038)。其他相关变量系数值也都有了不同程度的变化,但总体而言,各变量回归系数符号大多与预期一致。但是,考虑到空间事物无关联及均质性假定的局限,以及OLS回归结果普遍忽视空间效应,可以预见,此处结果中可能存在着模型设定偏差问题,由此得出的结果和推论也不完整、不科学,缺乏较强的解释力。下面进一步采用空间面板方法进行回归。

表 5.6　OLS 和 LSVD 回归结果

	OLS 回归		LSVD 回归	
	系数	T 值	系数	T 值
lqvstrade	0.028*	1.7	0.038*	1.68
worker	−0.69***	−28.47	−0.611***	−18.62
capital	0.713***	28.03	0.669***	21.43
hum_high	0.082***	2.97	0.093***	3.15
hum_low	−0.007	−0.12	0.003	0.05
traffic	0.067***	4.35	0.012	0.62
policy	−0.241***	−6.91	−0.067	−1.37
_cons	7.862***	23.74	8.169	21.55***
F 检验值	720.62***		523.03***	
R^2	0.927		0.928	
调整 R^2	0.926		0.926	
样本量	406		406	

注：***、**和*分别表示在1%、5%和10%水平上显著；_cons 为常数项。

基于地理权重的空间面板回归结果中，由于考察的截面单位是总体的所有单位，考虑到三大区域地理特定效应对目标变量区域分布可能具有的影响作用，我们在分析中多次采用了面板数据固定效应模型。同时，在控制时间差异影响后，最终得到不同情况组合下的空间自回归和空间误差修正模型分析结果共三组六个方程。而在进一步同时控制地区和时间差异后，又得到了第四组回归结果。总体来看，无论是空间自回归模型还是空间误差修正模型，回归系数符号都一致，表明两个模型在解释区域发展影响因素方面的差异并不是很大。

表 5.7　基于地理权重的空间面板回归结果

	SAR_I	SEM_I	SAR_II	SEM_II	SAR_III	SEM_III	SAR_IV	SEM_IV
lqvstrade	0.039** (2.524)	0.044*** (3.432)	−0.014 (−1.234)	−0.01 (−1.668)	0.046*** (2.863)	0.041*** (2.599)	−0.004 (−0.374)	0.005 (0.297)
worker	−0.643*** (−26.138)	−0.632*** (−28.025)	0.203** (2.105)	0.093* (1.735)	−0.655*** (−26.818)	−0.705*** (−27.092)	0.413*** (4.067)	0.995*** (7.219)
capital	0.673*** (26.374)	0.698*** (30.653)	0.349*** (12.962)	0.243*** (14.85)	0.689*** (27.741)	0.758*** (29.001)	0.415*** (17.648)	0.681*** (18.88)
hum_high	0.069*** (2.642)	0.085*** (3.243)	0.100*** (3.49)	0.074*** (2.677)	0.04 (1.519)	0.043 (1.472)	0.016 (0.634)	0.002 (0.061)

续表

	SAR_Ⅰ	SEM_Ⅰ	SAR_Ⅱ	SEM_Ⅱ	SAR_Ⅲ	SEM_Ⅲ	SAR_Ⅳ	SEM_Ⅳ
hum_low	−0.081 (−1.535)	−0.154*** (−2.68)	0.137*** (2.915)	−0.041 (−1.23)	−0.043 (−0.812)	0.005 (0.082)	0.261*** (5.567)	0.361*** (4.838)
traffic	0.042*** (2.714)	0.046*** (2.755)	0.072*** (2.793)	0.014 (0.797)	0.029* (1.857)	0.054*** (2.959)	0.025 (1.095)	0.071** (2.222)
policy	−0.233*** (−7.199)	−0.095** (−2.477)	−0.267*** (−5.987)	−0.189*** (−6.549)	−0.241*** (−7.041)	−0.154*** (−3.857)	−0.341*** (−8.189)	−0.4*** (−6.431)
_cons	7.428*** (22.244)	8.958*** (24.118)						
ρ/λ	0.125*** (4.213)	0.628*** (16.002)	0.358*** (9.2)	0.954*** (123.156)	0.157*** (7.777)	0.457*** (9.3)	0.403*** (29.69)	0.601*** (14.658)
Region	No	No	Yes	Yes	No	No	Yes	Yes
Year	No	No	No	No	Yes	Yes	Yes	Yes
LogL值	115.176	151.931	369.18	554.886	10.715	69.912	−828.141	209.824
R^2	0.936	0.952	0.982	0.995	0.925	0.924	0.98	0.964
调整R^2	0.935	0.951	0.98	0.995	0.921	0.92	0.977	0.959
样本量	406	406	406	406	406	406	406	406

注：***、**和*分别表示在1%、5%和10%水平上显著；_cons为常数项；Yes表示考虑了地理或者时间虚拟变量；No表示没有考虑相应的虚拟变量。

具体来看，SAR_Ⅰ和SEM_Ⅰ为没有考虑地理和时间虚拟变量情况下的回归结果，和前面的OLS、LSVD回归相比，由于考虑了区域经济发展的空间依赖性，最终结果中，垂直专业化(lqvstrade)的影响作用不仅显著为正，且其相对影响作用也比前面两种回归方法有所提高。其他控制变量也大多至少在5%水平上通过了显著性检验，系数符号与理论预期相符合。从这里的空间相关系数来看，ρ在1%水平上通过了显著性检验且为正，表明各区域自身经济发展对周边地区经济发展还是存在着显著正向影响作用的；λ也在1%水平上通过了显著性检验且为正，说明还有其他一些因素对区域经济发展存在着影响作用。但在实际分析中，并没有也不可能考虑所有变量。而从回归方程拟合情况来看，未考虑因素的影响作用并不是最重要的。

这里的分析还有值得注意的是，相对第一组分析结果，由于SAR_Ⅱ和SEM_Ⅱ、SAR_Ⅲ和SEM_Ⅲ、SAR_Ⅳ和SEM_Ⅳ分别为只考虑地区差异、时间差异以及同时考率地区和时间差异下的分析结果，在进一步分别控制了空间和时间固定效应后，空间相关性程度不仅仍然显著，而且在仅控制地区差异的情况下，这种影响作用变得更大，体现了中国区域经济增长存在的明显空间相关性。与此形成鲜明对比的是,只要控制了地区差异因素,垂直专业化影响就变得不再显著,而如果仅仅考虑时间差异,垂直专业化影响还是很显著的。这很好地说明了全球生产网络发展过程中,垂直专业化对区域发展的影响作用更主要体现在三大区域相对发展差异层面上,即在比较不同区域之间影响作用的时候,这种影响作用才更明显地表现出来。

表5.8 基于经济权重的空间面板回归结果

	SAR_I	SEM_I	SAR_II	SEM_II	SAR_III	SEM_III	SAR_IV	SEM_IV
lqvstrade	0.038** (2.483)	0.011 (0.834)	−0.008 (−0.799)	0.001 (0.159)	0.049*** (3.169)	0.007 (0.439)	0.001 (0.066)	−0.001 (−0.082)
worker	−0.67*** (−29.599)	−0.668*** (−35.096)	0.093 (1.048)	−0.021 (−0.369)	−0.68*** (−29.954)	−0.714*** (−31.55)	0.277*** (3.035)	0.728*** (5.139)
capital	0.668*** (26.215)	0.679*** (32.039)	0.312*** (12.691)	0.198*** (11.633)	0.671*** (28.032)	0.745*** (31.736)	0.369*** (17.565)	0.612*** (17.617)
hum_high	0.077*** (3.033)	0.122*** (5.483)	0.084*** (3.06)	0.107*** (4.079)	0.055** (2.152)	0.081*** (3.142)	0.013 (0.59)	0.137*** (3.823)
hum_low	−0.072 (−1.384)	−0.094* (−1.836)	0.092** (2.141)	−0.108*** (−3.708)	−0.036 (−0.696)	0.033 (0.626)	0.198*** (4.635)	0.159** (2.335)
traffic	0.053*** (3.653)	0.036*** (3.014)	0.066*** (2.801)	0.05*** (2.785)	0.04*** (2.729)	0.046*** (3.238)	0.019 (0.951)	0.088** (2.533)
policy	−0.333*** (−8.785)	−0.298*** (−8.717)	−0.23*** (−5.645)	−0.175*** (−5.296)	−0.371*** (−11.012)	−0.258*** (−7.737)	−0.29*** (−7.719)	−0.483*** (−7.603)
_cons	6.992*** (18.979)	8.5*** (26.478)						
ρ/λ	0.158*** (4.465)	0.726*** (20.048)	0.456*** (11.612)	0.964*** (198.326)	0.216*** (10.57)	0.581*** (11.377)	0.496*** (39.04)	0.623*** (13.228)
Region	No	No	Yes	Yes	No	No	Yes	Yes
Year	No	No	No	No	Yes	Yes	Yes	Yes
LogL值	119.676	165.713	405.378	527.348	−14.150	83.749	−1 357.413	196.302
R^2	0.937	0.955	0.985	0.994	0.930	0.930	0.984	0.960
调整R^2	0.936	0.954	0.984	0.993	0.926	0.926	0.981	0.955
样本量	406	406	406	406	406	406	406	406

注:***、**和*分别表示在1%、5%和10%水平上显著;_cons为常数项;Yes表示考虑了地理或者时间虚拟变量;No表示没有考虑相应的虚拟变量。

总之,基于经济权重的空间面板回归结果中,总体回归情况和前面基于地理权重的回归结果基本一致,且空间自回归系数 ρ 和空间误差自相关系数 λ 值进一步得到了提高,相应的拟合优度也略有提高。总体而言,两种权重方法所得到的回归结果均表明,考虑空间依赖性是重要的,而在控制了这方面因素的情况下,垂直专业化对区域发展的影响作用依然显著存在。但是在控制了三大区域发展差异后,垂直专业化对区域发展的整体影响作用均变得不再显著,表明了这种影响作用的相对性。

5.6 本章小结

本章建立在地区专业化对区域经济发展影响的理论分析基础上,我们通过将其与传统产业间、产业内分工贸易格局下所形成的一般专业化对区域发展影响作用的比较,从总体和分区域角度重点关注了地区垂直专业化对区域经济发展的影响。从中得出如下重要结论和启示:

一方面我国区域发展差异主要还是体现在东、中、西部三大区域之间,另一方面,地区垂直专业化的边际影响作用则是中西部要明显高于东部地区。这表明,尽管东部地区对外开放和垂直专业化水平是最高的,但现实中,其也还是面临着进一步深化发展的诸多限制,如区域劳动力成本上升、环境恶化以及不断加大的外部竞争压力。对于中西部地区来说,其发展也存在着诸多不利因素,如相对东部地区来说,其对外开放、参与国际分工的水平和程度都要低得多。显然,这些困境仅靠各地区自身是很难彻底改变的。因此,必须加强区域之间的分工合作。

具体来说,在全球生产网络发展所形成的产品内分工贸易格局下,东部地区可以通过转移劳动力密集型产业和生产活动,进一步提升垂直专业化能力,并由此带动区域产业结构高级化和经济增长方式的更快转变;中西部地区则可以通过对东部地区劳动密集型产业和生产活动的承接,大力促进区域内垂直专业化能力的形成和发展,进而改变传统经济发展模式。通过这种策略最终形成东、中、西部三大区域之间基于产品内分工的利益共享格局。

第六章 地区专业化发展和全要素生产率研究

一个地区的经济发展需要不断增加要素投入,我国这么多年来的经济增长即与大规模投资有着密切联系。但整体粗放型经济增长模式也导致了经济增长的高投入、高消耗和高污染等问题。近年来,我国经济发展面临越来越突出的自然资源和环境资源压力,为了保持经济的可持续增长,人们开始强调生产率或者说效率提升对区域经济发展的重要作用。对于究竟如何提高区域生产率,可以说发展建议不一而足。本章在前文的考察基础上,仍然通过对比研究,重点关注了体现全球生产网络发展特点的地区垂直专业化对区域全要素生产率发展的影响。

6.1 全要素生产率和区域发展研究

6.1.1 全要素生产率内涵

全要素生产率(Total Factor Productivity,TFP),又称为总要素生产率或总和要素生产率,其是衡量一个地区或行业的经济运行状况,反映技术进步、技术效率等方面水平的综合指标,是产出量与投入量的比例或所有要素投入的某种加权平均,反映在经济增长贡献上,表现为不能由要素投入增长来解释的产出增长部分。

对于全要素生产率概念,其中最重要的是对"全要素"的理解。对此不同学者有不同的认识。有的学者认为,全要素生产率指所有投入要素带来的产出增长率;有的学者认为,研究全要素生产率应当将全要素生产率与劳动、资本这两大生产要素独立开来;也有一部分学者认为,全要素生产率应当是除去资本、劳动、技术进步、教育、管理等投入要素影响之后,生产率变化中所剩余的部分。最后一种理解的应用相对更广泛,继19世纪20年代柯布和道格拉斯研究投入与产出的关系及40年代丁伯根对生产函数所做的研究之后,美国经济学家罗伯特·索洛第一次将技术进步因素纳入经济增长模型。他将人均产出增长扣除资本集约程度增长后的未被解释部分归为技术进步的结果,称其为技术进步率,即"增长余值"或"索洛余值"。肯得里克在1961年出版的《美国的生产率增长趋势》一书中,把全要素生产率定义为"经济增长中不能被要素投入增长解释的部分",即"增长余值"。

对于为何此处均用一种否定的表述来定义这个概念,研究者们认为,这需要从全要素生产率和技术进步之间密切的关系谈起。现实中,技术进步的形态是多样的,原因也非常复杂,既可能是企业管理水平的提高,也可能是工人使用了更先进的资本设备或者工人知识技能的提高。同时,各种各样的技术进步既可能导致劳动生产率的提高,也有可能导致资本生产率的提高,而这两者的提高都能够导致全要素生产率的提高。当人们不仔细区分到底是什么原因引起了哪方面资源利用效率提高时,就可以笼统地说成"技术进步导致了生产率提高"。全要素生产率这个概念其实就是用于定量地说明这样一个普遍化的事实。众所周知,技术进步导致了生产效率提高,技术进步是经济增长的源泉,但唯有通过全要素生产率这个概念,才能将技术进步对经济增长的作用量化。因此可以说,全要素生产率这个概念的价值在于它能将纷繁复杂的技术进步形态所导致的资源利用效率改善程度浓缩到一个简单的一维数据中,从而实现对经济增长效率这个宏观经济事实的高度抽象与概括。全要素生产率的上述优点其实也是其缺点。它不区分技术进步的形态,不考虑提高的是哪类资源的利用效率,虽然这有利于宏观总量数据的获得,但也意味着会失去对经济增长中存在的结构性问题进行分析的能力。当经济增长本身是良性的、可持续的时候,用全要素生产率评估技术进步在经济增长中所起的作用是没有问题的,但当经济增长本身存在着结构性问题,可能不可持续时,全要素生产率概念就难以显出它的价值来了。

对全要素生产率的理解,另一点值得注意的就是,虽然它是一个高度抽象的概念,但是在实际考察过程中,人们还是对其所体现的内容做了分解。具体来说,人们认为全要素生产率的增长一般可分解为技术进步、技术效率变化、规模效率变化和资源投入配置效率变化等。其中最重要的是技术进步和技术效率变化。技术进步指在保持投入不变的情况下,前沿技术下产出的额外增长率。这里,技术进步是一个广泛的概念,不仅包括技术、工艺的创新和引进,而且包括制度改革所带来的红利以及宏观经济的波动性。技术效率概念最早是Farell 于1957年提出来的,指在一组给定投入要素不变的情况下,一个企业的实际产出与一个假设同样投入情况下的最大产出之比,因而技术效率是一个相对概念。它反映了实际产出水平与技术前沿的差距,缩小实际产出与前沿产出间的距离可以提高生产率水平。从区域发展角度来说,如果大多数地区跟不上前沿技术推进,导致地区间的技术效率差距拉大,整体技术效率水平就会下降;相反,若前沿技术向前大幅推进的同时,大多数地区都及时跟进,整体技术效率水平就会上升,生产率能因此得到提高。

6.1.2 全要素生产率和区域发展研究

Solow(1957)曾指出,技术进步是经济持久增长的源泉,他同时还强调资本积累是经济增长收敛的重要原因;而内生经济增长理论的代表人物Romer(1986)、Lucas(1988)等人则强调实物资本和人力资本是经济增长的主要引擎,国家或地区间的技术差距是经济收敛出现与否的关键。随着对技术进步测度研究的深入,研究者发现除了技术进步,技术效率及其变化对经济增长也有重要影响,它们已经成为经济增长理论的一个重要组成部分。随着理论观点的突破,国内外相关实证研究也开始不断出现,学者们关注的两个主要方面,一个是全要素生产率发展情况及其影响因素,另一个是全要素生产率和区域经济或者产业发展的关系。由于针对我国具体情况的研究已经较全面反映了我国全要素生产率发展的各个方面,因此,这里不再重复类似工作,而是通过对既有重要文献研究结论和观点进行评述,来概括我国全要素生产率发展特点及其对区域发展的重要影响,并以此凸显从垂直专业化角度研究其和区域全要素生产率发展之间关系的意义。

首先,就对我国地区全要素生产率发展进行研究的相关文献来看,大多数文献侧重从区域整体层面进行考察,依照所研究区域范围大小的顺序来看,王志刚等人(2006)的研究指出,地区全要素生产率的增长主要来自技术进步率,而生产效率的变化率贡献不大,规模效率的贡献非常小。平均来说,东部地区生产效率的变化率最大,中部最小;中部地区技术进步率最大,西部次之,东部最小。全要素生产率增长率在20世纪90年代中期以后明显减小,直到2001年开始回升。李双杰和左宝祥(2008)分析认为,实施西部大开发战略后,我国东部地区全要素生产率发展呈现一种相对下降趋势;我国西部地区全要素生产率呈现出一种相对上升趋势,这种上升的趋势要好于东部地区的下降趋势。白仲林和尹长斌(2008)采用基于面板数据的SUR模型,估计了28个省份的1978—2005年全要素生产率。分析发现,除吉林和黑龙江两省外,其他26个省区市的全要素生产率变化存在着有区别的确定性趋势因素。另外,他们还利用马尔可夫链分析了全要素生产率增长率的动态行为,发现全要素生产率增长率的长期演化总体上存在回归趋同态势。米运生和易秋霖(2008)通过系统性分析发现,从珠三角、长三角到环渤海地区以全要素生产率度量的经济增长质量依此递减。李雪松等人(2017)利用超效率DEA模型以及Malmquist指数方法,对长江经济带2000—2014年经济增长的总体效率水平以及全要素生产率分解进行了比较分析,结果显示长三角城市群与长江中游城市群的全要素生产率在波动上升,技术进步对全要素生产率的贡献大于技术效率;成渝、滇中和黔中三个西部城市群则相反,其技术效率对全要素生产效率的贡献高于技术进步。张小蒂和李晓钟(2005)通过对1978—2003年统计数据的回归分析,测算了我国总体和长三角地区的全要素生产率与索洛余值。分析表明,长三角地区年均全要素生产率及其年均索洛余值均高于全国平均水平。金相郁(2006)则利用Malmquist指数考察了中国41个主要城市1990—2003年城市全要素生产率的动态变化。分析发现,虽然有些城市的全要素生产率有所提高,但是其规模效率却下降了,表明城市的生产效率未达到最佳规模状态。分析还发现,城市规模增长和城市全要素生产率之间具有负相关关系。除了从区域整体角度进行考察外,还有部分文献集中讨论了地区工业行业全要素生产率发展情况。如沈能(2006)用基于非参数的Malmquist指数方法,研究了1985—2003年中国制造业全要素生产率,发现:TFP年均增长主要得益于技术进步水平的提高,而技术效率变化反而会产生负面影响;东、中、西部地区制造业TFP以及技术进步增长率差距呈发散趋势,地区TFP差距持续扩大,这很大程度上可由地区技术进步程度的差异来解释。吕宏芬和刘斯敖(2012)基于我国29个省区市和17个制造行业的面板数据,考察了产业集聚变迁对全要素生产率的影响。结果表明我国东部地区呈现多样化与专业化集聚均衡发展的特征,而中西部地区则具有相对较高的专业化集聚水平;东部地区全要素生产率增长较快,中西部地区相对滞后。宫俊涛等人(2008)基于1987—2005年28个省市制造业面板数据的研究表明,分析期内制造业生产要素结构经历了一个资本相对密集化过程,制造业省际全要素生产率增长来源于技术进步,技术效率变化为负。全要素生产率在1988—1990年和1994—1997年两个时间段出现了负增长,1987—2002年全要素生产率总体上没有增长。李汝资等人(2017)运用DEA-BCC模型、Malmquist指数探讨了中国三次产业静态综合效率与动态全要素生产率的部门与区域变动情况,并基于DEA-Tobit两阶段分析框架探究了中国不同地区三次产业经济效率变动的影响因素。他们的研究表明中国三次产业具备一定的静态规模效率,但仍有待优化;中国三次产业TFP在1978—2014年均有提升,但第一、二、三产业的TFP增长对其部门经济贡献率依次递减。

其次,就影响全要素生产率发展的相关因素的研究来看,两个值得重点关注的因素分别是经济全球化和人力资本。就全球经济化来看,比较有代表性的研究如下:何枫(2004)运用随机前沿分析技术研究了经济开放度对我国技术效率进步的影响。结果表明,对外经济开放度对我国技术效率增长有积极显著的贡献,其中外国直接投资的影响力度要高于国际贸易的影响。米运生和易秋霖(2008)认为,在区域整体层面上,全球化促进了TFP的提高,但在区域内,全球化对珠三角、长三角和环渤海这三大区域TFP的促进作用并不显著且无统计意义。他们指出,全球化对这三大区域经济增长的贡献主要是通过数量效应实现的,质量效应尚未成为影响区域经济差距的实质性因素。张志敏等人(2022)利用183个国家和地区的数据探讨了全球化和福利全要素生产率之间的关系。结果表明全球化对各国福利全要素生产率的积极影响呈现一致性趋势。张宇(2007)通过建立协整与误差修正模型,讨论了FDI流入对我国全要素生产率变动的影响。他分析指出,FDI流入对全要素生产率的提升不会在短期内得到体现,而更多地表现为一种长期趋势。李平和鲁婧颉(2006)则认为,进口贸易对中国东、中、西部地区技术进步发挥着重要作用,尤其是中部。就人力资本影响作用来看,李胜文和李大胜(2006)基于1990—2004年省际数据研究发现,人均资本存量和研发投入(R&D)下降是导致我国TFP下降的主要原因。彭国华(2007)对1982—2004年我国28个省区市面板数据进行了实证检验。结果表明,只有接受过高等教育的人力资本部分对TFP才有显著的促进作用。梁经纬等人(2022)基于世界投入产出表和世界银行数据,在测算各国全球生产网络节点中心度和全要素生产率的基础上,研究了全球生产网络对全要素生产率的影响及内在机制。结果表明,全球生产网络的节点中心度、资本强度和贸易强度均对全要素生产率具有显著的正向影响,且全球生产网络主要通过提高人力资本水平和资本化率来提升全要素生产率。华萍(2005)研究了不同教育水平对技术效率的影响。分析结果显示,大学教育对效率改善和技术进步都具有有利影响,而中小学教育对于效率改善具有不利影响,大学教育对效率改善的有利影响是通过具有大学教育水平的劳动者向更有效率的非国有企业再分配实现的。还有一些研究综合了经济全球化和人力资本两方面因素,黄先海和石东楠(2005)分析认为,通过贸易渠道溢出的国外 R&D 资本存量对我国全要素生产率的提高有明显促进作用,但这种作用相对来说要小于国内自身 R&D 资本存量的作用。分析还表明,人力资本要素通过提高创新能力间接促进了我国全要素生产率增长。张小蒂和姚瑶(2011)基于东部九省市 1995—2009 年面板数据考察了民营企业家才能对全要素生产率、效率变化和技术进步的影响。结果表明以民营企业家才能体现的人力资本对区域创新与经济增长的推动作用要显著高于一般受教育程度衡量的人力资本的作用。许和连等人(2006)在新增长理论框架下,通过一个用贸易开放度和人力资本内生化全要素生产率的估计模型,分析了人力资本在生产函数中的作用及贸易开放度和人力资本积累水平对中国全要素生产率的影响。结果表明,人力资本积累有助于提高物质资本的利用率,人力资本积累水平的提高对全要素生产率的影响比对经济增长的影响更直接,它主要通过影响全要素生产率而作用于经济增长。贸易开放度主要通过影响人力资本积累水平而影响全要素生产率。邓翔等人(2017)利用 SBM-Undesirable 模型和 Global Malmquist Luenberger 指数法测算了我国各地区全要素生产率,他们的研究进一步证实了人力资本、贸易开放对地区全要素生产率增长的正向影响。其他方面因素的研究主要有:叶裕民(2002)分析指出,经济结构变动是 TFP 提高的重要原因,而资本深化速度差异则是东、中、西部地区 TFP 水平差异的重要原因。基于粤港澳大湾区 9 个城市及 2 个特别行政区 1995—2018 年的面板数据,单婧和张文闻(2021)的研究同样发现粤港澳大湾区产业结构转换对全要素生产率具有显著的促进作用。吴玉鸣和李建霞(2006)认为,在影响我国省域工业生产率的因素中,工业资本投入是造成工业经济增长率在东、中、西部地区之间和各个省域之间存在巨大差异的主要原因;劳动生产率水平偏低是制约我国省域工业生产率提高的主要瓶颈因素。此外,地理空间因素也影响了劳动生产率、资金生产率和全要素生产率。金相郁(2007b)认为,工业总产值的规模、专业技术人员在从业人员中的比重和财政自立度是 1996—2003 年中国各区域全要素生产差异的主要解释变量。张小蒂和李晓钟(2005)针对长三角地区技术进步动力考察的分析指出,市场化、国际化取向的制度变迁非常重要。梁军和丛振楠(2018)的研究表明制造业集聚对中心城市全要素生产率增长的作用总体上并不显著,但高等级中心城市的制造业集聚能通过技术进步促进城市全要素生产率增长。

最后,就全要素生产率对我国区域发展影响作用的相关文献来看,郭庆旺等人(2005)采用 Malmquist 指数和 1979—2003 年分省数据研究发现,中国省份之间经济增长差异较大且差异有增大趋势,这主要是全要素生产率差异造成的,省份之间技术进步率差异尤为显著。总体而言,东部省份普遍存在较为显著的全要素生产率增长和技术进步,但效率提升并不明显;中西部省份普遍不存在全要素生产率增长、技术进步和效率提升。陈海涛和李成明等人(2021)基于 1998—2016 年省级面板数据,探讨了地方政府干预对省级全要素生产率影响的区域差异。结果显示,在东部地区和中部地区,地方政府干预的生产率损失明显大于西部地区;进一步分析发现,地方政府干预对全要素生产率的影响存在双重门槛效应,在经济发展水平较低的地区,地方政府干预随着经济发展对全要素生产率具有推动作用。彭国华(2005b)的分析一方面表明全要素生产率解释了我国省区市收入差距的主要原因;另一方面指出了 TFP 与收入的收敛模式具有很大相似性,全国范围内没有绝对收敛,只有条件收敛,但是 TFP 的收敛速度明显高于收入的收敛速度。他还提出:三大地区中,只有东部地区存在俱乐部收敛现象;我国 TFP 和收入的收敛模式与世界范围的 TFP 和收入收敛模式具有很大相似性。王炜和范洪敏(2016)研究发现我国全要素生产率在 1998—2012 年的平均增长率为 0.1%,其增长来源主要是技术水平提升;全要素生产率省际差异较大,而大区域表现则呈现趋同特征。刘勇(2010)利用 1998—2007 年省级面板数据对中国工业全要素生产率的变动趋势以及影响因素进行了分析。结果表明,中国工业全要素生产率在 2002 年后呈增长态势,中部地区工业全要素生产率高于东部地区,东部地区高于西部地区。王美霞和樊秀峰等人(2013)聚焦中国省会城市生产性服务业全要素生产率增长变化及收敛性的研究发现,省会城市生产性服务业 TFP 在 1995—2009 年快速增长,且增速明显高于全国以及 31 个省区市的平均水平;TFP 增长虽然存在显著区域差异,但呈收敛趋势,且部分城市已表现出较好的"追赶效应"。傅晓霞和吴利学(2006b)根据索洛余值核算,比较了要素投入和全要素生产率对改革开放以来中国地区经济发展差异的影响。他们基于 1978—2004 年省级数据的分析发现,经济差异主要来源于要素投入而非全要素生产率,前者的贡献份额大约是后者的 3 倍。但他们同时还指出,1990 年以后要素投入对地区差距的贡献正在快速下降,而全要素生产率的作用则持续提升,并将成为今后影响区域发展差距的关键因素。与此研究结论相反,吴建新(2008)采用动态分布方法研究了中国 1952—2005 年省区市劳均产出、资本积累和全要素生产率的动态分布和长期趋势。结果表明,全要素生产率是影响地区差距的主要因素,物质资本积累不是影响地区差距的重要因素,但其作用有上升趋势。涂正革(2007)研究了中国28个省市地区大中型工业增长的动力以及地区间的发展差距,发现在1995—2004年,全要素生产率增长已经成为中国大中型工业快速增长的核心动力,特别是技术进步和规模效率的改善对产出增长的贡献日渐突出;相反,要素投入对产出增长的贡献则逐渐减弱。随着中国工业经济的快速增长,TFP对缩小地区间工业发展差距的作用越来越突出。同样是对地区工业发展因素的考察,赵伟和张萃(2008)利用两位数水平中国制造业行业数据,实证考察了制造业区域集聚与全要素生产率增长之间的关系。最终结果表明,无论是数据层面分析还是经验层面检验,均表明制造业区域集聚的全要素生产率提高效应非常明显,且其主要是通过技术进步而非技术效率改善来促进全要素生产率增长。

6.2 地区专业化和全要素生产率关系

6.2.1 影响机理研究

就地区专业化发展和全要素生产率之间的关系而言,从6.1节中影响地区全要素生产率相关因素的文献综述来看,没有哪一个是明确从这样一个角度来考察的。但另一方面,正如本章开头所强调的,经济全球化发展和人力资本是影响全要素生产率的两个很重要的方面,而这两个方面均和地区垂直专业化发展有着密切联系。

首先,从地区垂直专业化和经济全球化发展关系角度看地区垂直专业化对全要素生产率的影响。在第三章中对地区垂直专业化概念做界定的时候,我们就已经明确指出,垂直专业化是一个国际分工概念,是全球生产网络发展所采取的主要分工模式。这一分工模式更具体的外在体现是不同国家和地区之间的产品内分工贸易发展和跨国公司所主导的,在全球范围内选择最合适区域进行大规模投资的活动。贸易和投资的技术溢出对一个地区全要素生产率发展的影响作用,在上文关于我国不同区域层面的相关研究中已经明确提到。实际上,当前全球化发展加快了世界范围内资金、知识和技术等流动资源的高效率配置,受其影响,国内不同区域也不断拓展与区外特别是国外的交流和合作。对外知识交流和国内外组织结构之间的合作,使得本地知识存量不断增加。正像 Grossman 和 Helpman(1991)认为的那样,国际贸易量越大,区域将更有机会与更多的人进行交流,从而在信息知识交换过程中获得新的知识、观点和启示。进口产品的数量越多,本地研究人员越可以发现新知识,可以进行模仿创新或增值创新。而产品出口时,国外客商会对产品样式乃至生产过程提出更好的建议,这些好的建议也是知识、产品创新中非常有价值的投入,能进一步促进产品创新,扩大产品出口数量,乃至提高区域经济发展的绩效。

其次,从纯经济学角度来看,经济学厂商利润最大化原理可以说很好诠释了与地区垂直专业化发展有着密切关联的双边贸易发展所导致的技术转移、技术扩散以及区域技术进步的动力机制。具体来说,为了使发展中国家和地区零部件生产企业的产品合乎要求,生产活动能顺利实现,向中间品生产商转移技术是必需的。这里可能出现的情况大致有两种。一种情况:假设技术由发达国家转移到发展中国家和地区时,技术只是局限于接受垂直专业化生产活动的企业内部,并没有发生溢出,也就是说,企业处于垄断地位。此时,中间品市场没有足够的竞争压力,但是根据伯川德同质产品竞争理论,均衡情况下,生产成本较高的企业会在市场竞争中出局,这就意味着最初的中间品供应商为了阻止其他企业进入,索取的价格自然会稍高于边际成本。同时,国际市场对于中间品生产企业是封闭的,其唯一的销售渠道是通过参与产品链上的生产间接地把产品打入海外市场,而且中间品生产企业对技术是没有控制力的,如果其定价超过了发包商的预期就会失去合作生产关系,所以中间品生产商的售价是有约束条件的。正因为如此,发包商总是能实现其利润最大化的目标。在这种情况下,技术转移是双赢的。另一种更为普遍的情况:当技术转移到发展中国家和地区时,会逐步渗透到该市场中的其他企业。当更多企业进入同质零部件生产时,上游市场就会形成激烈竞争,从而降低了零部件供应价格。可以说,市场价格随着企业数目的增加而降低,当企业数目达到相当数量时,市场近乎达到完全竞争。所以,当技术发生外溢,吸引很多同类中间品生产企业进入市场时,就会降低中间品销售价格,而这对于对外转移生产的企业来说无疑是有利可图的。总之,中间品贸易、外商直接投资和合同外包促进技术进步的机制就是通过技术转移、外溢、示范与模仿效应、竞争效应、产业关联效应等途径实现的。尽管形式多样,但是技术传递机制得以产生的根本经济学原理在于技术转移及扩散前后相关厂商的利益变化,如果利益体之间共享有关技术后能为技术输出一方带来效益,技术转移就会成为一种自觉行为。而这一切又都是源于产业关联,垂直专业化把生产链环节拆分给不同厂商,厂商之间在价值网络体系内结成利益共同体,通过资源共享可以改进彼此利益,实现利润最大化。当然,这里技术的扩散不是单方面进行的,中间品生产企业所在区域的经济环境、政府政策、教育水平等外部发展环境也会对技术扩散效果产生重要影响。

最后,从地区专业化对区域经济发展的影响角度来看,第五章的分析已经指出,垂直专业化本身就是专业化发展的一种形式,因此本质上来说,其具有一般专业化对区域发展的共性影响。就专业化对地区全要素生产率的影响来看,我们可以从斯密对分工专业化发展的理论观点中找到可靠支撑。虽然在斯密所处的年代还没有出现全要素生产率这一概念,但斯密已经注意到了要素生产效率提高对经济增长的作用。在他看来,要素生产效率提高是因为存在技术进步,而技术进步又是由社会分工和专业化发展及在此基础上对"简化劳动和缩减劳动"机器的运用带来的。有关全要素生产率的多个方面,如规模经济、资源配置的优化、知识进展、资本要素投入乃至社会经济制度,都是以劳动分工和专业化发展为基础的。当然,斯密的理论观点不是没有缺陷的,如他在考察要素生产效率发展方面,只重视了劳动生产率的提高,而劳动生产率很显然只是一个单要素生产率,它与全要素生产率的关系具有不确定性。在技术进步方面,斯密非常强调机械的发明和使用,他对技术进步的理解更主要还是倾向于技术学意义上的技术进步。显然,斯密对要素生产效率和技术进步的理解还是过于狭窄,这限制了他对全要素生产率进行研究的深度和广度。

总之,在分工演进过程中,分工和专业化水平决定着专业化知识积累的速度与生产者获得技术知识的能力。专业化与加速学习具有良性循环(正反馈)机制,分工过程一定意义上就是知识累积的过程。从专业化分工和交易角度来看,专业化生产可以产生两类知识积累:一类是专业化生产方面的知识积累。在专业化生产过程中,生产者能够避免重复学习,降低学习成本。在这个过程中,生产者的经验积累是通过"干中学"来取得熟能生巧的动态效果,从而不断提高生产熟练程度,推动技术不断进步,推动新技术、新机器的发明与使用并提高生产效率。另一类是交易方面的知识积累,当现有交易水平和交易效率开始严重限制知识积累和专业化分工进程时,其会促使生产者采取新措施进一步提高交易水平和交易效率。对于技术效率的改善,Feder(1983)曾指出,专业化通过将生产要素向通常认为更有效率的部门移动而对生产率增长产生正效应。

6.2.2 全要素生产率衡量

全要素生产率是经济增长方式判断的重要指标,6.1 节对全要素生产率内涵的表述已经表明,其本身是一个内涵丰富的概念。全要素生产率的度量不但包括了所有没有识别的因素带来的增长,而且包括了概念上的差异和度量上的全部误差。不同研究者在全要素生产率的定义、概念、数据以及假设等方面均做了不同处理,这更使得相应的结果不具备可比性(郑玉歆,1999)。本节对各地区全要素生产率的衡量情况如下:首先,将每个地区(西藏数据不全,故不对其进行分析,重庆并入四川统计)作为一个决策单元,再运用基于 DEA 的 Malmquist 指数方法,估计了中国各区域全要素生产率变动状况①。这里说明一点,测定全要素生产率最常用的方法还有索洛余值法、随机前沿生产函数法。和这些方法相比,Malmquist 指数方法主要有四个优势:一是它基于数据包络分析方法提出,该方法不需要设定具体函数形式或通过分布假设来得到前沿函数。二是它不需要相关价格信息,这对实证分析特别重要。一般情况下,相关投入和产出的数量数据比较容易得到,而要素价格等信息的获取通常比较困难,有时甚至不可能获取。三是它适用于多个地区或国家跨时期的样本分析。四是它可以将生产力变动进一步分解为经济效率变动和技术进步变动指标。

实际采用 Malmquist 指数考察全要素生产率的时候,对于产出水平的衡量,这里以各地区国民生产总值表示,并用以 1994 年为基期的不变消费价格指数进行处理,以消除价格差异影响。对于资本存量的衡量,我们参阅了现有相关文献,发现采用的衡量方法不一而足,所得出的数据也存在着很大差距。而资本存量测算的不准确性必然会影响到后续研究的可靠性。对于年度资本存量的估算,相关学者给出了多种方法。这里不再重复前人具体的分析过程,而是直接以张军等人(2004)所得到的各省 1990 年资本存量为基础,采用和该文献中方法相类似的估计方法,进一步得到考察期我国各省份资本存量。劳动投入量包括就业人数、劳动时间、劳动强度和劳动质量等方面的内容。在市场经济条件下,劳动者的工资报酬能够比较合理地反映劳动投入的变化。在中国,

---

① 在全要素生产率实际计算中,采用的是 Tim Coelli(1996)的 DEAP Version2.1。

由于分配体制不完善和缺乏市场机制的调节,使得劳动收入难以准确反映劳动投入的变化。从较长的时间范围看,社会发展、科技进步和劳动者教育水平的提高使劳动质量有所提高;社会文明的进步使劳动时间和劳动强度减少。两者相抵,用劳动者人数代替劳动投入量的变动,误差估计不会很大。因此,在度量时,我们采用各地区年末从业人员数量来代替劳动投入量。

6.2.3 影响差异一般比较

通过上面对影响机理的探讨,我们已经对地区垂直专业化和全要素生产率之间的联系有了一个理性认识,但是结合我国实际情况,对于这种关系究竟是什么样的,具有怎样的特点,还不得而知。Fritsch(2002)曾指出,创新能力和绩效的差异不仅表现在国与国之间,而且体现在同一国家内不同地区之间。Liu和White(2001)则更明确指出,对于像中国这样处于转轨阶段的发展中国家而言,由于一个国家内部区域、行业的多样性和彼此之间存在的差异,在国家层面上对创新能力进行分析可能是不适当的。因此,下面的进一步分析中,我们即从省份层面做相关比较。

图6.1首先给出了一般专业化和垂直专业化同地区全要素生产率之间的总体关系。其中纵轴代表全要素生产率,横轴代表专业化类型。就地区一般专业化和全要素生产率发展之间的关系来看,两者表现为显著负相关性。全要素生产率比较高的地区,如上海、天津、广东、江苏等,一般专业化水平相对都比较低;相反,中西部地区一些省份,如安徽、江西、吉林、河南、山西、贵州等,都有着相对较高的一般专业化水平,而其全要素生产率水平却都不是很高。比较而言,地区垂直专业化和全要素生产率之间恰好呈显著正相关关系。我们注意到,前面提到的天津、广东、江苏等几个一般专业化水平比较低的省市,都有着相对较高的垂直专业化水平,并均和较高的全要素生产率对应;而像吉林、贵州、黑龙江和云南等代表性中西部地区省份,它们的垂直专业化水平相对都很低,对应的也是相对较低的全要素生产率。这里还可以看到,鉴于可比较方面的考虑,我们对两种地区专业化的衡量都是直接用相应地区一般专业化贸易和垂直专业化贸易数据来表示的,这在第四章的分析中已经说明。因此该图在一定程度上也体现了全球化动态发展过程中,两种不同贸易类型对地区全要素生产率的间接影响。显然此处分析进一步将一般观点中的国际贸易通过带动新

技术扩散提高了全要素生产率进一步做了深化,即不同贸易类型对地区全要素生产率的影响作用是存在差异性的,不可一概而论。

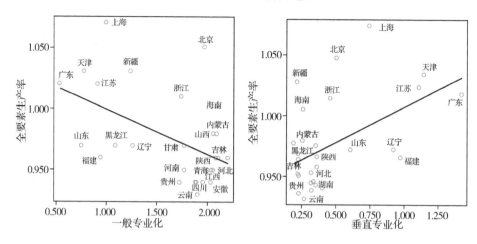

注:由于部分点过于集中,这里在不影响客观情况反映和分析有效性的前提下,略去了部分点所代表省份的名称。下面根据需要也做了类似处理。

图 6.1　两种地区专业化和全要素生产率的关系

原因应该是多方面的。地区一般专业化主要体现了基于产业间、产业内分工贸易发展所构成的地区专业化。从国家整体层面来说,新中国自成立以来到20世纪90年代初期,与其他国家特别是发达国家和地区之间的分工贸易均体现了初级产品和一般制成品贸易占有很高比重这一特点。这使得我国各地区在参与经济全球化发展过程中,所形成的地区专业化很大程度上主要依赖于传统资源禀赋(特别是自然资源禀赋条件)和劳动力优势,其进一步发展很难再充分挖掘更高级要素(如物质资本、人力资本和知识等)对区域经济发展和专业化水平提升的促进作用。更重要的还在于,这种专业化对传统资源禀赋的依赖,使得其不具有可持续性特点。而对区域发展来说,如果没有早期阶段通过这种专业化发展所形成的高级要素积累,后期的转型发展将存在很大困难。就此而言,东部沿海地区由于具有较好的区位优势,能更早参与到全球新国际分工中去,并迅速形成较强垂直专业化发展能力。这种新的专业化发展能力不仅进一步强化了东部地区与外部的技术、知识交流,而且更好地促进了东部地区劳动力逐渐由低效率部门向高效率部门转移,促进了行业技术进步,同时也吸引了中西部地区更多劳动力对东部地区的再配置,并最终对东部地区全要素生产率提升产生了重要推动作用。东部地区和中西部地区的发展差距也由此逐渐拉大,并在进一步发展中表现出了和中西部地区截然不同的特点。此外,从强化区域竞争角度来说,地区垂直专业化也较一般专业化具有更好地弱化垄断而强化竞争的作用,这也在一定程度上促进了不同区域全要素生产率水平的发展差异。相比较而言,中西部地区在发展过程中则更明显形成了一种对包括自然资源禀赋在内的传统优势的过度依赖,突出表现就是传统资源禀赋比较丰腴地区的相对一般专业化水平都比较高,典型的如吉林、内蒙古、山西、云南和青海等省(自治区)。

图6.2进一步比较了两种地区专业化和技术效率之间的关系构成特点,其中一般专业化和技术效率呈负相关关系,但并不是很明显。我们注意到,一般专业化水平比较高的几个省(自治区),典型的如中西部地区的山西和内蒙古,也具有相对较高的技术效率;在一般专业化水平相对比较低的省(自治区)中,也有如辽宁和福建这样两个东部地区省份,其所对应的技术效率并不是很高;这里值得注意的是北京和浙江,作为东部两个经济发展水平很高的地区,特别是北京,其技术效率是所有地区中最高的,而其所对应的一般专业化水平也很高。分析结果中情况的多变性,一方面说明影响地区技术效率改善的因素是复杂的。早在改革开放发展阶段的1980到1995年间,在中央计划的过度管制之后,我国东、中、西部地区的平均技术效率总体上还是呈较快恢复性上升趋势的。随着改革进程的逐步深入,效率的释放开始大大低于改革初期。这一变化结果也说明,一般专业化相对其他具有显著影响的因素,还不能严格说是构成了一个影响因素。这里垂直专业化和技术效率呈正相关关系,但也不是很显著,技术效率分布依据垂直专业化水平在较低端集中分布的特点比较明显。当然,这里还可以注意到,垂直专业化发展水平比较高的地区主要是东部一些省市,如辽宁、福建、江苏、天津和广东,这些地区的地区垂直专业化和技术效率之间还是明显构成正相关关系的。

就图6.3中的技术进步考察结果来看,最明显的特点就是相对两种地区专业化和技术效率不是很显著的关系构成,这里一般专业化和技术进步表现出了非常明显的负相关性,而垂直专业化和技术进步则表现为更明显的正相关性。可见,正是由于两种地区专业化对技术进步影响作用的显著差异,才形成了其对全要素生产率总体影响作用的显著差异。王志刚等人(2006)针对我国全要素生产率增长的分解情况也表明,技术进步而非生产效率改进支撑了全要素生产率增长,和我们这里的分析结果是基本一致的。同时从这里垂直专业化发展

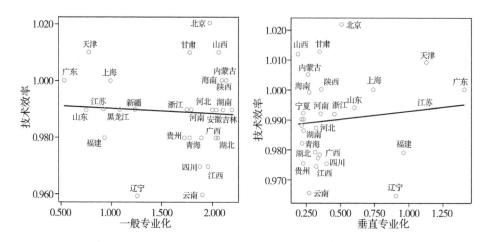

图 6.2 两种地区专业化和技术效率关系

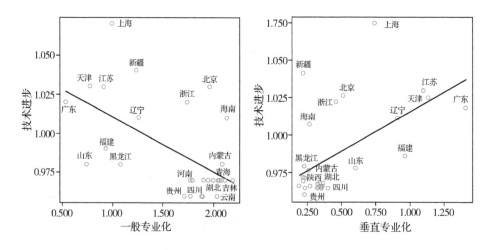

图 6.3 两种地区专业化和技术进步的关系

对地区全要素生产率分解构成影响作用的比较可见,地区垂直专业化对技术效率的促进作用还有待进一步提高,如果单纯关注技术进步,而忽视对现有资源的合理配置和生产效率提高,必将造成无效生产和资源浪费。

下面进一步从三大区域角度,考察地区垂直专业化和全要素生产率之间的关系。如图 6.4 所示,可以发现,垂直专业化和全要素生产率之间所表现出来的显著正相关性,正是由三大区域间两个指标发展差异造成的。就东部地区来看,垂直专业化发展水平最高的几个省份,如广东和江苏,所对应的全要素生产率水平均比较高;而河北、山东和辽宁这几个省份的全要素生产率水平相对均比较低。当然,也有一些地区自身垂直专业化发展水平并不是很高,如上海和北京,但是这两个地区的全要素生产率却是最高的;比较而言,福建的垂直专业化水平虽然比较高,但其全要素生产率水平却又很低。当然,即便如此,东部地区总体所表现出来的正相关关系并没有因此而变得不显著,这反倒更加说明了这一关系的稳定性。实际上,对于北京和上海的相对分布情况,我们认为,由于这两个地区的整体经济发展中服务经济已占有绝对比重,作为京津冀和长三角地区经济增长的核心区域,其已经和区域内其他地区,如天津和江苏等代表性制造基地,形成了较为明确的分工关系。在生产制造活动不断向周边地区转移的同时,北京和上海更专注于与生产制造活动相关的服务经济的发展。因此从

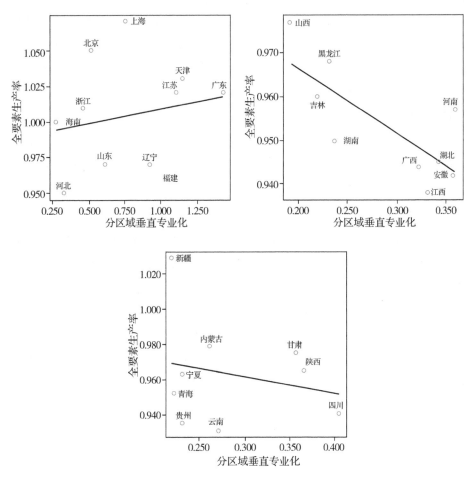

图 6.4 分区域垂直专业化和全要素生产率的关系比较

本质上来说,其地区垂直专业化水平也是很高的,只不过这里用的是货物贸易数据,所以才有此处北京和上海相对较低的垂直专业化发展水平。而造成辽宁和福建相对较低的全要素生产率的主要原因在于其过低的技术效率。

对中西部地区的考察结果均显示,地区垂直专业化和全要素生产率呈显著负相关关系,特别是中部地区的负相关性更大。两大区域内部省(自治区)大致可以划分为具有不同特色的两个部分:一部分,中部地区以山西、黑龙江和吉林为代表,西部地区以新疆和内蒙古为代表,都是典型资源比较丰富的省(自治区);另一部分,中部地区以广西、湖北、安徽和江西为代表,西部地区以陕西和四川为代表,这几个省(自治区)的资源优势相对并不是太突出,但是其相对较高的垂直专业化发展水平则表明,它们或者通过间接承接东部地区生产活动转移,或者通过直接承接国外生产活动转移,已经开始不同程度地参与到全球生产网络中去。尽管直观上来看,似乎是垂直专业化发展水平越高,中西部地区相关省份的全要素生产率越低,但这可能只是暂时的情况,是区域经济发展转型过程中所表现出来的阶段性特点。张小蒂和李晓钟(2005)认为,在经济兴旺的早期阶段,一个国家(地区)往往需要进行大规模的基础设施投资,而其在产出上很显然不可能很快就发挥作用。因此,从长远来看,如果这些地区能够抓住机遇,合理规划,还是会获得更快发展。作为西部地区经济发展总量规模最大的省份,四川省 TFP 增长缓慢更多是由技术进步缓慢造成的,当然其技术效率也不是很高。

中西部地区垂直专业化和全要素生产率所表现出来的是负相关性,一个隐含的原因在于这两个地区相对落后的人力资本素质。包群(2003)、许和连(2007)等人的相关研究明确指出,贸易开放度主要是通过影响人力资本的积累水平而影响全要素生产率的,而这种影响在东、中、西部地区存在着显著差异。前面的分析中已经指出,垂直专业化在一定程度上也体现了各地区产品内分工贸易发展水平,因此垂直专业化对地区全要素生产率的影响同样和人力资本素质的高低有着紧密联系。

6.3 影响差异模型分析

6.3.1 变量选择和说明

参考前文基于内生增长理论的模型,这里假定全要素生产率由一个地区的垂直专业化水平、人力资本等共同决定,建立回归方程形式如下:

$$\ln TFP_{it} = a_0 + a_1 \ln lqvstrade_{it}(\ln lqtrade_{it}) + a_2 \ln gdp_{it} + a_3 \ln forinvest_{it}$$
$$+ a_4 \ln thinvest_{it} + a_5 \ln edu_{it} + a_6 \ln struc\_ind_{it} + a_7 \ln techmarket_{it}$$
$$+ a_8 \ln mail_{it} + a_9 \ln strc\_scale_{it} + \varepsilon_{it} \tag{6-1}$$

式中,ln 为自然对数符号;a_0 为常数项;ε_{it} 为随机误差项;下标 i 表示地区;t 表示年份,时间跨度从 1994 到 2007 年。分析同样不包括港澳台和西藏自治区,重庆数据并入四川。

因变量全要素生产率(TFP)的衡量方法同 6.2 节。

自变量中,两种地区专业化的衡量方法与前文相同,这里也不再赘述。对其他控制变量的选择,我们查阅了大量相关文献,发现并没有统一标准,在综合考虑相关因素后,最终选择了以下几个方面予以考察:

(1)市场规模(gdp)。市场范围假说认为,市场规模决定了分工、报酬递增的程度和生产效率高低。Romer(1986)和 Lucas(1988)等人均强调了市场规模在知识扩散、人力资本积累和研发上的重要作用。鉴于某一特定地区的市场规模既包括来自本省区市的需求,也包括来自其他省区市的需求,我们采用新经济地理学市场潜力(Market Potential)指标来衡量市场规模。某一地区所具有的潜在市场容量是一个空间加权平均值,该指标与本地区及其他地区的总收入成正比,与其他地区到该地区的距离成反比。表达式如下:

$$\text{Market}_{it} = Y_{it} d_{ii}^{-1} + \sum_{j \neq i} Y_{jt} d_{ij}^{-1} \qquad (i, j = 1, 2, 3 \cdots 30)$$

其中,Y_{it} 和 Y_{jt} 分别为地区 i 和地区 j 在时期 t 的国内生产总值,d_{ij} 为任意两省份省会城市之间的地理距离。我们用经纬度地理距离计算软件衡量该距离,根据双边省会城市经纬度计算得到,因而这里实际上得到的是两地之间的直线距离。对于各地区内部距离 d_{ii} 的计算,我们采用 Redding 和 Venables(2004)的处理方法,将各地区看作圆形区域,以此圆形区域面积计算半径,再以其三分之二值作为内部距离长度,即 $d_{ii} = \frac{2}{3}\sqrt{S_i/\pi}$,其中 S_i 为 i 地区的面积。

(2) 外商和港澳台固定资产投资比例(分别用 forinvest、thinvest 表示)。全要素生产率衡量的是经济增长效率,在经济自由度很高的环境下,全要素生产率水平会更高。就我国实际情况来看,一个体现经济自由度不断提高的重要方面就是非公有制经济成分的不断扩大。改革开放以前,我国实行单一经济体制,公有制经济占主体地位,非公有制经济所占比重几乎为零,在这种所有制结构下,微观经济主体的积极性受到严重束缚,经济效率低下。改革开放后,我国引入了市场经济体制,非公有制经济所占比重也越来越高。相对公有制经济,非公有制经济由于产权明晰,激励机制更加有效,使得非公有制经济所有者更有动力改善经营管理,提高经济效率。出于以上考虑,在具体分析中,我们用各地区外商和港澳台投资占国有经济固定资产投资的比例来表示其经济自由度状况。同时,外商和港澳台投资也体现了各地区通过不同外部渠道获取研发成果和技术转移的可能性。

(3) 平均受教育年限(edu)。对于人力资本在地区经济增长中的重要作用,国内外学者们的研究已经达成了共识。早期人力资本理论就已经指出,人力资本通过提高劳动者素质,进而提高其生产能力,使其成为经济增长的主要解释变量之一。而作为促进人力资本形成的重要方面,教育的发展显然不容忽视(邹薇等,2003)。对地区劳动力平均受教育程度的衡量,本书重点关注了小学、初中、高中、大专及以上四个层次。参考一般做法,设定相应的平均受教育年数分别为 6 年、3 年、3 年、3.5 年,进而计算出各省区市劳动力平均受教育年限。

(4) 技术市场成交额(techmarket)。国内地区间的区际贸易和投资促进了技术在地区间的扩散,特别是东部地区向中西部地区间的扩散,这是全要素生产率增长的一个重要原因。对技术市场成交额的衡量,我们用各地区技术市场成交额表示,以体现我国内部各地区之间的技术传播情况。由于海南和贵州 1995 年数据、陕西 1995 和 1996 年数据缺失,我们统一采用插值法计算得到。

(5) 经济发展结构(struc_ind)。国内学者郑玉歆(1999)在讨论经济增长方式转变的阶段性规律特征时曾指出,经济增长方式转变与经济发展阶段密切相关,其中全要素生产率或技术进步对经济增长的高贡献率一般只有进入经济增长减速的成熟期时才会发生。郑玉歆特别强调,这一发展阶段可以缩短,但难以超越,由此给出了区域经济发展阶段(以经济结构表示)和全要素生产率水平之间的客观描述,并用第二、三产业增加值和第一产业增加值的比例表示。

(6) 企业规模构成(strc_scale)。一个区域以全要素生产率所体现的创新能力从微观角度来看,是由企业创新能力体现的。而有关企业技术创新的规模效应问题一直备受关注,对于企业规模和技术创新之间的关系并没有确定的结论。最早"熊彼特假设"认为,垄断性市场组织及大企业更有利于技术创新。我国学者高良谋和李宇(2008)则认为,大企业的组织惯性对技术范式具有锁定效应,从而有利于企业的定向技术创新,而竞争性市场则是小企业不断进行非定向技术创新的主要动因,倒U型关系是企业规模对这两种技术创新影响的综合效应。本书参考类似研究方法,用各地区大型企业数同小型企业数的比例关系对企业规模构成特点做出衡量。

上面的理论模型分析指出,知识和劳动分工是相互依赖、相互作用的,即存在着内生性问题[①]。从计量方程来看,由于主要关注的是全要素生产率的发展问题,因此对内生性问题的处理,本书实际上并没有采用联立方程。而严重的内生性会使得普通最小二乘回归是有偏和非一致的,因此内生性又是必须解决的问题。一个很好的解决方法就是寻找一个与内生性问题密切相关,但又独立于因变量的变量,作为工具变量进行两段最小二乘回归(Two-stage Least Square Regression)。这里采用各地区1978年经济仍未实施开放政策时的开放度来作为变量。具体来说,就是以1978年各地区进出口总额作为工具变量,其在一定程度上反映了历史因素对垂直专业化发展的影响,因而也反映了历史因素对区域创新发展可能存在的间接影响。由于1978年的年度贸易额是一个时间点值,不随时间变化,为了反映动态特征,实际分析过程中我们用样本期官方名义汇率对其做了调整,以两者乘积作为最后的工具变量(export78)。

数据来源方面,除全要素生产率和两种地区专业化已经做过说明外,其他变量原始数据均来自《中国统计年鉴》《工业经济统计年鉴》和国务院发展研究中心数据库。市场潜力衡量中的双边地理距离数据应用经纬度距离计算软件计算得到,其中的经纬度数据来源于中华测绘网地区经纬度查询系统。

对以上变量数据做了对数化处理,表6.1给出了变量间相关系数构成情况。通过初步观察发现,各变量和全要素生产率相关性构成中,只有一般专业化(lqtrade)呈显著负相关性,企业规模构成(strc_scale)虽为负,但并不显著;其他变量均在不同水平上显著为正。自变量两两之间的相关性构成中,只有技术市场成交额(techmarket)和市场规模(gdp)之间的相关系数较高。

[①] 控制变量中,gdp和全要素生产率也可能存在内生性问题,但由于这里重点关注的是垂直专业化影响作用,对于其他变量,我们假定其不存在显著的内生性影响。

表6.1 变量间相关系数构成情况

	TFP	lqtrade	lqvstrade	gdp	forinvest	thinvest	edu	struc_ind	techmarket	strc_scale
TFP	1.000									
lqtrade	−0.289***	1.000								
lqvstrade	0.308***	−0.473***	1.000							
gdp	0.282***	−0.395***	0.414***	1.000						
forinvest	0.454***	−0.339***	0.508***	0.483***	1.000					
thinvest	0.09*	0.196***	−0.018	0.051	0.311***	1.000				
edu	0.367***	−0.182***	0.187***	0.455***	0.412***	0.259***	1.000			
struc_ind	0.455***	−0.373***	0.351***	0.387***	0.416***	0.113**	0.594***	1.000		
techmarket	0.417***	−0.335***	0.45***	0.769***	0.459***	0.017	0.557***	0.58***	1.000	
strc_scale	−0.027	−0.002	−0.131	−0.081	−0.032	0.093*	0.085*	0.124**	−0.019	1.000

注：***、**和*分别表示在1%、5%和10%水平上显著。

6.3.2 计量结果和解释

各种面板模型和计量方法都有其特定的适用条件,要根据计量结果的具体情况和检验指标加以选择,表 6.2 首先给出了不考虑工具变量情况下,一般面板几种主要假设情况下的回归结果。从表中可以看出,不同模型得出的回归结果系数符号略有不同,显著性也存在一些差异,这就需要应用相关指标对四种模型做进一步检验。F 检验和 LM 检验值分别为 1.36 和 0.06,相伴概率都超过了最低 10% 的检验标准,表明不变效果(POOL)要优于固定效果(FE)模型和随机效果(RE)模型;豪斯曼检验值(Hausman)所对应的相伴概率接受了零假设,表明固定效果与随机效果模型之间不存在明显差异,随机效果又要优于固定效果。从几个回归结果来看,不变效果和随机效果几乎没有什么差别。考虑到异方差和自相关性影响,表中同时也给出了可行广义最小二乘(FGLS)回归结果,其和一般回归、随机效果的回归情况也非常类似。总体来看,虽然部分变量没有通过显著性检验,但是各变量回归系数大多与预期相符。

回归结果中,最后两个方程进一步给出了可能存在的内生性情况下,将 export78 作为变量 lqvstrade 工具变量的回归结果。由于前面一般面板分析中,各种方程选择指标综合分析表明,不变效果模型为相对最优模型,因此这里在工具变量回归分析中,也是在不变效果模型基础上使用工具变量的。为了检验回归模型是否真的存在内生性问题,这里同样采用 Hausman 检验比较了基本模型(POOL 回归结果)与加入工具变量后模型(IV-POOL 回归结果)的回归系数之间是否存在显著差异。得到的检验值为 8.15,对应的相伴概率为 0.52,表明应用工具变量进行回归与一般回归情况确实存在系统性差别,证明内生性问题是存在的。同样,在分析一般专业化(lqtrade)影响作用时,不变效果模型也是最优的。在此基础上,采用 Hausman 检验值判断方程内生性问题时,结果也在 5% 水平上通过了显著性检验。

从工具变量回归方程 IV-I 来看,由于考虑了垂直专业化影响作用的内生性问题,结果中,lqvstrade 系数相对一般面板回归有了显著提高,更重要的是其在 1% 水平上通过了显著性检验。这表明,忽略垂直专业化发展影响的内生性问题是不合适的,会直接影响此处分析的可靠性。控制变量中,forinvest 的影响作用有所降低,而 thinvest 的影响作用则仍然没有通过显著性检验。综合这两个变量回归结果,可以看出地区经济自由度是不断提高的,对区域全要生产率具有显著促进作用。同时,鉴于这两个变量还体现了不同来源外部投资技术溢出渠道,因此该结果也表明,其更主要还是通过外资技术溢出渠道得以体现的。变量 edu 所衡量的地区平均受教育水平也在 10% 水平上显著为正,且在控制了内生性问题后,其影响作用也明显提高。这表明一个地区人力资本整体素质的不断提高,对区域全要素生产率水平提升来说还是具有很显著促进作用的。区域经济发展结构(struc_ind)和全要素生产率之间也表现为一种正向关系,不过在控制了内生性影响后,其作用有所下降。与此类似,技术市场成交额(techmarket)所体现的是我国内部各地区之间的技术引进对区域全要素生产率发展的促进作用略有下降。和前面一般面板回归一样,变量 strc_scale 所体现的企业结构效应,在这里的工具变量回归中也是不显著为负。

表 6.2 地区全要素生产率发展影响因素分析

变量	POOL	FE	RE	FGLS	IV-Ⅰ	IV-Ⅱ
lqvstrade	0.002 (0.37)	−0.006 (−0.81)	0.002 (0.29)	0.005 (1.00)	0.039*** (2.78)	
lqtrade						−0.068*** (−2.84)
gdp	0.015** (2.03)	0.012 (0.51)	0.014* (1.76)	0.012* (1.62)	0.021*** (2.64)	0.028*** (3.13)
forinvest	0.019*** (5.28)	0.012 (1.97)	0.019*** (4.78)	0.02*** (5.65)	0.01** (2.05)	0.014*** (3.37)
thinvest	−0.002 (−0.86)	0.001 (0.15)	−0.002 (−0.69)	−0.004** (−1.99)	−0.0003 (−0.14)	0.003 (1.14)
edu	0.033 (1.04)	0.043 (0.61)	0.034 (0.93)	0.013 (0.38)	0.066* (1.83)	0.048 (1.44)
struc_ind	0.02*** (3.65)	−0.033 (−1.04)	0.02*** (3.07)	0.017*** (2.96)	0.014** (2.26)	0.008 (1.18)
tech	0.011*** (2.92)	0.006 (0.87)	0.01** (2.46)	0.007* (1.68)	0.007* (1.69)	0.014*** (3.59)
strc_scale	−0.005 (−1.24)	−0.009* (−1.79)	−0.006 (−1.38)	−0.003 (−0.93)	−0.002 (−0.48)	−0.006 (−1.57)
_cons	−0.085 (−1.23)	−0.201 (−1.19)	−0.085 (−1.09)	−0.021 (−0.28)	−0.045 (−0.6)	−0.013 (−0.17)
工具变量					export78	export78

续表

变量	POOL	FE	RE	FGLS	IV-Ⅰ	IV-Ⅱ
Hausman FE/RE (Prob)		8.2 (0.514)				
Hausman POOL/IV-POOL(Prob)					8.15(0.52)	18.26(0.02)
总拟合度	0.302	0.014	0.319		0.252	0.279
回归检验	19.11***	1.7*	118.34***	132.2***	159.92***	166.72***
样本量	377	377	377	377	377	377
F 或 LM 检验 (Prob)		1.36 (0.11)	0.06 (0.805)			

注：***、**和*分别表示在1%、5%和10%水平上显著；_cons 为常数项。回归系数对应括号中的数值为 t 统计量或者 z 统计量。

下面进一步重点考察三大区域在融入全球生产网络过程中,地区垂直专业化对其全要素生产率发展的影响作用。在前面的总体分析中,变量 strc_scale 始终没有通过显著性检验,因此在进一步分析中,没有再对此变量加以考虑。同时在分析中,变量 struc_ind 和 techmarket 也变得不再显著,故而也予以剔除。最终控制变量仅包括了 forinvest、thinvest 和 edu,这表明相对其他一些影响区域全要素生产率的因素,提高区域经济发展自由度(也可以看作外部技术引进渠道)和提高教育水平是更重要的方面。总体来看,相关检验指标均表明随机效果模型为相对最优模型,因此这里的工具变量分析也是在随机效果模型基础上进行的。但是,从 Hausman 判断结果来看,只有东部地区接受了工具变量随机效果,中部和西部地区都拒绝工具变量随机效果,这要好于一般随机效果的假设条件。

具体来看,如表6.3所示,一般面板随机效果(RE)模型分析结果中,东部地区垂直专业化对其全要素生产率水平提升的影响作用虽为正向的,但却没有通过显著性检验。而在控制了内生性影响作用后的 IV-RE 估计结果显示,其作用得到显著提升,由0.01增长到0.05,更重要的是,其在1%水平上通过了显著性检验。相比较而言,随机效果模型回归表明,垂直专业化发展对中西部地区全要素生产率具有影响作用,即便在控制内生性影响后,其回归系数虽也都有所提高,但均没有通过显著性检验。由此可见,垂直专业化总体影响作用显著为正,并不代表分区域考察中其影响作用也显著为正。并且可以认为,正是由于三大区域间影响作用的差异,才使总体作用显著为正,即我国地区垂直专业化发展对全要素生产率的影响作用更主要还是通过三大区域间发展差异表现出来的,这与上面一般性分析所得到的结论是一致的。

表6.3 分地区全要素生产率发展影响分析

	RE			IVRE		
	东部	中部	西部	东部	中部	西部
lqvstrade	0.01 (0.58)	0.002 (0.11)	0.002 (−0.22)	0.05*** (3.03)	0.149 (0.46)	0.019 (0.67)
forinvest	0.016* (1.66)	0.01 (1.04)	0.016** (2.42)	0.006 (0.6)	0.017 (0.88)	0.018** (2.31)
thinvest	0.004 (0.81)	0.01** (−1.97)	−0.002 (−0.48)	0.008** (2.22)	0.005 (0.22)	−0.001 (−0.17)
edu	0.095 (1.65)	0.087 (1.13)	0.085** (2.02)	0.129*** (2.66)	0.27 (0.65)	0.099** (2.02)
_cons	−0.133 (−1.08)	−0.209 (−1.45)	−0.164** (−1.97)	−0.191* (−1.84)	−0.329 (−0.87)	−0.146 (−1.53)
Hausman (Prob)	−10.03	−0.66	−0.9	27.31 (0.00)	0.51 (0.973)	0.25 (0.993)
组间 R^2				0.507	0.0003	0.351
组内 R^2				0.005	0.007	0.021
回归检验	25.75***	5.61	13.97***	31.09***	1.19	9.79***
样本量	319	319	319	319	319	319

注:***、**和*分别表示在1%、5%和10%水平上显著;_cons为常数项;回归系数对应括号中的数值为z统计量;RE为随机效果模型;IVRE为使用工具变量后的随机效果模型。

控制变量中,就forinvest和thinvest回归结果来看,它们虽大多均为正,但基本没有通过显著性检验,这实际上表明区域经济自由度或者说技术溢出对全要素生产率的影响作用也主要是通过三大区域间发展差异表现出来的。最后,变量edu所衡量的地区人力资本影响作用在东部和西部地区均显著为正,且东部地区要显著大于西部地区;而其对中部地区的影响作用却没有通过显著性检验。这表明人力资本对区域全要素生产率乃至经济发展的显著影响作用已经开始深入到更多区域内部。这给了我们很好的启示,那就是在当前促进中西部地区发展的过程中,对这些地区人力资本的投资具有更实质的意义。相对其他因素,其对区域发展的影响作用表现得更早,且其对地区垂直专业化的进一步发展也是很重要的。

6.4 本章小结

在第五章考察地区垂直专业化对区域总体发展影响的基础上，本章通过Malmquist指数对各地区全要素生产率及其分解情况做了考察，并在此基础上，通过与传统分工贸易格局中一般专业化对区域发展影响作用作比较，重点关注了不同地区垂直专业化对区域全要素生产率发展的影响作用。从中得出以下一些主要结论和启示：

通过比较发现，经济全球化发展过程中所形成的不同专业化类型对地区全要素生产率的影响作用存在着显著差异。相对于地区一般专业化，全球生产网络环境下所形成的地区垂直专业化由于细化程度更高，涉及面更广，更显著促进了专业化知识积累的速度与生产者获得技术知识的能力。并且，生产者的这一经验积累过程，也更能够通过"干中学"来取得熟能生巧的动态效果，进而不断提高其生产熟练程度和推动技术进步，并最终提高生产效率。

两种地区专业化对技术进步的影响作用有显著差异，使得它们对全要素生产率的影响也有显著差异。对于东部地区来说，技术进步和技术效率均比较明显；而对于中西部地区来说，技术进步作用还有待进一步发挥，而如何改善技术效率则是一个更值得思考的问题。特别是对于中西部地区的进一步发展来说，为了避免生产的无效和资源的浪费，如何促进现有资源的合理配置和生产效率提高是更需要解决的实际问题。

Schultz(1981)曾强调指出，人力资本在解释国家和地区间生产率差异和不平等方面发挥着极其重要的作用。特别是在当代，随着知识经济的兴起与迅猛发展，人力资本作为技术进步的源泉，更是被视为经济增长的"引擎"。本章的分析表明，垂直专业化对地区全要素生产率的影响也和人力资本素质的高低有着紧密联系。对此，国内学者彭国华(2007)做过精辟论述，他认为，人力资本只有达到和超过一定"门槛水平"，才可以在作为投入要素直接进入生产函数的同时，还通过全要素生产率间接影响生产函数。如果将人力资本的培育分为内生和外生两个渠道的话，那么地区垂直专业化发展无疑是促进人力资本积累不断从外生演变为内生的重要途径。

和前面垂直专业化对区域总体发展边际影响作用的考察结果有所不同,本章的分析结果中,地区垂直专业化对中西部地区的影响作用并不是很显著。除去上面所提到的中西部地区相对较低的人力资本对分析结果的影响外,这实际上也表明,垂直专业化对中西部地区总体发展相对较高的边际影响,并不是通过提高全要素生产率来实现的。其影响机理最主要还是停留在单纯数量发展阶段,质量提高的特点还不明显,当然这也需要时间。由此分析也可以看出,全球生产网络对中西部地区发展的更高层次影响也还需要时间累积。

地区专业化发展和产业结构升级研究

第七章

经济结构尤其产业结构是影响区域发展的一个重要方面。早在20世纪六七十年代,库兹涅茨和钱纳里等经济学家在研究各国经济增长和工业化进程后就已经指出,一国经济增长总是伴随着总量扩张和结构演进。美国著名经济学家罗斯托也指出,现代经济增长在本质上就是一个产业部门变化的过程。经济增长速度的快慢、质量的高低均取决于社会资源配置的有效性,而产业结构状况则在很大程度上决定了社会资源配置的效率。就我国实际情况来看,国内学者范剑勇和朱国林(2002)也明确指出,我国区域发展差距的不断扩大,有其深刻的结构原因:一是工业化进程中第二产业份额上升所带来的产业结构调整,由此导致的对地区差距产生的影响称为"结构效应";二是在保持各产业份额不变情况下,产业空间聚集发生了变化,由此产生的影响称为"集中效应"。既然国内外学者均强调了产业结构对区域经济发展的重要性,那么在全球生产网络发展过程中,新地区垂直专业化的形成,相对一般地区专业化,和区域产业结构调整升级究竟又存在着怎样的关系呢?本章将展开具体讨论。

7.1 产业结构演化和经济发展

7.1.1 产业结构演化一般规律

产业(industry),简言之,即指生产性企业、行业、部门的某种集合,根据不同的集合标准,便会有不同的产业划分(刘伟,1995)。社会生产本身具有发展的历史性,因为产业概念的内涵也是历史性的。早在柏拉图时代,柏拉图就把生产新的物品的活动,特别是农业活动视为生产活动。与之相似,亚里士多德认为生产是利用自然创造物质财富。重农主义已经用资产阶级的目光来看待农业,把农业视为最富而且是唯一具有生产性的部门。相比较而言,此时的工业制造业仍不被视为产业。与重农主义相反,重商主义认为只有商业,特别是海外贸易活动对一国来说才是财富的源泉,也只有商业才是产业。后来,随着资本主义的发展,人们才开始认识到,仅仅把农业活动视为产业是不够的。工业制造业地位的加强,使思想家们把工业、制造业也归到产业中来,它们的重要性更是越来越突出。随着信息化时代的来临,服务业在生产中的重要性也越来越突出,由此带来了产业内涵新的变化。由此可以说,产业结构就是指国民经济中,各产业之间和产业内部各部门之间的比例关系,以及产业和部门之间的技术变动和扩散的相互联系,它是经济结构的关键组成部分。这里可以看到,产业结构有两方面涵义:从量的方面来说,指国民经济中各产业之间和各产业内部的比例关系;从质的方面来说,指国民经济中各产业的素质分布,即技术水平和经济效益的分布状态。

作为一国经济的基石,产业结构始终是学术界关注的焦点之一。从动力角度而言,产业发展和结构升级的一个重要模式是内生推动,即主要由一国国内收入变动、需求扩张和技术进步推动产业发展和结构升级。霍夫曼(1931)最早对工业结构演变规律和发展阶段作了开创性研究。他把工业化过程分为四个阶段,在第一阶段,消费品的工业生产在制造业中占统治地位,资本品的工业生产处于初期阶段,霍夫曼比例为5左右;第二阶段,资本品工业获得了较快发展,但消费品工业规模仍比资本品工业规模大得多,资本品工业达到消费品工业净产值50%左右,霍夫曼比例为2.5左右;第三阶段,消费品工业和资本品工业的规模大致相当,霍夫曼比例为1左右;第四阶段,资本品工业规模超过消费品工业规模,资本品工业占主要地位,霍夫曼比例降至1以下,基本实现工业化。可以说,霍夫曼关于工业化过程中工业内部结构演变的规律及其工业化阶段的理论,揭示了工业结构演变的阶段性以及优势产业更迭问题,具有很大的应用价值。费雪在《文明和安全的冲突》中提出了三次产业概念,他将产业结构的发展更替与经济发展过程联系在了一起,三次产业代表了不同经济发展阶段占主导地位的不同产业。柯林·克拉克在《经济进步的条件》一书中对三次产业也给出了界定,这种界定将除农业和工业之外的所有其他产业划进第三产业,即服务业部门。克拉克通过搜集和整理若干国家劳动力随着年代推移在三次产业之间变化的统计资料发现,随着人均国民收入水平的提高,劳动力首先由第一产业向第二产业移动,当人均国民收入水平进一步提高时,劳动力便向第三产业转移。分析其中的原因,克拉克认为,这种转移是由经济增长过程中各产业之间收入的相对差异造成的,即著名的配第-克拉克定理。此后,在不断改进基础上,库兹涅茨和钱纳里等进一步提出发展了的理论模型。库兹涅茨在继承克拉克研究成果基础上,运用比较统计方法对世界各国历史资料进行了研究,对产业结构变动与经济发展关系进行了更为彻底的考察。他通过研究产业结构变动在不同经济总量增长时点上的状态,分析了产业结构变动与经济总量增长之间的相关性。揭示出随人均收入水平的提高而产生的产业重心转移过程,以及三次产业产值变动与就业构成的相关变化,进而得出三个重要结论:一是随着经济发展,农业(即第一产业)的国民收入在整个国民收入中的比重同农业劳动力在全部劳动力中的比重一样,有不断下降趋势。二是工业(即第二产业)的国民收入相对比重总体上升,而工业部门劳动力相对比重总体不变或略有上升。三是服务业(即第三产业)的劳动力相对比重差不多在所有国家都是上升的,但国民收入的相对比重却未必随劳动力相对比重同步上升。总体来看,在产业发展过程中,三次产业产值比重与就业比重的变动在方向上趋于一致,但变动的途径和速度有一定差异。钱纳里把产业结构演化过程分为三个阶段:一是初级产品生产阶段;二是工业化阶段;三是发达阶段。其中的第二阶段是结构转变幅度最大的时期,即工业化过程推动国内需求结构、生产结构和外贸结构迅速变动的时期。经过对"发展模式"和"标准结构"的分析和研究,钱纳里得出一个重要结论,即经济增长普遍模式的存在可能仅仅是由于产业体系有着某种在世界范围内趋同的要素。要获得经济的全面发展,需要全要素相关关系的总体协调,以及全面的结构转换。转换因素有收入水平、资源禀赋、人口规模、发展目标、政府政策及国际环境等等。而处于核心地位的因素则是产业结构的调整、就业结构的转换和城市化进程的有效推进。

在其他一些产业结构变动理论中,阿瑟·刘易斯(1954)二元结构模型和W.W.罗斯托提出的经济成长阶段和主导产业理论最具影响力。刘易斯二元结构模型通过三个基本假定和把发展中国家经济部门划分为两大部门,研究了二元结构转变为一元结构的进程和途径。在二元结构模型中,发展中国家经济部门由两大部门组成,一是维持生计的传统部门,二是劳动生产率较高的现代部门。传统部门劳动和生产要素相对较多,边际劳动生产率低,劳动力相对过剩,存在着劳动力的无限供给。现代部门的劳动生产率远远高于传统部门的剩余劳动力,现代部门的利润储蓄倾向高于传统部门。根据二元结构理论,工业发展时可以从农业中获得无限廉价劳动力,并在劳动力供给价格和边际劳动生产率差额中获得巨额利润。工业利润的储蓄率越高,吸纳农业剩余劳动力能力越强,由此产生一种累积性效应。其结果是工农业边际生产率趋于相等,这时,二元结构消失,二元经济转变为一元经济。罗斯托是较早提出主导产业理论并对主导产业作用进行研究的学者。他把国民经济各产业部门按照它们在经济增长中所作贡献差异划分为三类:主要增长部门、补充增长部门和派生增长部门,主要增长部门又被称为主导产业部门。罗斯托特别强调主导产业部门在经济增长中的决定作用。他认为,主导产业具有持续的高速增长率,依靠科技进步,获得新的生产函数是主导产业高速增长的重要条件,具有较强扩散效应是主导产业对经济增长发挥推动作用的重要标志。在经济增长的不同阶段都会形成一系列迅速增长的主导产业部门,这些部门将通过扩散效应带动全部产业部门发展,从而使经济不断增长。同时他还认为,主导产业的形成是与一国经济发展阶段相适应的,主导产业状况反映了一国经济发展前景和总体水平。当主导产业迅速发展时,整个经济增长速度加快,反之则会停滞。在经济发展不同阶段也会产生明显的主导产业有序更替现象,任何国家都要经历由低级向高级的发展过程。总体而言,欧美学者尽管各自的理论研究思路和侧重角度不同,但他们研究的基本倾向和主线总体上是一致的,都以国家为分析单位,着重在国家内部的产业结构变动上,考察产业结构演进一般标准形式和共同演化趋势。

一些日本学者除了对欧美学者提出的有关理论模型作出修正和补充外,更立足日本国情,逐步发展出了另一套产业结构理论。筱原三代平于1955年提出了动态比较费用论,其核心思想是后起国的幼稚产业经过扶持,其产品比较成本是可以转化的,原来处于劣势的产品有可能转化为优势产品,即形成动态比较优势。由于该理论与国际贸易理论密切相关,因而只能成为"二战"后日本产业结构理论研究的起点。在实践中,具体通过什么途径来实现动态比较优势?一些学者提出了各种理论假设和模型,其中最著名的是产业发展"雁行形态论"。可以用三个相联系的模型阐明该理论。模型1(基本型):后起国特定产业的生命周期一般由三个阶段构成,即进口、国内生产(进口替代)和出口阶段。后又扩展为五阶段,加上了成熟和返进口两个阶段。模型2(变型Ⅰ):国内各产业生命周期均经过上述各阶段,但次序由消费资料生产转向生产资料生产,或由轻工业转向重化工业,进而转向技术密集型产业。模型3(变型Ⅱ):随着比较优势动态变化,采用直接投资等方式可使国与国间出现产业转移,东亚的后起国追赶先行国的进程具有雁行模式的特征。但雁行模式的形成是有条件的,当条件发生变化时,该模式也将转换。即这一模式可以说明过去,但不一定能说明将来,可以适用于东亚中小国家和地区,但不一定适用于发展中大国。20世纪90年代,小泽辉智的增长阶段模式进一步论证了国际直接投资作为来自外部更重要产业发展动力的作用机理。从相关理论所描述的产业结构演化动力机制角度来说，日本的产业结构演进属于外生拉动型，主要由开放经济下的国际贸易和国际投资推动。

如果说上述理论研究都只是针对产业间结构变化的话，还有些研究则更偏重于产品内国际分工条件下生产环节的微观运作。如 Gereffi(2001)以东亚服装产业为样本，开创了全球价值链分工方式下，依照产业价值重心，从委托组装(OEA)向委托加工(OEM)再向自主设计和加工(ODM)、全球运筹和自主品牌生产(OBM)的升级路径。Humphrey 和 Schmits(2002)则进一步深入产品发展、物流系统和客户管理等诸多产业环节，开展了对产品升级和工艺升级等分支问题的研究。

7.1.2 结构演化和区域发展研究

产业结构变化和经济发展之间的关系，早在 17 世纪，英国古典经济学家威廉·配地就已经注意到了。他对经济发展问题做了开创性研究，对不同产业供求关系及各产业就业者收入进行了比较，认为加工业比农业能够得到更多收入，商业比加工业能够得到更多收入。这种不同产业之间相对收入上的差异，将不断促使劳动力向能够获得更高收入的部门转移，劳动人口由农业向加工业和服务业转移是一种自然和必然的选择过程。配第的研究可以说揭示了生产要素由低生产率产业向高生产率产业转移的趋向及其对经济发展的意义，并由此奠定了产业结构与经济发展研究的基础。重农学派代表人物魁奈则试图从结构角度研究经济活动。他在《经济表》和《经济表分析》中，首次把各阶级的收入来源、资本和收入的交换、生产消费和个人消费统一起来进行分析，把农业和工业两大部门之间的流通看作再生产过程的基本因素，为国民经济结构及产业结构的分析研究奠定了初步基础。到了亚当·斯密时期，鉴于劳动力的特殊结构状况，斯密始终将价值与物质形态财富相联系。他将劳动划分为生产劳动与非生产劳动，并在此基础上指出了生产劳动与非生产劳动的结构变化对经济增长的影响。虽然他简单地认为非生产劳动相对于生产劳动增加将使经济增长率下降，但他已经开始指出结构对于经济增长的意义。

传统经济增长理论认为经济增长是在竞争均衡假设下，资本积累、劳动力增加和技术变化长期作用的结果。很长时期内，该理论忽略了产业结构演变与经济增长的内在联系，即认为从长期来看，所有部门要素收益率都等于要素边际生产率,资源配置可以达到帕累托最优,要素在部门间转移是不必要的。事实上,市场均衡只是经济学研究中的完美假定,现实中劳动和资本等生产要素在不同部门之间、同一部门内的不同企业之间的生产效率一般存在差别,生产要素从低效率部门流向高效率部门会加速经济增长。即要素的流动导致不同产业部门此消彼长,导致产业结构转换,产业结构转换升级已成为现代经济增长的内生变量。20世纪60年代以后,一些经济学家陆续通过对许多国家经济增长与发展情况的统计与历史分析,指出经济结构状况和变动对经济增长影响的重要性。如库兹涅茨从需求角度出发,研究了随着人均收入提高,产业结构的变动情况。他认为,经济增长因素主要是知识存量增加、劳动生产力提高和结构方面的变化。在总量增长与结构变动的关系中,总量增长是首要的问题,只有总量的高增长率才能导致经济结构的高变换率,总量变化不够就会严重限制结构变化的可能性。与库兹涅茨的观点相反,罗斯托认为,近代经济增长实质上是经济部门的增长,它根植于现代技术所提供的生产函数的累积扩散之中。对这些发生在技术和组织中的变化只能从部门的角度来加以研究。罗斯托采用非均衡动态结构演进分析法,论证了经济增长并不是脱离产业结构而单独发生的。钱纳里把经济增长过程看作国民经济结构的一组变化,这组变化与国民收入水平的增长有密切关系。根据"标准结构"的描述性结论,结构变化的75%~80%发生于人均GNP(国民生产总值)在100至1 000美元的发展区间,其中最重要的积累过程和资源配置过程都会发生显著的、深刻的变化,结构的改善往往伴随着资源配置效率的提高。帕西内蒂指出,由于不同部门之间的生产率提高速度与需求扩张程度是可以不同的,这会使资本与劳动在不同部门之间转移。这种变化是保证经济不断增长的条件。即使个别部门就业机会减少、生产率提高速度放慢,只要这些部门的劳动力转移到有相当高的就业增长率和较快生产扩张速度的部门,整个国民经济仍然能够随着资本和劳动的充分利用而增长。伯格和布鲁斯·赫里克的研究也表明,在较发达经济结构的投入产出模型中,结构效益在经济增长中起着重要作用,成为现代经济增长的基本支撑点,这种来自结构的效益,其意义远远超过个别劳动生产率提高带来的经济效益的提高。

综合以上理论观点,可以将产业结构对区域经济发展的影响机理归纳为以下三个方面:首先,产业结构变动能够使资源得到更有效、合理的配置。从社会需求结构变动角度来看,当社会需求结构发生变化而使供给结构不再与其吻合时,产业结构如能及时得到调整,稀缺资源就能在社会生产各部门、各行业重新进行更有效配置,从而提高单位资源的产出效益,促进经济增长。从资源的供给和需求两个方面来看,在社会生产中,各个产业部门之间资源的供给条件不同,由此造成各部门生产率增长对资源的依赖程度和所需资源种类也不一样。在这种状态下,如能及时调整产业结构,建立新的产业部门替代生产资源短缺部门或提高这些部门资源利用效率,扩大资源供给较为充沛产业部门的生产规模,就可以促进经济增长。由此可见,大量资源的投入虽然是经济增长的必然条件,但其投入效率往往在很大程度上取决于产业结构状态。其次,主导产业更替是经济增长的主导力量。现代经济增长实质上是部门的发展过程,经济增长总是先由某一产业部门率先采用先进技术开始,主导产业部门以及主导产业部门综合体系有一个较高的增长率,并通过多种方式影响带动整个国民经济增长。主导产业部门是经济增长的驱动力,但它并不是一成不变的,它的形成和发展以及被新主导部门所代替的过程,是与经济增长紧密联系的。新的主导产业取代原来的主导产业,就会以更新的技术和更高的劳动生产率促进国民经济更快增长。最后,社会分工和科学技术发展引起的产业结构变动是经济增长的根本动力。随着经济的增长,产业部门不断增多,社会分工日益细化,产业之间的关联度日益增强,社会分工的专业化和一体化使结构效益地位上升,成为现代经济增长的一个基本支撑点。此外,科学技术发展为各产业增长提供了重要动力。新技术对产业结构发展的作用是通过两种方式实现的:一是创新技术的发展和使用导致新产业的出现和迅速增长,新产业向其他产业不断扩散,从而实现经济总量增长;二是改良技术的使用导致现有产业的改造更新和发展,从而促进资源更有效配置,使劳动生产率提高。这两种方式的合力不仅能推动宏观产业结构变动,而且也能推动整个经济迅速增长。

7.2 地区专业化和产业结构的关系

7.2.1 影响机理和特点分析

对产业结构内涵的说明已经指出,产业结构是不同产业间的关系,包括数量比例和内在制约关系。不同产业的存在和发展是由社会分工决定的。原始社会末期,出现了农业和畜牧业分工,社会上便产生了农业和畜牧业的结构问题,然后,手工业又从农业中分离出来,产业结构便有了新的变化。首先,一个新产业的形成必然会引起产业结构的演变,比如手工业的出现改变了原来农业和畜牧业的结构关系。产业结构演变不仅仅是两个产业变成三个产业的排列问题,更主要的是资源的有限性在新的产业出现以后得到了加强。新的产业会利用一些共有资源,从而对原有产业发展形成约束,而新产业可能又会生产出其他产业需要的资料或消耗其他产业的产品,从而推动原有产业的进步。这样,农业、畜牧业和手工业间便要互相协调彼此的关系,在充分利用有限资源的基础上谋求共同进步,产业结构便会达到一种新的状态。其次,社会分工推动了产业结构演变。社会分工是一个动态过程,各产业发展的成熟度发生变化,它们的内部关系也会发生改变。如手工业最初是同农业和畜牧业紧密相连的,但它的发展速度比农业和畜牧业的发展速度都快。手工业的发展为其自身积累了大量资本和管理经验,它更加独立,并谋求新的发展形式,于是有了工商业的出现和发展;工商业的发展使社会分工发生了根本性变化。因此,社会分工的成熟程度会引起各产业力量的变化,而各产业相互间作用方式的改变,使得既定的产业结构由平衡发展到不平衡,再发展到新的平衡。

对分工专业化发展影响产业结构的机理,也可以从这样一个角度来理解:分工专业化造成了两个结果,一是产品的多样性,二是生产的单一性。前者是从社会范围来看的,后者是就单个企业而言的。产品的多样性及其相互之间由生产消费和生活消费所决定的比例关系使产业结构自然形成。企业生产的单一性即专业化生产,客观上要求其他企业在原材料、零部件、销售等方面的协作与配套,从而形成一定时期的产业结构。不仅如此,产业结构的不断演进和高级化也是分工和专业化不断细分深化的结果。如人类社会早期的农业、手工业和商业分工,使简单的农、工、商产业结构形成了;种植业、林业、牧业、渔业的分工,使大农业内部各产业之间的产业结构形成了;种植业内部的粮食作物、经济作物、饲料作物的分工又使粮、经、饲三元产业结构形成了。

总之,分工和专业化过程可以简单地理解为越来越多的产品生产或基本生产操作(环节)从生产活动整体中分离出来,从而实现其最适生产规模的过程。在这一分离过程中,由于被分离出来的产品生产相互之间是独立进行的,各自采用不同的技术条件进行生产,达到最适生产规模的批量不同,生产周期的长短也会不同,从而造成各产品、零部件、基本操作环节与整体产品或整体生产的要求不配套,使得有些产品生产剩余,而有些产品生产不足,造成资源的浪费。如工业生产中,由于区域产品的分工和生产的专业化,如果没有相互之间的协调,就可能出现有些产品供过于求,而有些产品则供不应求的情况。工业结构调整就是对分工和专业化生产所造成的这种不配套进行有意识、有目的的协调,使从生产活动整体中分离出来的各生产部门、行业等能够互相衔接,减少盲目性,减少资源的浪费,从而保证和促进分工和专业化发展。由此可见,在分工和专业化基础之上的产业结构调整,同时也是对分工和专业化所形成生产系统进行协调整合的过程。这种协调整合过程一方面可以避免或减少各专业化生产者由于各自生产条件差异所造成的相互之间不匹配问题,从而减少资源的闲置浪费;另一方面,可以提高系统内各生产者之间的聚合质量,从而提高资源利用效率和生产率。从经济学角度来看,这实际上就是产业结构调整所带来的外部经济性在发挥作用。

7.2.2　两种专业化影响差异

图 7.1 给出了全球生产网络发展过程中,各地区垂直专业化和当地以农业为主的第一产业、以工业为主的第二产业以及以服务业为主的第三产业增长率之间的关系。从地区垂直专业化与农业增长率(gagri)之间关系来看,我国中西部地区由于融入全球生产网络的水平还很低,其垂直专业化发展水平也普遍较低。但与此相对应的是,这些地区的农业平均增长率相对都很高,表明当地经济发展还是保留着很明显的农业经济特色,外部发展环境变化对其产生的影响还不是很明显。上面关于分工专业化对区域产业结构影响机理的分析已经指出,社会分工成熟度会引起各产业相对力量变化,并使得既定产业结构由平衡发展到不平衡,再发展到新的平衡。和东部地区相比,中西部地区由于融入全球生产网络的水平还很低,相应的垂直专业化发展水平也都不高,这些地区在发展过程中利用既有资源的能力因而也还有待提高,特别是中西部地区以高级要素(如人力资本等)为代表的资源优势不足,由此对这些地区原有经济结构所带来的影响作用自然也就十分有限。再就东部地区几个省份来看,由于其融入全球生产网络体系的水平已经很高,垂直专业化发展水平也明显要高。而相应的,在经济结构变化中,农业相对增长速度很慢,表明东部地区农业经济发展特

点已居于次要地位。

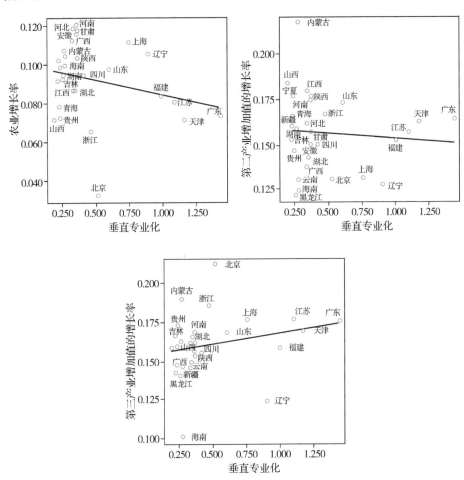

图 7.1 垂直专业化和各地区三大产业的相关性比较

再就垂直专业化和地区工业化发展之间的构成关系来看,结果多少有些出乎意料,垂直专业化和地区工业化发展之间略微呈负相关关系。将比较散点图进一步分为两个部分,可以发现,对于工业化发展水平相对比较高的省市,如北京、上海、辽宁、福建、江苏、天津和广东,工业化发展和垂直专业化发展还是呈显著正相关关系的;而对于中西部地区大多数仍处于工业化发展初期阶段的省(自治区)而言,垂直专业化和工业化发展并没有表现出很明显的关系。虽然中西部地区大多数省(自治区)垂直专业化水平都不是很高,但是工业化发展速度却是有的很快,甚至比很多东部还快,如内蒙古和山西等,而有的则发展很慢,如黑龙江。这里注意到，这三个省（自治区）都是典型的自然资源相对比较丰富的省（自治区），不同的只是以黑龙江为代表的早期依托资源优势发展起来的老工业基地，其工业化在当前进一步发展中已经很明显表现出后劲不足的问题。随着资源优势的消失，其发展也开始变得缓慢。更重要的还在于，在全球生产网络发展过程中，由于其他方面竞争优势在很长一段时间内并没有积累起来，这些地区的经济发展和结构转型面临着更多困难。而就内蒙古来看，其工业发展虽然也表现出了较快增长速度，但是本质上来说，也是依托资源优势而迅速发展起来的，这与国家发展战略调整不无关系。可以预见，如果内蒙古在进一步发展中不能够吸取黑龙江等地区过去发展中的经验教训，很有可能重蹈覆辙，这是值得注意的地方。

最后，比较垂直专业化和第三产业增长速度的构成关系，发现两者呈显著正相关关系，表明在全球生产网络发展过程中，地区垂直专业化能力的形成进一步促进了区域内第三产业的快速发展。这里还注意到，对应着相对较高的垂直专业化发展水平，这些省份的工业化发展水平也是最高的。按照产业结构演进一般规律，以服务业为主体的第三产业发展是工业化发展到一定阶段后才开始表现出较快增长势头的。国内学者陈体标（2007）就指出，经济结构变化是以工业化为特征的经济增长过程中的普遍现象。由此可以认为，对工业化发展水平相对已经很高的省份来说，地区垂直专业化的发展更使得区域内产业的细化发展越来越明显。

从垂直专业化和各地区产业结构比例的关系构成可以更明显发现，工业化发展水平相对较高的几个省份决定了总体拟合趋势。其中，工业和农业增加值比例（sindagri）同垂直专业化发展显著正相关，表明垂直专业化发展水平越高的地区，其产业结构相对变化过程中地区工业化发展特点也越明显。与此相反，服务业和工业增加值比例（sserind）同垂直专业化发展显著负相关。上文关于图7.1的分析中，地区垂直专业化发展同服务业增长率是呈显著正相关关系，而图7.2呈现的负相关性实际上表明，地区服务业发展相对还是比较落后的，特别是对于那些工业化发展水平已经很高，甚至相对过剩的地区来说，产业结构中服务业发展的相对落后问题已经变得更加突出，尤其是这里所体现出来的规模发展上的不足问题。按照一般观点，产品内分工细化和垂直专业化能力的形成，会直接导致中间需求力量的迅速扩张，这反过来又会刺激分工环节的不断延伸和拓展，从而再次形成内部中间需求张力，如此循环往复。由此，分工和专业化所引起的一系列中间需求力量变化最终成为推动服务经济从制造经济体系中内生地扩张和发展的最根本机制。这里的分析结果实际上说明,快速工业化过程如若不能带来服务业的相应迅速发展,不能促进服务经济从制造经济体系中内生得到发展的话,那很可能是这个经济体中的生产活动内部分工体系出现了阻碍和问题。就我国来看,主要是工业企业制度改革和市场化制度改革还不够完善,导致企业内部无法形成更细致分工和更高专业化水平,以及导致较低市场交易效率,即便是较发达的东部地区。这也表明,在全球生产网络发展过程中,其相关方面特点对我国地区产业结构调整升级的影响也需要内部区域一些方面的不断改善和契合。

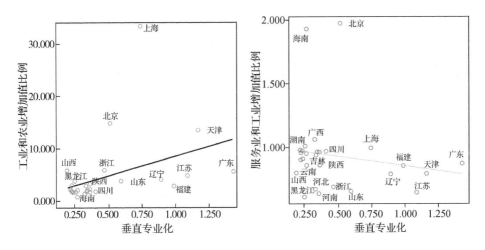

图7.2　垂直专业化和各地区产业结构比例的关系

综合这里图 7.1 和 7.2 的情况可见,中西部地区在调整产业结构时,很大程度上忽视了社会分工和专业化发展。在区域经济发展过程中,中西部地区由于融入全球生产网络还存在着诸多方面的限制,很难从全球范围内社会分工角度来选择产业发展和安排生产活动,这些地区仍然体现出传统优势产业特别是资源过度依赖型产业发展比重过高的特点,而一些适合当地发展且有较大潜力的新产业则得不到足够重视并获得良好发展空间。长期下来,当地产业发展类型也决定了其对不同资源的利用和发展情况,最明显的就是中西部地区对自然资源的过度开发利用和人力资本、知识资本等高级要素发展的不足。同时,中西部地区省份的发展也是各自为政,不是从自身比较优势出发,从强化区域间、区域内分工合作关系的角度进行相关产业生产活动的安排,因而造成各地区重复建设现象严重,产业不成规模,竞争力小。这种产业安排又反过来强化了地区间封锁,甚至导致全国范围内产业结构也不能得到更有效的协调发展。

图7.3进一步比较了一般专业化和三大产业增长率之间的关系。总体来看,不同于全球生产网络发展中地区垂直专业化的影响特点,此处传统对外分工贸易模式下所形成的一般专业化和第一产业增长率呈正相关关系,其中,中西部地区省份相对较高的一般专业化水平和较高的第一产业增长率相对应,而东部地区省份则是相对较低的一般专业化水平和较低的第一产业增长率相对应。前面有关章节的分析已经指出,一般专业化更主要体现了产业间、产业内分工贸易发展所形成的地区专业化。就我国产业间、产业内分工贸易来看,农业和矿产资源等初级产品占有很高比重,特别是对于中西部地区很多省份来说

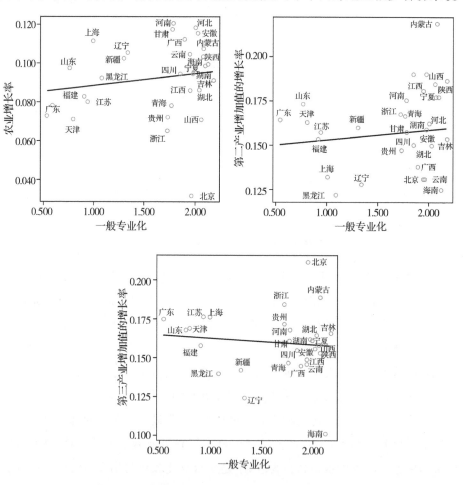

图7.3 一般专业化和各地区三大产业的相关性比较

更是如此,由此形成了农业增长率和一般专业化之间明显的正相关关系。这表明,中西部地区相对较高的一般专业化发展水平对产业结构变化的相对影响作用更明显,对利用既有资源进行配置时的影响也是最大的。中西部地区要素禀赋构成相对比较低下,主要是自然资源、物质资本和人力资本都很匮乏,由此使得一般专业化发展对资源的利用和配置集中体现在对传统自然资源的利用上。东部地区一般专业化水平相对较弱,使得资源的配置利用乃至产业结构调整受其影响作用也要小得多。

这里一般专业化和第二产业增长率之间不是很显著的正相关关系,其道理从本质上来说和上面是一样的。当然这里值得注意的还是东部地区几个工业化发展水平相对比较高的省市,如广东、山东、天津、江苏、福建、上海和辽宁,由其分布特点所体现的两个因素关系构成实际上恰好是显著负相关的,即一般专业化水平越高,其工业增长率相对是较低的。这里还需要说明的一点就是,尽管总体正相关关系表明一般专业化还是有助于促进工业化发展的,但是这并不能完全体现促进工业发展过程中的内部结构层次提升问题,特别是制造业的内部结构层次提升问题。实际上,一般专业化可能更主要是通过促进与传统资源相关的工业行业来带动总体工业增长率水平提升的。最后,这里的分析还表明,一般专业化和第三产业发展略微呈负相关关系,表明其对于服务业发展的促进作用几乎是不存在的。综合这里一般专业化和三大产业的相关性分析可见,一般专业化在促进区域经济结构发展方面的影响作用是很有限的,特别是对于东部地区而言,更是如此。这也在很大程度上体现了传统对外分工贸易模式对地区产业结构调整升级影响作用的有限性。

7.2.3 面板协整

上面通过图形对两种地区专业化和三大产业之间的关系做了定量比较,但是它们两两之间的关系构成究竟是具有长期性特点,还是说仅仅是短期内的作用过程,还不得而知。另外,在下面更具体考察垂直专业化对不同地区第二、三产业发展的影响作用时,我们发现,对第二、三产业发展情况的具体衡量直接关系到分析的稳定性和可靠性。有鉴于此,我们首先通过面板协整来加以综合考察,以解决上述两方面技术性问题。

在协整检验之前,要对各变量进行面板单位根检验,以确定其平稳性。首

先,考虑如下基于面板数据的 $ar(1)$ 过程:

$$y_{it}=\rho_i y_{it-1}+X_{it}\delta_i+\varepsilon_{it} \tag{7-1}$$

其中,$i=1,\cdots,N$ 为面板截面数;$t=1,\cdots,T$ 为时间跨度;X_{it} 为模型中外生性变量,包括固定效应或面板各单位的时间趋势;ρ_i 为自回归系数;假定扰动项 ε_{it} 相互独立。如果 $|\rho_i|<1$,y_{it} 为(弱)平稳过程;如果 $|\rho_i|=1$,y_{it} 为单位根过程。目前,已有的面板单位根检验方法大致上可以归为两种类型:一类检验方法假定对于所有的面板截面单位,参数 ρ_i 是相同的,即对于任意 i 有 $\rho_i=\rho$,这类检验方法包括 LLC 检验、Breitung 检验及 Hadri 检验;另一类检验方法则允许 ρ_i 在不同截面单位间发生变动,这类检验方法包括 IPS 检验,MW 检验。上述检验方法中,除了 Hadri 检验外,其余检验方法的原假设都是存在单位根。尽管声称 MW 检验要优于其他检验方法,但为了保证分析结论的稳健性,我们分别使用了 LLC 检验、IPS 检验和 MW 检验这三种最为常用的方法。

如果所检验变量都是一阶单整过程,就需要对其进行协整检验,以确定变量间是否存在长期联系。简单来说,面板协整检验就是将针对单个体的协整检验用于面板数据环境,它仍然采用 Engle 和 Granger(1987)提出的基于协整方程残差的检验思路。检验面板变量协整关系的七个统计量中,有四个是用联合组内维度(within-dimension)描述,分别记为 Panel v、Panel ρ、Panel PP 和 Panel ADF 统计量,另外三个用组间维度(between-dimension)描述,分别记为 Group ρ、Group PP 和 Group ADF 统计量。Pedroni 指出,每一个标准化统计量都趋于正态分布,但在小样本条件下,Panel ADF 和 Group ADF 统计量较其他统计量有着更好的性质。Kao(1999)基于各截面的回归残差也构造出了两种类型的协整检验统计量,即 DF 和 ADF 统计量,其中 DF 统计量又具体包括四个统计量:DF ρ、DF t、DF ρ^* 和 DF t^* 统计量。上述协整统计量的原假设都不具有协整关系。我们将同时利用上述检验统计量进行协整检验。

面板协整检验只是检验长期联系是否存在,但并不对协整关系做具体估计。要估算出协整系数,传统的方法是直接对变量进行 OLS 回归,但在面板数据环境下,回归变量间的潜在内生性和序列相关,会使回归量出现明显的偏误。为了更准确地估计协整关系,一些更有效的估计方法如完全修正 OLS(FM-OLS)和动态 OLS(DOLS)被相继提出。面板协整具体公式如下:

$$y_{it}=\alpha_i+x'_{it}\beta+u_{it} \tag{7-2}$$

$$x_{it}=x_{it-1}+\varepsilon_{it} \tag{7-3}$$

其中，i、t 的定义同前；u_{it} 为平稳扰动项；假定 $(y_{it}, x_{it})' \sim I(1)$，该方程即设定了变量 y_{it} 和向量 x_{it} 之间的协整关系；β 即协整系数。$w_{it} = (u_{it}, \varepsilon_{it})'$ 的长期协方差矩阵 $\boldsymbol{\Omega}$ 可表示为

$$\boldsymbol{\Omega} = \sum_{j=-\infty}^{\infty} E(w_{ij} w'_{i0}) = \boldsymbol{\Sigma} + \boldsymbol{\Gamma} + \boldsymbol{\Gamma}' = \begin{bmatrix} \Omega_u & \Omega_{u\varepsilon} \\ \Omega_{\varepsilon u} & \Omega_{\varepsilon} \end{bmatrix} \qquad (7-4)$$

$\boldsymbol{\Sigma} = E(w_{i0} w'_{i0})$ 即同期协方差矩阵，$\boldsymbol{\Gamma} = \sum_{j=1}^{\infty} E(w_{ij} w'_{i0})$ 即自协方差矩阵的加权总和。定义：

$$\boldsymbol{\Lambda} = \boldsymbol{\Sigma} + \boldsymbol{\Gamma} = \sum_{j=0}^{\infty} E(w_{ij} w'_{i0}) = \begin{bmatrix} \Delta_u & \Delta_{u\varepsilon} \\ \Delta_{\varepsilon u} & \Delta_{\varepsilon} \end{bmatrix} \qquad (7-5)$$

协整系数 β 的 OLS 估计量为

$$\hat{\beta}_{\text{OLS}} = \left[\sum_{i=1}^{N} \sum_{t=1}^{T} (\boldsymbol{x}_{it} - \bar{\boldsymbol{x}}_i)(\boldsymbol{x}_{it} - \bar{\boldsymbol{x}}_i)' \right]^{-1} \left[\sum_{i=1}^{N} \sum_{t=1}^{T} (\boldsymbol{x}_{it} - \bar{\boldsymbol{x}}_i)(y_{it} - \bar{y}_i) \right]$$
$$(7-6)$$

其中，$\bar{\boldsymbol{x}}_i = (1/T) \sum_{t=1}^{T} \boldsymbol{x}_{it}$ 和 $\bar{y}_i = (1/T) \sum_{t=1}^{T} y_{it}$。$\beta$ 的 FMOLS 估计量为

$$\hat{\beta}_{\text{FM}} = \left[\sum_{i=1}^{N} \sum_{t=1}^{T} (\boldsymbol{x}_{it} - \bar{\boldsymbol{x}}_i)(\boldsymbol{x}_{it} - \bar{\boldsymbol{x}}_i)' \right]^{-1} \left[\sum_{i=1}^{N} \left(\sum_{t=1}^{T} (\boldsymbol{x}_{it} - \bar{\boldsymbol{x}}_i) \hat{y}_{it}^{+} - T \hat{\Delta}_{\varepsilon u}^{+} \right) \right]$$
$$(7-7)$$

其中，$\hat{y}_{it}^{+} = y_{it} - \hat{\Omega}_{u\varepsilon} \hat{\Omega}_{\varepsilon}^{-1} \varepsilon_{it}$，$\hat{\Delta}_{\varepsilon u}^{+} = \hat{\Delta}_{\varepsilon u} - \hat{\Delta}_{\varepsilon} \hat{\Omega}_{\varepsilon}^{-1} \hat{\Omega}_{u\varepsilon}$，而 $\hat{\Omega}_{u\varepsilon}$ 和 $\hat{\Omega}_{\varepsilon}$ 分别为 $\Omega_{u\varepsilon}$ 和 Ω_{ε} 的一致估计量，$\hat{\Delta}_{\varepsilon u}$ 和 $\hat{\Delta}_{\varepsilon}$ 分别为 $\Delta_{\varepsilon u}$ 和 Δ_{ε} 的核估计量。β 的 DOLS 估计量 $\hat{\beta}_D$ 可通过对下式回归得到：

$$y_{it} = \alpha_i + \boldsymbol{x}'_{it} \beta + \sum_{j=-q_1}^{q_2} c_{ij} \boldsymbol{\Delta} \boldsymbol{x}_{it+j} + v_{it} \qquad (7-8)$$

在进一步分析中，我们同时利用 FMOLS 和 DOLS 方法做了协整关系估计。两种方法的相对优劣判断准则是，OLS 估计量在小样本条件下带有明显的偏差，FMOLS 的有效性总体上较 OLS 有提高，但并不十分显著；相比而言，DOLS 在进行面板协整系数估算时更有价值。

7.2.4　长期关系考察

由于协整理论不以具体的理论分析为基础来考察相关变量之间的长期关

系，在具体分析中我们分别就两种地区专业化同第二、三产业增加值(ind、ser)、第二产业和第一产业比例构成(rind)，第三产业和第二产业比例构成(rser)，以及第二、三产业增加值的增长率(gind、gser)做了多个协整分析。首先对每组三个变量及其一阶差分值进行面板单位根检验，为了保证结果的稳健性，这里使用了 LLC、IPS、ADF 和 PP 四种检验方法，检验结果如表 7.1 所示。可以看出，除变量 rser、gind、gser 的水平值已经是平稳的外，其他各变量的水平值检验均不能拒绝"存在单位根"的原假设，即各变量均是非平稳过程。而对各变量的一阶差分值进行检验时，上述变量均在 1% 显著水平上拒绝了原假设，即各变量一阶差分时间序列为平稳过程。因此，可以认定各变量时间序列均为一阶单整过程。

表 7.1 变量面板单位根检验结果

方法	ind 水平	ind 一阶差分	ser 水平	ser 一阶差分	rind 水平检验	rind 一阶差分	rser 水平检验	rser 一阶差分
LLC 值	1.209 (0.887)	−2.706 (0.003)	3.094 (0.999)	−6.418 (0.000)	−2.759 (0.003)	−5.629 (0.000)	−6.924 (0.000)	
IPS 值	3.783 (1.000)	−1.768 (0.039)	−1.047 (0.148)	−6.551 (0.000)	3.598 (1.000)	−2.560 (0.005)	−2.326 (0.010)	
ADF 值	43.776 (0.917)	76.488 (0.052)	88.736 (0.006)	154.556 (0.000)	32.550 (0.997)	81.502 (0.023)	98.620 (0.001)	
PP 值	8.150 (1.000)	73.260 (0.085)	208.398 (0.000)	283.469 (0.000)	22.741 (1.000)	82.253 (0.020)	155.925 (0.000)	

方法	gind 水平	gind 一阶差分	gser 水平	gser 一阶差分	lqtrade 水平	lqtrade 一阶差分	lqvstrade 水平	lqvstrade 一阶差分
LLC 值	−10.256 (0.000)		−8.150 (0.000)		0.503 (0.692)	−2.355 (0.009)	−1.431 (0.076)	−7.693 (0.000)
IPS 值	−4.915 (0.000)		−2.642 (0.004)		0.908 (0.818)	−2.273 (0.012)	1.034 (0.849)	−6.648 (0.000)
ADF 值	115.304 (0.000)		85.495 (0.011)		55.676 (0.562)	92.535 (0.003)	59.359 (0.426)	156.617 (0.000)
PP 值	181.218 (0.000)		171.906 (0.000)		55.852 (0.556)	113.644 (0.000)	71.651 (0.107)	167.538 (0.000)

在面板单位根检验基础上，我们进一步对各组变量做面板协整检验，以确定各变量之间是否存在长期联系。由于稳健性的原因，在检验变量之间协整关系时，我们使用了由 Pedroni 和 Kao 提出的多种协整检验方法。考虑到本书数

据的小样本性质,在 Pedroni 检验中只使用了 Panel-ADF 和 Group-ADF 统计量,因为它们较其他统计量有更好的小样本性质。由于 Pedroni 检验统计量适用于存在多个右侧变量的情况,这里进行面板协整检验时使用了该检验统计量。所有检验的原假设都是"不存在协整关系",拒绝原假设意味着变量间存在长期协整关系,表 7.2 给出了三组变量组合的检验结果。

表 7.2　面板协整关系检验结果

	ind	ser	rind
Panel-v	−3.812***	−3.949***	−3.964***
Panel-rho	3.821***	3.828***	3.994***
Panel-PP	2.987***	2.433**	3.529***
Panel-ADF	3.485***	3.227***	2.654***
Group-rho	5.804***	5.416***	5.385***
Group-PP	4.502***	2.899***	4.279***
Group-ADF	4.789***	3.540***	3.615***

注:***、**和*分别表示在1%、5%和10%水平上显著。

可以看出,三组变量协整关系的各种检验大多都在1%显著水平上拒绝原假设,即三组变量间均存在长期联系。不过,面板协整检验的结果只是证实了每组三个变量之间存在长期联系,要判断究竟是怎样的关系,还需要对协整系数进行计算。进一步利用 FMOLS 和 DOLS 方法,分别对三组协整方程的协整系数进行计算,结果如表 7.3 所示。如前所述,Kao 和 Chiang 认为 DOLS 方法较 FMOLS 方法更好一些,这里的计算结果也证明了这一点。

从三个协整方程来看,地区垂直专业化和第二、三产业增加值均存在着显著正相关关系,表明长期内,其通过扩大地区资源可利用范围及配置效率而影响产业结构的作用是显著且稳定的。地区一般专业化则和第二、三产业增加值呈显著负相关关系,表明其长期影响作用为负。再就影响作用相对大小来看,这里垂直专业化对第二产业增加值的正向影响作用总体上还是小于一般专业化的负面影响作用。这和 7.2.2 节中所指出的,从东部工业化发展水平相对比较高几个省份的分布构成关系特点来看,垂直专业化对第二产业增长率存在着显著促进作用,而一般专业化对第二产业增长率略微呈负向作用的一般考察结果是一致的。在第三产业增加值协整关系式中,则是垂直专业化的影响作用明显更大一些。这同样和 7.2.2 节整体考察时所得到的结论一致,即垂直专业化对第三产业增长率存在着显著促进作用,而一般专业化对第三产业增长率略微呈负向作用。

表 7.3 长期协整关系

	ind		ser		rind	
	FMOLS	DOLS	FMOLS	DOLS	FMOLS	DOLS
lqtrade	1.657	−0.68	1.83	−0.41	−0.344	−2.584
Prob	0.000	0.000	0.000	0.014	0.326	0.005
lqvstrade	−3.681	0.551	−3.563	0.602	−2.163	2.934
Prob	0.000	0.000	0.000	0.000	0.000	0.000

注:Prob 表示相伴概率。

第二产业和第一产业比例构成协整关系中,也是垂直专业化的正向影响作用更大一些。通过这里的综合比较可以发现,最终只有以规模变量 ind、ser 所衡量的第二、三产业发展情况和两种专业化之间同时存在着协整关系,因此在下面的进一步分析中,我们也将重点从总值角度对相关问题予以考察。

7.3 模型构建和计量分析

7.3.1 理论模型构建

前面在讨论分工专业化影响产业结构的机理时,着重强调了其对区域资源流动配置的作用。实际上,对于区域产业结构变化的根本原因,还可以从技术变化角度来考察,并且通过下面具体分析可以看到,技术变化和资源流动配置本质上是有着密切联系的。在具体分析中,我们的理论模型主要参考了 Ngai 和 Pissarides(2005) 所构建的多部门经济增长模型。

假设共有 $N+1$ 个经济部门,部门 $i=1,2,\cdots,n$ 生产中间产品,部门 $i=0$ 运用中间产品生产最终产品,最终产品被划分为消费品和各种中间产品。中间产品 Y_i 由资本 K_i 和劳动 L_i 生产,为了避免资本深化对经济结构变化的影响,假定每个部门的资本份额都相同,都为 α,则有 Cobb-Douglas 生产函数如下:

$$Y_i = A_i K_i^{\alpha} L_i^{1-\alpha}, \quad \frac{\dot{A}_i}{A_i} = \gamma_i, \quad \alpha \in (0,1), \quad \forall i=1,2,\cdots,n \quad (7-9)$$

其中,A_i 为第 i 个部门的生产技术,γ_i 为第 i 个部门的技术增长率。

假设最终产品 Y 的生产采用不变替代弹性函数形式:

$$Y = \left| \sum_{i=1}^{n} \varphi_i Y_i^{\varepsilon-1/\varepsilon} \right|^{\varepsilon/\varepsilon-1} \quad (7-10)$$

这里 ε 为弹性,满足 $\varepsilon > 0$;各中间投入品占比 $\varphi_i > 0$,且 $\sum_{i=1}^{n} \varphi_i = 1$。如果 $\varepsilon = 1$,最终产品生产函数变为 $\ln Y = \sum_{i=1}^{n} \varphi_i \ln Y_i$,容易验证,最终产品生产函数是严格的凹函数。假设市场完全竞争下,资本、劳动、中间产品和最终产品对应的价格分别为 r、w、P_i 和 P。

中间产品部门企业利润最大化问题表述如下:

$$\max_{K_i, L_i} P_i Y_i - r K_i - w L_i = P_i A_i K_i^{\alpha} L_i^{1-\alpha} - r K_i - w L_i \quad (7-11)$$

有一阶条件:

$$r = P_i \alpha A_i K_i^{\alpha-1} L_i^{1-\alpha} \quad (7-12)$$

$$w = P_i (1-\alpha) A_i K_i^{\alpha} L_i^{-\alpha} \quad (7-13)$$

由于假定资本和劳动力在各个部门之间是可以自由流动的,因此各部门的资本收益和工资相同,由此得到:

$$\frac{w}{r} = \frac{1-\alpha}{\alpha} \frac{K_i}{L_i} = \frac{1-\alpha}{\alpha} k_i \quad (7-14)$$

这表明在均衡时,用于生产中间产品的各个部门所用的人均资本都相同,人均资本为 $k_i = \frac{K_i}{L_i} = \frac{K}{L} = k$,设 $m_i = L_i/L$ 为各中间部门劳动份额,且满足 $\sum_{i=1}^{n} m_i = 1$,均衡时市场出清: $L = \sum_{i=1}^{n} L_i, K = \sum_{i=1}^{n} K_i$。最终产品部门企业利润最大化问题为

$$\max_{Y_i} PY - \sum_{i=1}^{n} P_i Y_i = P \left| \sum_{i=1}^{n} \varphi_i Y_i^{\varepsilon-1/\varepsilon} \right|^{\varepsilon/\varepsilon-1} - \sum_{i=1}^{n} P_i Y_i \quad (7-15)$$

其满足一阶条件:

$$P \left| \sum_{i=1}^{n} \varphi_i Y_i^{\varepsilon-1/\varepsilon} \right|^{\varepsilon/\varepsilon-1} \varphi_i Y_i^{-1/\varepsilon} - P_i = 0 \quad (7-16)$$

$$P(Y)^{1/\varepsilon} \varphi_i Y_i^{-1/\varepsilon} - P_i = 0 \quad (7-17)$$

由于中间产品市场是竞争性的,所以产品的价格等于边际产品价值,由此

得到与式(7-17)同样的结果：

$$P_i = P\varphi_i \left| \frac{Y_i}{Y} \right|^{-1/\varepsilon} \quad (7-18)$$

对式(7-18)进行变化得到：

$$Y_i = \left| P \frac{\varphi_i}{P_i} \right|^\varepsilon Y \quad (7-19)$$

代入最终产品生产函数并整理可以得到：

$$P = \left| \sum_{i=1}^n \varphi_i^\varepsilon P_i^{1-\varepsilon} \right|^{1/1-\varepsilon} \quad (7-20)$$

该式给出了最终产品和中间产品之间的价格关系。

由式(7-19)可得：

$$\frac{Y_i}{Y_j} = \left| \frac{P_i \varphi_i}{P_j \varphi_j} \right|^\varepsilon \quad (7-21)$$

把中间产品生产函数代入式(7-21)可得：

$$\frac{A_i K_i^\alpha L_i^{1-\alpha}}{A_j K_j^\alpha L_j^{1-\alpha}} = \frac{A_i L_i}{A_j L_j} = \left| \frac{P_i \varphi_i}{P_j \varphi_j} \right|^\varepsilon \quad (7-22)$$

由工资或资本收益表达式(7-12)或(7-13)可得：

$$\frac{A_i}{A_j} = \frac{P_i}{P_j} \quad (7-23)$$

把式(7-23)代入式(7-22)整理得：

$$\frac{L_i}{L_j} = \left| \frac{A_i}{A_j} \right|^{\varepsilon-1} \left| \frac{\varphi_i}{\varphi_j} \right|^\varepsilon \quad (7-24)$$

分别对式(7-23)、式(7-24)求导可以得到如下两个关系式：

$$\frac{\dot{P}_i}{P_i} - \frac{\dot{P}_j}{P_j} = \gamma_j - \gamma_i \quad (7-25)$$

$$\frac{\dot{m}_i}{m_i} - \frac{\dot{m}_j}{m_j} = (1-\varepsilon)(\gamma_j - \gamma_i), \forall i,j = 1,2,\cdots,n \quad (7-26)$$

从式(7-25)和式(7-26)可以看出,结构调整主要表现为中间产品相对价格变化和劳动力流动。其中式(7-25)表明,中间产品相对价格变化仅仅依赖于不同中间产品部门的技术增长率,式(7-26)则表明,各中间产品部门之间的劳动力转移依赖于各中间产品部门的技术增长率差异和生产最终产品时中间产品的替代弹性。当 $0<\varepsilon<1$ 时,意味着生产最终产品时,中间产品之间不容易相互替代,但是技术进步快的中间产品部门生产成本低,更容易生产,当技术进步快的中间产品部门生产的产品不容易替代技术进步慢的中间产品部门生

产的产品时,技术进步快的中间产品部门生产的更多产品就成为多余的,调整措施就是转移出劳动力。相反,如果 $\varepsilon>1$,中间产品之间比较容易相互替代,技术进步快的中间产品部门可以生产更多产品来替代技术进步慢的中间产品部门的产品。因此,区域产业结构调整很大程度上受不同中间产品相对技术增长率和替代弹性的影响。结合经济全球化动态发展所形成的两种不同地区专业化(一般专业化和垂直专业化)对区域产业结构变化影响的差异来看,可以认为,在基于产业间、产业内分工贸易发展所形成的一般专业化发展模式下,中间产品种类还是很有限的,这使得中间产品彼此之间的替代弹性 ε 很小,劳动力在不同产业部门间的流动性相对也不会很高,一定程度上即表现为产业结构调整升级能力相对较弱。而在全球生产网络所形成的垂直专业化发展模式下,由于生产方式深入到产品内部工序层面,相对于一般专业化发展模式,其最显著特点就是,中间产品种类显著增多,彼此之间的替代弹性 ε 也变得更大,这显然有利于技术水平相对较高中间产品部门的扩张,也会影响到最终产品相对技术水平的提升,对区域产业结构调整升级具有更大影响。

7.3.2 变量选择和说明

前面的协整分析已经指出,以规模变量所衡量的第二、三产业发展情况和地区垂直专业化存在着长期稳定关系,因此这里即用消除价格因素影响后的第二、三产业增加值(industry、service)分别作为因变量进行回归,并通过比较两者,考察相关因素特别是地区垂直专业化影响的差异性。自变量中,对两种地区专业化水平的衡量同上。对于控制变量的选择,鉴于实际发展中引起产业结构变动的影响因素是多方面的,这里主要考察了以下几个方面:(1) 市场规模(market)。需求因素是影响产业结构升级和社会生产发展很重要的一个方面,其既可以体现为最终需求,也可以是中间需求,还可以从海内外需求角度来看。因此这是一个涉及面很广的概念。作为对其必要的衡量,这里用与其有着密切联系的市场规模来表示,采用6.3节的类似方法,同样以市场潜力大小来表示。(2) 集聚水平(agglo)。对于不同行业的发展来说,集聚所带来的好处是很多的,它是影响各行业相对发展差异的一个重要方面。相对于服务业集聚来说,我国工业集聚发展的特点更为明显,因此这里我们仅考察了工业集聚。参照梁琦(2003b)的做法,用各地区工业企业单位数表示企业集聚水平。(3) 基础设施条件(infra)。作为一个总体的衡量指标,这里采用5.2节中经价格处理后的固定资产投资总额表示。(4) 高素质人才(college)。人力资本也是影响产业结构发展的重要方面,其推动产业结构升级的作用,突出表现在高素质劳动者身上。一方面,其作为生产要素从供给方面影响了产业结构变动;另一方面,其作为消费者又从需求方面对产业结构变动产生了影响。这里以高等学校在校学生数和所有地区平均值的比例加以衡量。(5) 劳动力成本(wage)。产业结构变动是生产要素重新组合与不断更新的过程,其通过价格这一市场信号影响着企业的生产经营决策。对成本因素的考察,这里选取了较具有代表性的效率工资,即单位GDP内的工资水平,用各地区年底工资总额和GDP的比值表示。(6) 地区市场化程度(marketlization)。要素自由流动或者说区域市场之间的壁垒程度是影响企业生产经营活动以及区域市场结构形态的重要因素。以劳动力的自由流动为例,只有劳动力的自由流动和集聚,才可能促成企业内部功能结构在区域体系内部,基于原有禀赋基础之上的继续分工和分置(郑凯捷,2008)。本章采用樊纲等人(2003)对我国市场化发展程度的测量值衡量地区市场化程度。

考虑到地区专业化发展可能存在的内生性问题,这里仍然采用工具变量面板回归进行分析。与前面采用单一工具变量不同,此处分析中同时运用了两个工具变量。在当今世界,港口已然成为衡量交通运输条件的一个重要标准,吞吐量超过千万吨的港口有80%以上集中在发达国家;更重要的是,很多工业发达国家的重工业基地大多布局在沿海或者沿江拥有重要港口的地区。比较中国和印度海岸地区经济发展水平可见,中国海岸地区经济的发展促进了中国整体经济的发展;与此相反,印度海岸地区经济的不发达对印度国民经济产生了不利作用。由于港口发展本身也已经成为一个很重要的经济地理因素,因此这里我们即用其来设定另一个虚拟变量。具体来说,根据中华人民共和国交通运输部公布的数据,我们将某地区货物吞吐量达到1 500万吨(沿海)或达到1 000万吨(内河)的港口设定为1,而不满足此条件的港口皆设定为0。同样由于该虚拟变量还不是随时间变化的量,因此为了反映动态特征,同样用考察期内官方名义汇率对其做了调整,以两者乘积作为最后的工具变量,记为port。最终设定计量回归方程形式如下:

$$\begin{aligned}\ln \text{industry}_{it}(\text{service}_{it}) = & a_0 + a_1 \ln \text{lqvstrade}_{it} + a_2 \ln \text{market}_{it} + a_3 \ln \text{agglo}_{it} \\ & + a_4 \ln \text{infra}_{it} + a_5 \text{college}_{it} + a_6 \ln \text{wage}_{it} \\ & + a_7 \ln \text{marketlization}_{it} + \varepsilon_{it}\end{aligned} \quad (7-27)$$

其中,ln 为自然对数符号;a_0 为常数项;ε_{it} 为随机误差项;下标 i 表示所在地区,这里同样不包括港澳台和西藏自治区数据,重庆数据并入四川省;t 表示年份。相关变量数据主要来自《中国统计年鉴》和《工业经济统计年鉴》。

7.3.3 计量结果和解释

从表 7.4 中两种地区专业化对工业化发展总体影响的分析结果来看,一般面板分析所对应的 Hausman 检验值表明,随机效果模型为相对最优模型。考虑到两种专业化发展可能存在的内生性问题,我们进一步给出了工具变量随机效果模型,相应的 Hausman 检验表明,垂直专业化发展影响存在着很显著的内生性问题,而一般专业化发展在这里的分析中不存在内生性影响。总体来看,回归结果中大多数变量都与预期相符,并通过了显著性检验,方程也具有较好拟合度。

就两种地区专业化对工业发展的影响作用来看,在工具变量回归结果中,垂直专业化不仅在 1% 水平上通过了显著性检验,且其影响作用也较一般随机效果模型要大。相比较而言,一般专业化的影响作用在相对较优的一般随机效果回归模型中则显著为负,这与前面通过协整分析所得到的结论是一致的。从其他控制变量回归情况的分析结果可以看到,市场规模、工业集聚和基础设施条件均对地区工业发展存在着显著促进作用;这里变量 college 的回归结果虽为正,但始终没有通过显著性检验;以效率工资衡量的劳动力成本 wage 因素的影响显著为负;最后,地区市场化程度 marketlization 的正向影响作用也在 1% 水平上通过了显著性检验。

表 7.4 工业化发展影响分析结果

	RE		IVRE		RE		IVRE	
	系数	z 值	系数	z 值	系数	z 值	系数	z 值
lqvstrade	0.01	0.98	0.287***	2.77				
lqtrade					−0.048**	−2.51	−1.414	−1.41

续表

	RE		IVRE		RE		IVRE	
	系数	z 值	系数	z 值	系数	z 值	系数	z 值
market	1.253***	20.69	1.082***	8.54	1.281***	21.42	1.882***	3.8
agglo	0.017*	1.7	0.023***	2.26	0.015	1.52	−0.019	−0.39
infra	0.182***	7.57	0.145***	2.88	0.178***	7.54	0.072	0.56
college	0.152	1.59	0.191	1.13	0.147	1.57	0.032	0.09
wage	−0.094*	−1.67	−0.03	−0.3	−0.1*	−1.79	−0.097	−0.46
marketlization	0.124**	2.33	0.147***	3.06	0.128**	2.44	0.153	0.76
_cons	1.097*	1.83	3.682**	2.5	0.788	1.34	−4.981	−1.05
工具变量			export78、port				export78、port	
Hausman (Prob)	−73.9		28.74 (0.00)		−62.28		2.02 (0.998)	
回归检验	501.23***		463.69***		547.25***		430.39***	
组内 R^2	0.986		0.938		0.986		0.745	
组间 R^2	0.734		0.755		0.738		0.634	
样本量	377		377		377		377	

注:***、**和*分别表示在1%、5%和10%水平上显著;_cons为常数项。根据 Stata 7 Reference 的解释,当 Hausman 检验为负值时,我们可以不拒绝原假设,也就是接受随机效应模型的估计;z 值是样本数据与总体平均数之间的差除以总体平均差,用来判断是否离群。

下面对两种地区专业化对服务业发展总体影响的分析结果中,从表 7.5 中相关检验指标来看,固定效果和随机效果 Hausman 检验都接受了两者不存在差别的零假设,表明随机效果模型为相对最优模型。进一步对两种专业化进行工具变量随机效果回归的可靠性检验,根据相应 Hausman 值给出不同的判断结果。一般专业化分析表明还是应该接受一般随机效果模型;而垂直专业化影响的分析结果中,Hausman 值相伴概率为 0.079,如果按照 5%标准,应该接受零假设,也应选择一般随机效果模型,而如果按照 10%标准,则还是可以拒绝零假设,从而选择工具变量随机效果模型。由于不能非常明确判断哪种模型更合适,这里综合参考了两种回归结果。

首先,垂直专业化影响作用在两种情况下均在 1%水平上显著为正,只是在工具变量随机效果 IVRE 模型中,其影响作用有了明显提高。而这里一般专业化影响作用虽为负,但并没有通过显著性检验。和前面的工业化发展影响作用进行比较,可以发现,垂直专业化对地区工业化发展的影响作用明显小于对服务业发展的影响作用,这同样与前面协整分析结果是一致的。对控制变量的分析结果不同于工业发展影响作用的分析结果,这里值得注意的是,工业集聚对服务业发展的影响作用显著为负;地区市场化程度对服务业发展的促进作用也没有显著表现出来。

表7.5 服务业发展影响分析结果

	RE		IVRE		RE		IVRE	
	系数	z值	系数	z值	系数	z值	系数	z值
lqvstrade	0.037***	2.9	0.493***	3.55				
lqtrade					−0.014	−0.55	−1.391**	−1.98
market	1.084***	14.33	0.836***	4.72	1.116***	14.57	1.68***	4.47
agglo	−0.052***	−4.13	−0.053**	−1.97	−0.053***	−4.11	−0.074*	−1.74
infra	0.092***	3.1	0.044	0.61	0.1***	3.33	0.024	0.22
college	0.347***	2.92	0.298	1.19	0.349***	2.92	0.508	1.37
wage	−0.278***	−4	−0.308**	−2.19	−0.27***	−3.86	−0.308	−1.47
marketlization	0.065	0.97	−0.022	−0.15	0.079	1.17	0.117	0.57
middle	−0.157	−1.35	0.376*	1.75	1.892**	2.55	0.407	1.06
west	−0.394***	−3.03	0.513*	1.76	1.62**	2.16	−0.079	−0.23
_cons	2.53***	3.39	6.302***	3.2	−2.082***	−2.79	−3.495	−0.97
工具变量			export78、port				export78、port	
Hausman FE/RE (Prob)	−622.72				−282.52			
Hausman RE/IVRE (Prob)			18.1* (0.079)				−2.36	
回归检验	814.2***		726.28***		846.9***		707.2***	
组内 R^2	0.973		0.848		0.973		0.715	
组间 R^2	0.691		0.741		0.678		0.605	
样本量	377		377		377		377	

注:***、**和*分别表示在1%、5%和10%水平上显著;_cons为常数项。

分地区考察时,限于篇幅,我们仅给出了最优方程和主要检验指标。比较垂直专业化对东部和中部地区工业化发展的影响作用可见,其对中部地区的边际影响作用要略大于东部地区;就对西部地区影响的分析来看,虽然采用的是一般固定效果(FE)模型,不便于直接比较变量影响作用的大小,但这里可以看到,垂直专业化对西部地区工业化发展的边际影响作用也是显著为正的。和第五章中分地区考察垂直专业化对区域发展总体影响的结果有几分相似,虽然垂直专业化发展水平最高的是东部地区,但分析表明其对中部地区的边际影响作用还是略大一些。由此进一步说明了加快中西部地区融入全球生产网络和大力促进垂直专业化能力形成的重要意义。

表7.6 工业化发展分地区比较结果

	东部(IVRE)		中部(IVRE)		西部(FE)	
	系数	z值	系数	z值	系数	z值
lqvstrade	0.588***	3.76	0.61**	2.27	0.038***	3.88
market	1.084***	24.78	0.589***	4.51	0.987***	19.25
agglo	0.096***	3.36	−0.256***	−3.36	0.029	1.57
infra	0.168***	4.03	1.069***	5.47	0.402***	4.69
college	−0.321**	−2.03	2.033**	2.41	1.451**	2.51
wage	−0.032	−0.22	−0.412	−1.34	−0.369***	−4.42
marketlization	0.583***	2.82	−0.712	−1.53	0.267***	4.8
_cons	0.46	1.01	7.808***	6.03	1.391***	4.16
Hausman FE/RE (Prob)	−25.95		−16.82		14.69 (0.04)	
Hausman RE/IVRE (Prob)	38.4 (0.00)		33.45 (0.00)			
Hausman FE/IVFE					3.45 (0.841)	
回归检验	263.11***		299.25***		231.06***	
组内 R^2	0.71		0.486		0.446	
组间 R^2	0.968		0.841		0.985	
样本量	143		117		117	

注:***、**和*分别表示在1%、5%和10%水平上显著;_cons为常数项。

再看垂直专业化对三大区域服务业发展的影响作用,由于三个地区的最优模型均不相同,这里只能够对相关系数符号和显著性做具体比较。这里,垂直专业化对三大区域服务业发展的影响作用还是存在着很明显差异的。其对东部地区的边际影响作用显著为负,对中部地区的影响作用显著为正,对西部地区的影响作用也为负,但没有通过显著性检验。前面7.2节中进行定量比较时已经指出,地区垂直专业化发展水平越高,服务业增长率也越高,特别是对于东部地区省份来说更是如此,但这里的总量回归结果却截然不同。思考其中的原因,我们认为,虽然我们分析时根据经济发展差异分别对东、中、西部三大区域进行了考察,但是对于各区域内部工业和服务业发展过程中所形成的产业结构还只是关注了结构本身,而没有考虑产业结构变化过程中所形成的不同产业在区域内部的分布差异。具体来说,对于东部像广东、江苏、山东和天津等工业化发展水平已经很高的地区,尽管其服务业增长速度也很快,但是其更明显的工业化发展特点,使得其服务业发展相对还是很滞后。在珠三角、长三角和京津冀地区,香港、北京和上海是区域中最重要的经济中心,各类与生产密切相关的服务活动也纷纷集中于此,它们才是真正的服务业集聚中心。总之,从这三大区域工业和服务业发展的地域分布情况来看,广东、江苏、山东和天津的工业集聚特点更突出,而香港、北京和上海的服务业集聚特点更突出。随着广东等地垂直专业化的发展,服务需求也变得越来越大,而这种需求的满足则主要是通过区域内的中心城市服务业集聚功能的发挥得以实现的。这实际上体现了上述东部三大区域内部,整体层面上已经形成了较明显的分工格局。对这一点的进一步验证,从工业集聚和服务业发展之间的负相关性也可以看出。

再就中部地区回归情况来看,一方面垂直专业化对该区域整体服务业发展存在着显著促进作用;另一方面,工业集聚和服务业发展之间也呈显著负相关关系。首先需要指出的是,相对于东部地区,中部地区工业发展和服务活动之间的地域分工格局表现得还不是很明显,两者总体发展仍具有很高的地域共生性,因此地域分布差异显然不能用来解释为什么工业集聚对服务业发展的影响作用显著为负。排除上面因素的干扰,便可以直接从需求角度来解释了。注意到中部地区回归结果中,市场化水平所衡量的制度环境因素对地区服务业发展的影响作用虽为负但不显著,而该因素在东部甚至西部地区回归结果中均在1‰水平上显著为正。这表明中部地区受制度环境等方面因素的约束,在工业化发展过程中,大量围绕着生产甚至非生产活动的服务需求被极大程度限制住,没有得到很好释放,从而使得工业化发展过程中,相应服务活动增长缓慢及两者之间的负相关性形成。而垂直专业化的显著正向作用,表明虽然中部地区以劳动密集型行业为主的制造业还没有表现出东部地区的规模优势和集聚特点,但是随着中部对东部和海外地区开放度的不断扩大,中部地区和东部地区分工合作关系特别是基于产品内分工合作关系的逐步深化,其垂直专业化获得了长足发展,并由此促进了服务活动发展。总之,由于中部地区融入全球生产网络还处于初期发展阶段,其垂直专业化发展目前也还是处于上升阶段。

表7.7 服务业发展分地区比较结果

	西部(RE)		东部(FE)		中部(IVRE)	
	系数	z值	系数	z值	系数	z值
lqvstrade	−0.15*	−1.82	0.672***	2.67	−0.028	−0.63
market	0.932***	28.04	0.461***	3.76	0.02	0.18
agglo	−0.087***	−3.75	−0.264***	−3.71	0.125***	2.8
infra	−0.007	−0.21	0.802***	4.38	0.827***	6.32
college	0.305**	2.41	2.366***	2.99	7.260***	6.14
wage	−0.179	−1.5	0.179	0.62	−0.132	−0.89
marketlization	0.714***	4.26	−0.372	−0.85	1.271***	6.68
_cons	2.378***	6.25	7.853***	6.47	2.428***	4.34
Hausman FE/RE (Prob)	277.44 (0.00)		−9.76		−206.85	
Hausman RE/IVRE (Prob)			76.91 (0.00)		10.49 (0.487)	
Hausman FE/IVFE	0.64 (0.999)					
回归检验	554.52***		283.75***		615.81***	
组内 R^2	0.215		0.429		0.883	
组间 R^2	0.969		0.799		0.78	
样本量	143		117		117	

注:***、**和*分别表示在1%、5%和10%水平上显著;_cons为常数项。

对于西部地区来说,由5.3节的分析可知,其垂直专业化发展特点相对中部地区来说更不显著,由此导致垂直专业化对区域服务业发展总体水平的影响作用没有显著表现出来。而与此形成对比的是,西部地区工业集聚对服务业发展的促进作用则非常显著。分析其中的原因,我们认为由于西部地区具有较强的资源优势,依托这种优势,如烟草加工业、有色金属冶炼及加工业、非金属矿物制品业、黑色金属冶炼及加工业在这里形成了较明显的集聚特点,但这些产业的垂直专业化发展特点相对却并不是很明显。另外,即便从这些产业自身的产业关联角度来说,其对服务业发展的促进作用也相对要小一些(陈健,史修松,2008)。

7.4 地区制造业结构升级研究

7.4.1 变量选择和说明

在前面从第二、三产业角度进行分析的基础上,本节将通过对两种地区专业化的比较,重点关注地区垂直专业化对不同区域制造业内部行业发展影响作用的差异性。首先设定回归方程形式如下:

$$\ln \mathrm{manuf}_{it} = a_0 + a_1 \ln \mathrm{lqtrade}_{ijt} + a_2 \ln \mathrm{lqvstrade}_{ijt} + a_3 \ln \mathrm{capital}_{ijt} + a_4 \ln \mathrm{labor}_{ijt}$$
$$+ a_5 \ln \mathrm{outmarket}_{it} + a_6 \ln \mathrm{innmarket}_{it} + a_7 \ln \mathrm{formarket}_{it} + a_8 \ln \mathrm{agglo}_{ijt}$$
$$+ a_9 \ln \mathrm{wage}_{it} + a_{10} \ln \mathrm{structure}_{it} + a_{11} \ln \mathrm{rfirm}_{it} + \varepsilon_{it}$$

其中,ln 为自然对数符号;a_0 为常数项;ε_{it} 为随机误差项;下标 i 表示所在地区,不包括港澳台和西藏自治区;j 表示我国工业行业分类代码中制造业二位数行业代码,具体说明见表 7.8;t 表示年份。相关变量数据均来自国研网工业统计数据库和《工业经济统计年鉴》。

对各变量的衡量中,制造业各行业产出(manuf)用各行业本年度累计工业总产值表示;对分行业两种地区专业化水平(lqtrade、lqvstrade)的衡量,这里也还是采用区位商来表示。但需要说明的一点是,由于某些省份个别行业区位商指数为零,为了避免后面对数化处理带来的无效性问题,我们统一用一个极小值 0.001 代替。需要指出的是,由于制造业分行业累计工业总产值是依据工业行业分类代码分类数据计算得到的,而对两种地区专业化的衡量则是依据海关进出口行业分类代码分类数据计算得到的,我们首先遇到的一个很大问题就是两种行业分类代码之间的不匹配。为了保证代码能够一一对应,我们依据工业行业分类代码,对海关进出口行业分类代码中某些缺失行业类别统一用现有相类似行业类别做了代替。举例来说,工业行业分类代码中,电子及通信设备制造业细分行业和海关进出口行业分类代码中机电、音像设备及其零件、附件细分行业所包括的类别最为接近,因此两者可以对应起来;但是对于工业行业分类代码中的电气机械及器材制造业,在海关进出口行业分类代码中则没有其他更合适的对应项,因此我们同样用机电、音像设备及其零件、附件与之对应。最终,两种行业分类代码的具体对应情况如表7.8所示。

表7.8 工业行业和海关进出口行业分类代码对应关系

工业行业分类代码	海关进出口行业分类代码	代码
电气机械及器材制造业	机电、音像设备及其零件、附件	16
交通运输设备制造业	车辆、航空器、船舶及运输设备	17
金属制品业	贱金属及其制品	15
木材加工及竹、藤、棕、草制品业	木及制品;木炭;软木;编结品	9
皮革、毛皮、羽绒及其制品业	革、毛皮及制品;箱包;肠线制品	8
石油加工及炼焦业	化学工业及其相关工业的产品	6
食品制造业	食品;饮料、酒及醋;烟草及制品	4
塑料制品业	塑料及其制品;橡胶及其制品	7
电子及通信设备制造业	机电、音像设备及其零件、附件	16
普通机械制造业	机电、音像设备及其零件、附件	16
文教体育用品制造业	光学、医疗等仪器;钟表;乐器	18
橡胶制品业	塑料及其制品;橡胶及其制品	7
医药制造业	化学工业及其相关工业的产品	6
仪器仪表及文化、办公用机械制造业	光学、医疗等仪器;钟表;乐器	18
饮料制造业	食品;饮料、酒及醋;烟草及制品	4
印刷业,记录媒介的复制	光学、医疗等仪器;钟表;乐器	18
有色金属冶炼及压延加工业	贱金属及其制品	15
造纸及纸制品业	木浆等;废纸;纸、纸板及其制品	10
专用设备制造业	机电、音像设备及其零件、附件	16
服装及其他纤维制品制造业	鞋帽伞等;羽毛品;人造花;人发品	12
纺织业	纺织原料及纺织制品	11
非金属矿物制品业	矿物材料制品;陶瓷品;玻璃及制品	13
黑色金属冶炼及压延加工业	贱金属及其制品	15
化学纤维制造业	化学工业及其相关工业的产品	6
化学原料及化学制品制造业	化学工业及其相关工业的产品	6
家具制造业	木及制品;木炭;软木;编结品	9

对其他控制变量对市场规模影响的衡量不同于前文,为了比较潜在市场中内外两个市场的不同影响(innmarket、outmarket),这里将分别予以考察。同时我们还考虑了海外市场规模大小的影响(formarket),直接用按照当期人民币对美元汇率转化为人民币计价的出口总额表示。可以预见,三个市场规模变量之间可能存在很高的相关性,为避免回归中显著的共线性影响,这里对外部市场和海外需求市场两个变量均取了倒数形式。分行业资本和劳动力投入(capital、labor)分别用各行业累计固定资产净值平均余额和累计全部从业人员平均人数表示。其中,对某些省份部分行业存在的缺失值,这里用该省份相对应行业既有年份数据平均值代替。相关数据来自国务院发展研究中心工业行业统计数据库。此处分析还控制了工业集聚(agglo)、企业类型(structure)和企业规模(rfirm)的影响作用。考虑到制造业内部很多行业发展的相关影响和非独立发展特点,这里对上述三个指标的具体衡量均采用的是地区工业企业发展总体平均值。其中,对工业集聚水平的衡量仍然用各地区工业企业数表示;企业类型用国有企业和外商、港澳台投资企业的比例表示;企业规模构成则用大企业数和小企业数的比例衡量。

7.4.2 分析结果和解释

表7.9给出了制造业发展总体影响分析的四个方程结果,其中方程Ⅰ是没有考虑地区、时间和行业差异虚拟变量下的普通最小二乘估计结果。初步的相关性分析发现,变量lqtrade和lqvstrade之间的相关系数仅为0.426,同时鉴于分析的大样本特点,共线性诊断结果(对应方差膨胀因子VIF值仅为3.17和3.56)也表明回归结果总体并不存在显著的共线性问题,因此这里最终将其放在同一方程中进行比较。方程Ⅱ考虑到变量lqtrade和lqvstrade可能存在的内生性问题,仍然采用了工具变量进行处理,对应的Hansman检验拒绝了工具变量回归结果。方程Ⅲ控制了地区和时间差异,方程Ⅳ则进一步控制了行业差异。总体来看,四个方程都具有很高的拟合优度,各变量回归结果也大多与预期一致,且具有较高显著性。

比较方程Ⅰ和方程Ⅲ,在没有控制地区、时间和行业差异虚拟变量情况下,垂直专业化对制造业发展的影响作用要显著大于一般专业化的影响作用;而在控制了以上地区和时间因素后,垂直专业化的影响作用则变得相对小了。这里稍加注意便可以发现,由于时间跨度不大,可以认为,方程Ⅲ相对方程Ⅰ在两种专业化影响作用上的变化,可能更主要是由区域差异造成的。前面相关分析指出,地区垂直专业化影响作用的差异主要体现在不同区域之间,这里的结果实际上再一次证明了这一点。并且,在控制区域差异变量后,垂直专业化相对一般专业化的影响作用也变小了,这表明区域差异对地区垂直专业化影响作用带来的冲击更大。实际上相对于一般专业化,一些地区(主要是东部地区)的垂直专业化及其所体现的各地区融入全球生产网络、从事产品内国际分工贸易这样一种发展特点的集中度更高。而一般专业化及其所体现的产业间、产业内分工贸易发展,虽然主要也还是集中在东部地区,但是中西部地区相对有着更多发展空间。相对地区垂直专业化,三大区域之间的一般专业化差异要小一些。因此,在控制区域差异后,其影响作用的变化并不是很大。再比较方程Ⅲ和方程Ⅳ,后者由于进一步控制了行业差异,垂直专业化影响作用明显减小。这表明,地区垂直专业化影响作用大小也存在着显著的行业差异。我们还可以认为,不同行业地区发展布局存在着差异,这进一步表明了区域差异对地区垂直专业化影响作用带来的影响。相比较而言,这里一般专业化影响作用在三种回归情况下均没有太大变化,且控制了更多因素后,其影响作用还略有提高,表明区域差异和行业差异对一般专业化影响作用带来的影响并不是很大。

最后,对于相关控制变量,我们重点关注的三类市场规模对制造业发展影响结果中,外部市场在控制了地区和行业因素后,其影响作用明显减小;内部市场规模影响作用则在控制地区差异后才显著为正;而在控制了地区差异后,海外市场规模大小影响作用则变得不再显著。这表明在不考虑地区差异情况下,是很难对一个地区自身和海外市场规模大小的影响作用作出明确判断的。

表7.9 制造业发展总体影响分析结果

	方程Ⅰ		方程Ⅱ		方程Ⅲ		方程Ⅳ	
	系数	t值	系数	t值	系数	t值	系数	t值
lqtrade	0.05***	5.13	−0.045	−0.25	0.053***	5.59	0.057***	5.07
lqvstrade	0.053***	9.72	0.072	0.73	0.049***	9.24	0.026***	5.64
capital	0.647***	36.14	0.672***	17.91	0.62***	34.19	0.531***	21.66
labor	0.336***	10.63	0.331***	10.65	0.386***	11.72	0.406***	10.04
outmarket	−0.438***	−15.62	−0.412***	−8.85	−0.108***	−2.6	−0.069*	−1.79

续表

	方程Ⅰ		方程Ⅱ		方程Ⅲ		方程Ⅳ	
	系数	t值	系数	t值	系数	t值	系数	t值
innmarket	-0.074*	-3.16	-0.073***	-2.95	0.059**	2.13	0.074***	2.68
formarket	-0.102***	-6.84	-0.107***	-4.78	-0.02	-1.23	-0.007	-0.52
agglo	0.009	0.32	0.002	0.06	0.002	0.08	0.092***	3.06
wage	0.009	0.21	0.014	0.27	-0.129**	-2.43	-0.172***	-3.54
structure	-0.11***	-5.58	-0.117***	-5.59	-0.152***	-6.95	-0.135***	-7.04
rfirm	-0.034***	-5.32	-0.025	-1.23	-0.038***	-6.01	-0.037***	-6.64
_cons	0.652***	2.69	0.423	1.14	1.771***	7.49	2.485***	10.55
Region	No		No		Yes		Yes	
Year	No		No		Yes		Yes	
Industry	No		No		No		Yes	
工具变量			export78、port					
Hausman (Prob)			0.05 (1.00)					
VIF	3.17				3.30		3.56	
F检验值	1 511.11***		2 796.65***		2 010.89***		2 878.91***	
R^2	0.954		0.937		0.942		0.94	
样本量	3 846		3 846		3 846		3 846	

注：***、**和*分别表示在1％、5％和10％水平上显著；_cons为常数项；Yes表示控制虚拟变量；No表示不控制。

从前面的分析可见，控制相关因素对于此处的更深入分析来说是重要的。因此，在下面的分地区考察中，我们给出的均是控制时间和行业差异后的回归结果。分别比较三大区域两种地区专业化的影响作用，东部地区垂直专业化的影响作用在5％水平上显著为正，而一般专业化的影响作用则没有通过显著性检验。中西部地区考察结果中，一般专业化对区域制造业发展的影响作用相对更大，其中中部地区垂直专业化在控制了年份和行业差异后，其影响作用变得不再显著，这显然和前面根据工业化发展分地区比较结果得到的分析结果有所不同。但是上文中制造业发展总体分析中已经指出，地区垂直专业化影响作用大小存在着显著的行业差异，在控制这种差异后，垂直专业化总体影响作用会有不同程度的减小。这里的中部地区考察结果实际上进一步验证了这一结论，且可以认为中部地区这一显著变化对总体分析中的变化也产生了重要影响。

表7.10 分地区制造业行业发展影响比较结果

	东部地区		中部地区		西部地区	
	系数	t值	系数	t值	系数	t值
lqtrade	0.026	1.32	0.042**	1.94	0.084***	5.44
lqvstrade	0.031**	2.35	0.014	1.46	0.04***	5.34
capital	0.617***	18.39	0.519***	17.42	0.423***	7.88
labor	0.257***	4.88	0.488***	8.53	0.511***	6.9
outmarket	−0.046	−0.98	−0.062	−0.67	−0.183***	−3.17
innmarket	0.102**	2.4	0.103	1.42	0.042	0.76
formarket	−0.004	−0.25	0.266***	3.74	0.04	1.03
agglo	0.161***	3.5	0.069*	1.69	0.095**	2.08
wage	0.037	0.31	0.139	1.6	−0.225***	−2.75
structure	−0.152***	−5.82	−0.117***	−2.92	−0.009	−0.21
rfirm	−0.028***	−3.91	−0.059***	−5.3	−0.048***	−3.48
_cons	2.151***	6.54	0.392	0.96	2.613***	6.39
Year	Yes		Yes		Yes	
Industry	Yes		Yes		Yes	
VIF	3.7		3.3		3.04	
F检验值	737.39***		392.32***		463.10***	
R^2	0.963		0.942		0.932	
样本量	1423		1170		1253	

注：***、**和*分别表示在1％、5％和10％水平上显著；_cons为常数项；Yes表示控制虚拟变量；No表示不控制。

控制变量影响作用分析结果表明，资本投入对东部地区的影响作用最大，而劳动力投入对西部地区的影响作用则是最大的。三种市场规模中，外部市场发展对三大区域发展的影响作用均为负，但只有对西部地区的影响作用通过了显著性检验。虽然我们一直强调加强区域分工合作关系的重要性，但直到目前为止，西部地区参与地域分工更主要还是体现在资源开发上，外部市场越大，对西部地区资源的需求就越大，对西部制造业发展或者说制造业结构调整升级的不利影响也越大。就目前东部和中西部地区之间的互动影响来看,由于东部沿海地区在参与全球生产网络,从事产品内分工贸易活动的过程中,更多是使用进口产品而不是内陆地区产品,使得沿海地区经济的发展并未像人们所期望的那样对内陆地区起着有效的带动作用。这在一定程度上也解释了为什么沿海地区的快速增长迟迟不能带动内陆地区的增长。这里内部市场回归结果也都为正,但只有东部地区在1%水平上显著为正。这表明东部地区内部分工合作关系的不断加强对其内部市场规模的扩大产生了积极作用,而内部市场规模扩张又反过来促进这一区域内部分工专业化水平的提升,由此形成良性循环。相比较而言,中西部地区内部分工专业化和市场发展水平都还很低,它们对区域制造业发展的促进作用也十分有限。最后,海外市场规模大小分析结果表明,只有中部地区回归结果显著为正,东部和西部地区均没有通过显著性检验。就东部地区而言,对外部市场的开拓从量上来说基本上已经没有更大的增长空间,因此外部市场的进一步发展需要考虑的问题是如何提高外部市场的质。就中部地区来说,其通过与东部地区对接,对外开放程度不断提高,因此如何利用好这一机会来促进自身制造业乃至整体经济更快发展,是很值得关注的。对于西部地区来说,由于其与东部地区的对接互动发展相对中部地区来说存在着地理位置方面的先天不利,这在很大程度上限制了其同东部地区乃至国际市场之间分工合作关系的进一步建立,进而影响了其自身发展。

7.4.3 影响差异考察

制造业内部不同行业在劳动、资本和技术三种要素的投入上存在着较大差别,因此可以认为,制造业结构升级也就是各要素在不同行业发展中相对重要的变化。综合比较而言,纺织业、化学原料及化学制品业、电子及通信设备制造业在劳动、资本和技术三种要素投入方面的差别还是非常明显的,分别代表了结构升级过程中三个不同的层次水平。出于研究兴趣,本章分别针对每个行业,就各地区在融入全球生产网络过程中,上述三种垂直专业化相对影响作用的大小进行了比较。主要目的就是在前面总体分析基础上,进一步从代表性行业角度考察不同地区垂直专业化对制造业内部行业发展或者说相对结构变化的影响差异。显然,这一角度的分析也更好体现了全球生产网络在我国不同区域动态化发展过程中影响作用的变化特点。

表 7.11 垂直专业化对三个典型行业发展的影响差异分析

行业	纺织业		化学原料及化学制品制造业		电子及通信设备制造业	
指标	系数	t 值	系数	t 值	系数	t 值
lqvs_tex	0.13***	5.05	−0.006	−0.4	0.111**	2.51
lqvs_chem	−0.102***	−2.99	−0.013	−0.59	0.14**	2.53
lqvs_elec	−0.085***	−4.12	0.018+	1.51	0.1**	2.49
capital	0.488***	4.71	0.584***	9.78	0.505***	6.82
labor	0.569***	6.16	0.484***	10.08	0.602***	6.68
agglo	0.007	0.37	0.001	0.11	0.078**	2.43
wage	−0.25	−1.38	−0.08	−0.76	−0.752***	−2.77
structure	−0.188***	−2.71	−0.126***	−2.97	−0.207*	−1.89
rfirm	−0.063***	−2.69	−0.013	−1.05	−0.097**	−2.16
_cons	dropped		2.52***	4.17	dropped	
Region	Yes		Yes		Yes	
Year	Yes		Yes		Yes	
R^2	0.968		0.97		0.968	
回归检验	18 707.92***		279.94***		7 661.31***	
样本量	150		150		150	

注:***、**、*、+分别表示在1%、5%、10%和15%水平上显著;_cons 为常数项;Yes 表示控制虚拟变量;No 表示不控制。

从回归结果来看,每个方程都具有较高的拟合度,所有变量也都与预期相符。就三种地区垂直专业化对行业发展的影响作用来看,最大特点就是三种地区垂直专业化影响作用的差异性。

纺织业回归结果中,只有其自身垂直专业化存在着显著正向作用,其他两个制造业行业的垂直专业化影响作用均在1%水平上显著为负。这一结果并不难理解,一方面,从产业链投入产出角度来说,纺织业发展和其他两个制造业行业的关联性并不是很强;另一方面,从产业结构发展演化过程要素构成变化角度来说,也是纺织业发展到一定阶段、面临转型压力并具备了一定要素禀赋条件以后,才有可能向其他两个行业转型发展。再看化学原料及化学制品制造业回归结果,分析三种垂直专业化对其影响作用,只有电子及通信设备制造业的垂直专业化发展在15%水平上通过了显著性检。考察电子及通信设备制造业情况,可以发现三种垂直专业化对其都存在显著促进作用,且相对影响作用都很大。从分析结果中还可以注意到,相对该行业自身垂直专业化发展的影响作用,纺织和化工行业垂直专业化发展所带来的影响作用更大。这充分说明,我国电子及通信设备制造业发展受产业间的关联影响作用更显著。从要素需求和高级要素积累发展角度来说,早期纺织业垂直专业化发展对专业化劳动力有着大量需求,随着我国改革开放的不断深入,东南沿海地区承接了大量类似劳动密集型制造业行业,并吸引了大量中西部地区劳动力。东部地区制造业由此在很短时间内便形成了劳动密集型垂直专业化发展特点。随着进一步发展,其积累了必要的资本和技术条件,为后续化学原料及化学制品制造业等行业在这一区域的垂直专业化发展奠定了基础。这一阶段,随着资本和技术等更高级别要素的积累和质量的不断提高,电子及通信设备制造业的垂直专业化发展特点也开始迅速在东部以广东和江苏为代表的省份表现出来。而另一方面,典型的以纺织业为代表的一些劳动密集型行业则在中西部地区一些具备条件的省份迅速发展,并表现出了一定的垂直专业化发展能力。

7.5 本章小结

本章仍然在传统分工贸易格局中一般专业化对区域发展影响作用比较的基础上,重点关注了全球生产网络发展过程中,不同地区垂直专业化对区域产业结构调整升级的影响。从中得出的主要研究结论和启示如下:

通过对垂直专业化和各地区三大产业发展情况之间的比较可以发现,垂直专业化发展显著促进了地区工业和服务业发展,并由此带动了区域产业结构调整升级。从区域比较来看,相对中西部地区,东部地区省份总体上已进入工业化发展中后期,垂直专业化发展使得其迂回生产特点变得更加明显,这一过程不仅促进了东部区域内工业特别是制造业部门的快速发展,更使得与生产制造相关的服务活动得到了很快发展,使其不断从制造企业生产中分离出来,并形成较明显的集聚发展特点,成为从制造经济到服务经济转变过程中的一个重要环节。对于中西部地区而言,尽管其农业经济发展特点依然比较明显,并在一定程度上限制了产业结构升级,但是就区域内一些工业化发展基础很好的地区来说,还是应该抓住全球生产网络发展过程中调整的机遇,适时促进其产业结构向更高层次迈进,并以此带动周边区域更快发展。以地区服务业发展为例,2006年10月,商务部、信息产业部、科技部共同认定了北京、上海、西安、深圳、成都等11

个具有服务外包发展基础和潜力的城市为中国服务外包基地城市。西部有成都和西安两个中心城市入围,可见,西部中心城市在发展服务外包业方面与东部、中部站到了相对一致的起跑线上,这显然将对西部整体服务业发展产生重要影响。

计量分析中,对两种地区专业化和区域工业、服务业之间长期协整关系的分析表明,相对于垂直专业化,一般专业化在促进区域经济结构发展方面的影响作用是很有限的。即便有,从长期来看这种影响作用也是负面的。这显著说明一般专业化更主要体现了基于传统资源禀赋等优势的产业间、产业内分工贸易发展特点,这种发展模式很容易陷入"资源诅咒"困境,特别对我国中西部地区来说更是如此。而全球生产网络发展中,地区垂直专业化长期对区域发展有显著的促进作用,指明了这些地区长期的正确发展方向。分地区考察时,地区垂直专业化的影响作用更是表现出了不同的变化特点。一方面,分析表明其边际影响作用还是中部地区略大于东部;另一方面,就对服务业发展的影响作用来看,东部地区显著为负,中部地区显著为正,而西部地区则不显著。进一步结合工业集聚来看,可以认为这很好地体现了不同区域内部差异化的地域分工格局。相对中西部地区来说,东部整体区域内部已经形成了较明显的地域分工特点。在系统性考察中,另一个值得注意的地方是区域差异对垂直专业化影响作用具有明显冲击。相对于一般专业化,垂直专业化所体现的产品内国际分工在区域发展中的地域集中性更高,这与其依赖外部全球生产网络环境而逐步发展起来的特点不无关系。

作为一个观察视角,本章最后还进一步分别比较了制造业内部三个典型行业垂直专业化对其自身发展影响作用的差异性。分析结果很好地体现了不同产业专业化发展过程中,从低级到高级的演进规律。从三大区域产业转移和承接角度来说,这一规律性特点表明,无论东部地区的生产转移还是中西部地区的生产承接,都是一个循序渐进的过程,这个过程可以缩短,但是却无法逾越。对于不同区域融入全球生产网络水平的提升来说,这一分析也较好体现了它是一个循序渐进的过程。由此还可以看出,对于东部地区而言,随着专业化分工水平的不断提高,其应该努力扩大产品差异,不断获得新的竞争优势,以形成更高附加值获得能力,并以此在全球生产网络进一步发展中确立所在区域的核心地位。而中西部地区需要更清楚认识到,在产业发展过程中,不应片面追求产业结构的大而全,也不应刻意追求高新尖产业,而是应该进一步认清自身区域比较优势,提升专业化生产能力,并以此促进区域优势产业生产效率改进和资源更高利用水平,进而为区域产业结构也向更高阶段迈进积累必要条件。

第八章 全球生产网络下地区专业化、资源禀赋和产业集聚

联合国工业发展组织(UNIDO)年度产业发展报告指出,提升地方产业集群,支持地方产业集群融入全球价值链,已经成为各地区参与全球经济发展的重要方式。中国社科院《城市竞争力蓝皮书》更强调,产业集群已经成为推动我国经济发展的重要力量。考虑到产业集聚对区域发展的重要影响,本章将重点关注全球生产网络发展中,垂直专业化对不同区域产业集聚发展影响的差异性。具体分析首先从产业集聚状况和集聚对区域经济发展的影响两个方面就相关研究进行评述。在此基础上,系统比较了传统资源禀赋和垂直专业化对各地区产业特别是工业集聚发展影响的差异性。

8.1 产业集聚发展研究评述

8.1.1 产业集聚状况比较

鉴于产业集聚对区域经济发展的重要作用,国内很多学者对其从不同角度做了具体分析。总体来说,就集聚发展状况来看,学者们认为我国工业集聚水平在不断提高,特别是在改革开放以后。但另一方面,学者们也指出,我国工业集聚发展水平和发达国家(地区)相比还有很大差距,有待进一步提高。

针对产业集聚程度的变动趋势,罗勇和曹丽莉(2005)利用 E-G 产业集中度指数得出,制造业集聚程度的提高是其主要变动方向和发展趋势。金煜、陈钊和陆铭(2006)通过观察中国工业的地区分布发现,改革开放以后,工业集聚的现象变得逐渐显著,省与省之间地区工业 GDP 占全国工业 GDP 的比重差异日益扩大。通过分析发现,1978 年我国工业地理分布仍然具有一定分散化现象,具体表现在:(1) 东部沿海地区和中部很多省份的工业份额较低,没有超过 4%;(2) 东北三省的工业重要性非常明显,特别是辽宁一枝独秀,工业份额超过 8%;(3) 甘肃和陕西这两个西部省份的工业份额超过了 2%,还没有表现出与其他地区之间的巨大差距;(4) 三大直辖市尽管面积较小,但工业份额并不低。相比之下,中国的地区工业布局已经发生了重大变化。与改革开放初期相比,我国工业集聚趋势非常明显,具体表现在:(1) 东部沿海地区工业份额有显著上升,其中广东、江苏和山东三省的工业份额分别达到 11.20%、10.11% 和

9.69%,浙江的工业份额达到7.35%,福建的工业份额也有所上升;(2)东北三省工业地位明显下降,辽宁的工业份额下降到5.18%,黑龙江和吉林的工业份额分别下降到4.18%和1.72%;(3)西部省份的工业份额总体上有所下降,仅四川(含重庆)的工业份额有所上升;(4)三大直辖市的工业份额明显下降,上海的工业份额为5.02%,北京和天津的工业份额均已低于2%。

徐康宁和冯春虎(2003)基于中国28个制造业地区集中度的实证分析也表明,中国产业向地区集聚的特征已十分明显。尽管不同产业的地区集中度不同,但东部沿海地区在大多数产业中占有绝对主导地位,珠江三角洲、长江三角洲及胶东半岛已成为电子、家电、纺织等产业的全国性生产集聚中心。具体来看,在28个制造业中,11个产业完全集中于广东、江苏、山东、浙江、福建五省,而中西部地区只有石油、天然气开采、金属和煤炭采选业等产地依赖程度高的产业位于全国前列,典型的如新疆的石油、天然气开采,云南的烟草加工,山西的煤炭业等。他们的研究还发现,我国制造业地区集中度随时间推移呈强化趋势。通过对比更早时期(即1997年与1988年)制造业地区集中度情况发现,这段时间差不多是中国制造业发展最快的一段时间,也是产业地区集中度加速提高的时期。

张为付和张春法(2005)将行业和要素禀赋代表性及统计数据完整的27种主要工业产品,按要素密集度分为如下四类:以原油、原煤、天然气、原盐、糖为主的资源密集型产品;以纱、布、丝、生铁、水泥、木材等为主的中低技术劳动密集型产品;以化学纤维、塑料、冰箱、机床等为主的中高技术资本密集型产品;以计算机、集成电路为主的高新技术密集型产品。在此基础上,他们对全国27种主要工业产品区域集聚状况进行了分析,结果发现:中西部地区在资源类产品生产上具有优势,除原盐外的其他4种资源类产品的生产均向中西部地区集聚。中低技术劳动密集型产品的生产将向中东部地区集聚,但部分产品如纱、布的生产在新疆的地区集聚现象也较明显。大多数中高技术资本密集型产品,如家电类、化学化工类产品均在东部地区集聚,而一些技术非常成熟和有污染产品如塑料类、机制纸类产品则向中西部地区集聚。其中上海、北京、天津三个城市在多数中高技术资本密集型产品,特别是家电产品的生产上已出现明显萎缩和产业转移现象,这在不同程度上促进了周边省市相应产业的发展。微型计算机的生产进一步向东部的北京、上海、广东、福建和江苏等沿海地区集聚。集成电路的生产主要集中于北京、天津、上海、江苏、浙江和广东等省市,特别是广东和浙江在集成电路产品生产上更呈快速集聚态势。与上面的研究类似,梁琦(2003)分析指出,我国中西部地区较之东部地区,产业优势仅表现在自然要素禀赋上。她还发现,有两种类型的产业空间集聚程度更高,一是知识密集型的高科技产业,二是劳动密集型产业。她通过计算还发现,我国钟表制造业、航空航天器制造业的基尼系数分列第二和第三,而基尼系数最小的是那些资本-技能型行业,如印刷业、其他专用设备制造业、电子器件制造业等。另外,梁琦还指出,对于一些常用的生产资料和生活用品,由于新技术含量不是太高,厂商就会根据市场需求而定位,市场也容易被分割,生产的集中度就不会太高。周世军和周勤(2012)研究指出,我国中西部地区集聚式承接了东部产业转移,总体上并未呈现行政干预过度问题;与非劳动密集型制造业相比,劳动密集型制造业更易形成自我强化的循环累积效应。研究还强调非农就业劳动力素质提升在中西部承接产业转移中的作用。罗胤晨和谷人旭(2014)考察了中国19个制造业部门在省区市尺度的空间集聚及演变趋势。结果表明中国制造业在1980—2011年显著集聚,尤其是向东部沿海地区集中;不同类型产业的空间集聚存在显著差异,资源依赖型产业空间集聚程度相对较低,资本和技术密集型产业空间集聚程度较高;由于以出口为主导,劳动密集型产业同样向接近国外市场的东部沿海地区集聚。

尽管上面一些代表性研究均指出,我国工业区域集聚发展布局已经形成并且水平还在不断上升,但是同国外很多国家和地区相比,我国工业总体集聚水平仍然不是很高。魏后凯(2002b)研究发现,无论采用前4位和前8位集中率指标,还是采用赫芬达尔指数和熵指数进行分析,分析结果都表明,目前中国绝大多数制造业行业的集中度都非常低,产业组织结构高度分散,许多行业都属于典型的"原子型"市场结构。我国制造业在20世纪90年代的平均行业集中率甚至远低于主要发达国家在20世纪60年代的水平。例如,1995年我国制造业521个行业的CR4加权平均值为20.1%,而在1963年,美国就已经达到40.9%,日本为35.4%,法国为33.1%,联邦德国为42.8%,英国的CR5加权平均值为58.4%。即使从CR8加权平均值来看,1995年我国521个制造业行业的平均值也仅为27.7%,而1966年日本554个行业的平均值为48.3%,1992年美国453个制造业行业的平均值为52.0%。可见,我国制造业集中率大体只相当于发达国家平均水平的一半左右,与主要市场经济发达国家比较,我国制造业市场集中程度还是很低。梁琦(2003)的相关研究也指出,和世界著名经济学家克鲁格曼计算的美国106个三位数制造业的基尼系数相比,我国那些资源导向型行业的集中度高于美国。但是除此之外的其他行业中,基尼系数低于0.2的行业有110个,占64%,低于0.1的行业63个,占36.8%;而美国106个中类行业中,基尼系数低于0.2的只有22个,占20.7%,低于0.1的只有一个。整体上,美国中类制造业行业的空间集聚程度明显要高于我国。梁琦还发现,随着我国改革开放向纵深发展,产业布局受市场因素影响确实越来越大,1994—2000年,我国工业基尼系数平均水平有了一定提高。但是,空间集聚程度增长较快的行业只有6个,仅占全部行业的25%左右。

8.1.2 产业集聚和区域发展

对于产业集聚和区域发展之间的关系,徐康宁和冯春虎(2003)的研究曾明确指出,我国制造业空间集聚格局与经济发展梯度完全吻合。这实际上从总体层面,对产业集聚发展的影响作用定了性。罗勇和曹丽莉(2005)也指出,制造业集聚程度与工业增长表现出较强的正相关性。江苏、广东、山东、浙江、上海的上榜次数远远高于其他省市,这五个省市是制造业的主要聚集地区。河南、辽宁、河北、北京、福建则是制造业集聚的第二层次,其他上榜的省市则属于第三层次。将此结果与我国经济发展的区域分布进行比照,会发现两者有很大的一致性。江苏、广东、山东、浙江、上海等沿海省市是我国的经济发达地区,可以说是我国经济发展的第一阵营。而处在第二阵营的省市,其GDP也基本排在全国前列。这表明制造业的集聚程度与地区经济发展有较强正相关性。另外一点值得注意的是,上榜省市共有17个,全国还有14个省市榜上无名,大都为西部边远地区,经济比较落后。他们由此分析认为,制造业集聚程度的提高带来了地区的经济发展,但同时也加剧了区域发展的两极分化。制造业在一些地区高度集聚所产生的极化效应,使这些地区的经济发展形成良性循环,而其扩散效应又囿于很多条件无法有效发挥,这样就会使区域之间经济发展的差距不断拉大,甚至在相当长的时期内都无法弥补。雷鹏等人(2011)基于中国工业企业微观数据的分析表明,电子及通信设备制造业的集聚度与工业总产值存在高度的正相关性,其他制造业行业集聚度大多与其工业总产值存在较强的正相关性。

产业集聚对区域经济发展的影响作用同样值得关注。其中,区域技术创新是影响产业集聚发展过程的一个重要方面。首先,产业集群能够为企业提供一种良好的创新氛围。集群是培育企业学习与创新能力的温床。企业彼此接近，会受到竞争的隐形压力，迫使企业不断进行技术创新和组织管理创新。由于存在着竞争压力和挑战，集群内企业需要在产品设计、开发、包装、技术和管理等方面不断进行创新和改进，以适应迅速变化的市场需要。一家企业的知识创新很容易外溢到集群内的其他企业，通过企业间人员之间的交流与流动，员工能够较快地学习到新的知识和技术。在产业集群中，由于地理位置接近，企业间密切合作，可以面对面打交道，这样将有利于各种新思想、新观念、新技术和新知识的传播，由此形成知识的溢出效应，获取学习经济（learning economies），增强企业的研究和创新能力。其次，产业集群有利于促进知识和技术的转移扩散。产业集群与知识和技术扩散之间存在着相互促进的自增强关系。在新经济时代，产业集群不再是工业经济时代的各行各业简单地聚集在一起，而是相互关联、高度专业化的产业有规律地聚集在一个区域，形成各具特色的产业集群。集群内由于具有空间接近性和共同的产业文化背景，不仅可以加强显性知识的传播与扩散，而且更重要的是可以加强隐性知识的传播与扩散，并通过隐性知识的快速流动进一步促进显性知识的流动与扩散。产业集群内由于同类企业较多，竞争压力激励着企业的技术创新，也迫使员工相互比较，不断学习；企业间邻近，带来了现场参观、面对面交流的机会，这种学习、竞争的区域环境促进了企业的技术创新；集群内领先的企业会主导产业技术发展方向，一旦某项核心技术获得创新性突破，在集群区内各专业细分的企业很快会协同创新，相互支持，共同参与这种网络化的创新模式。事实也已经证明，产业集群内知识和技术的扩散要明显快于非集群化的企业。最后，产业集群可以降低企业创新成本。由于集群内企业地理位置接近，相互之间进行频繁的交流就成为可能，为企业进行创新提供了较多的学习机会。尤其是隐性知识的交流，更能激发新思维、新方法的产生。由于存在着学习曲线，集群内专业化小企业学习新技术变得容易和低成本。同时，建立在相互信任基础上的竞争合作机制，也有助于加强企业间技术创新的合作，从而降低新产品开发和技术创新的成本。

  产业集聚也是影响城市化进程的重要方面。产业集聚特别是工业集聚加剧了人口集聚，构成了城市集聚的基础，成为城市化发展的重要推动力。任何区域中心城市的形成和发展，都必须以其主导型产业的专业化生产和发展为基础。一个城市的功能和性质以及发展方向，主要取决于该城市集聚的主导型产业的性质。一个城市只有具备了一定规模的主导型工业集聚，才可能对周边城市和腹地产生集聚作用,发挥中心城市功能。马春辉(2004)以长江三角洲和珠江三角洲为例,分析了这两个地区城镇化发展和产业集群之间的关系。他认为,大城市产业集群形成后,可能出于土地价格上升、劳动力成本提高等原因,产业集群会向周边地区扩散,进而带动周边地区产业集群发展,而这些地区产业集群发展后,其城镇化水平也会快速上升。随着周边地区的城镇化水平的提高,相同的产业结构会把相距不远的城市联系起来,形成都市圈。都市圈形成后又促进产业集群发展。何静(2004)同样阐述了产业簇群与城镇化之间的互动关系。她认为产业簇群与城镇化互动的内在动力是竞争力,产业簇群借助城镇化进一步增强产业竞争力,城镇化借助产业簇群进一步增强城镇综合竞争力,两种竞争力相互促进产业共振效应。

产业集群发展同时还为区域劳动力就业提供了新的市场化出路。在我国由计划经济向市场经济转轨的过程中,劳动力流动方面存在严重的制度障碍,农村积存了大量的剩余劳动力。随着经济体制改革的不断深化,农村剩余劳动力大规模由农业部门向非农业部门转移。随着产业集群的发展成熟,本地劳动力越来越稀缺,对农民工的需求呈递增趋势。因此,产业集群区域成为我国民工流的主要接纳区域,是消化农村剩余劳动力的重要区域。国内学者赵玮等人(2006)在分析城市化与产业集聚相互作用时就指出,产业的集聚与规模的扩大,带动了人流、物流、信息流、资金流、技术流等要素流动,产业在不同空间节点的聚集都加快了区域城市化进程。而不同部门或行业的各类企业向城市集聚并伴随着城市工业化、城市化发展,生产要素在城市的密集配置能够大幅度降低生产成本,使城市能获得更大的规模经济效益和集聚效益,吸引着城市外(农村地区或其他城市)的生产要素向城市所在的区域集中,形成产业集聚,从而取得高于农村或其他区域的收益,进而在产业集聚和生产要素集中之间形成了互为依存、互为条件、互相促进的互动机制。

8.2 工业集聚影响一般比较

8.2.1 资源禀赋和工业集聚

关于产业集聚的推动力量,有三种基本的理论解释。传统比较优势理论在新古典经济学假设基础之上,强调外生技术差异和外生要素禀赋差异对地区工业集聚发展的决定作用。新经济地理学则在不完全竞争、规模报酬递增、差异产品、生产要素可以自由流动等假定条件之下,认为造成产业非均衡分布和产业集聚的原因在于规模经济、运输成本、市场规模以及关联效应(Puga, Venables,1996;Fujita, Krugman,2004)。而城市和空间经济理论则强调知识外溢、劳动市场和公共产品等对产业集聚的决定作用(Duranton, Puga,2001)。作为本章分析的一个组成部分,我们首先考察以自然资源为代表的传统资源禀赋和工业集聚发展之间的关系。

本章以原煤、原油和生铁为代表对两者关系进行了具体考察。对于自然资源禀赋条件(resource)的衡量,为直观显示自然资源的综合影响,这里根据能源产量进行说明,能源产量是原煤、原油和天然气产量经热量转换后的综合指标。据中国科学院的折算公式,能源产量 = 原煤产量 $\times 0.714$ t/m^3 + 原油产量 $\times 1.43$ t/m^3 + 天然气产量 $\times 1.33$ $t/1\,000\,m^3$,能源产量的计量单位为亿吨。能源产量原始数据均来自中经网统计数据库和《中国经济年鉴》,对部分缺失值,这里采用各地区近三年平均值代替。对于工业企业集聚水平(agglo_num)的衡量,这里用考察期限内,各地区平均工业企业数和总体平均值的比例表示。

从图 8.1 中的关系构成来看,地区自然资源禀赋和工业集聚拟合曲线略微向下倾斜,虽然并不是很明显。这一结果说明,一个地区所拥有的自然资源禀赋优势对工业集聚发展的促进作用已经不再显著。图中,工业集聚水平最高的三个省份是广东、江苏和浙江,这三个省份的自然资源禀赋条件都不是很好;与此形成鲜明对比的是,自然资源禀赋条件最好的几个省(自治区),如山西、黑龙江和内蒙古等,其相对工业集聚水平都不是很高。作为比较参考,这里还同时给出了各地区自然资源禀赋和工业产值比例(value)的关系构成。其拟合曲线呈向上倾斜趋势,表明自然资源禀赋对地区工业产值增长还是有一定促进作用的。通过对 8.1 中两幅子图的比较可以看出,虽然拥有较好自然资源禀赋条件的地区可以通过对这些资源的简单利用来促进工业产值增长,进而带来短期效益,但自然资源禀赋未必能够成为促进地区工业集聚发展的重要因素,即从对区域工业长期发展和竞争力提升角度来看,其影响作用存在着很大的不确定性,甚至更可能是不利影响。实际上,包括矿产资源、水资源等在内的自然资源曾经确实是大多数国家工业化发展的重要因素,其也曾影响甚至决定了我国区域发展和生产力布局的基本格局。但是,经过改革开放以来特别是近年来的结构调整,这些传统因素的作用正在下降。一方面,以消耗大量矿产资源、水资源和能源为特征的资源型产业在我国国民经济中的比重出现下降趋势。尽管我国的基础产业发展还需要很长一段时间,这些产业的发展也需要大量的自然资源作为前提。但就对经济增长率的贡献而言,资源型产业的衰减趋势已经在我国出现。另一方面,由于我国经济国际化程度的提高,利用国内外两种资源的战略正在实施,相当部分资源型产业愈来愈多地利用国外资源。因此,国内资源作为影响这些产业及其布局的因素已经在很大程度上改变了。相比较而言,全球化、经济和科学技术基础、人才和管理以及能反映进入国际经济循环难易程度的区位等,更能成为影响这些产业发展和产业布局的重要因素。

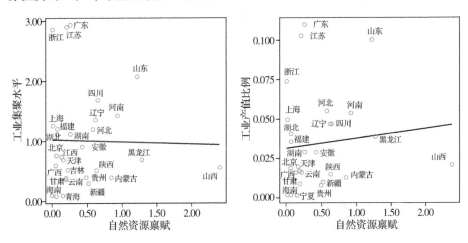

图 8.1 地区自然资源禀赋和工业集聚分布情况

8.2.2 地区专业化和工业集聚

产业集群的地理集中是一种普遍的空间经济现象,而究其内生源泉,除了劳动力共享市场、边干边学机制与创新外,分工与协作关系的建立也是很重要的一个方面。随着分工的演进,迂回生产链条延长,集群内企业专业化生产水平提高,专业化企业对其专门领域内知识与技能的积累效率与速度得到了更有效地提高,促进了新技术、新机器的发明与使用,迂回分工链条的延长进一步提高了生产效率。同时,随着分工深化与专业化水平的提高,现有交易水平和交易效率开始严重限制知识积累和专业化分工的进程,生产者会根据所从事专业生产的特点和需要,有针对性地调整交易方式,改善和规范交易规则,改进交易手段,提高交易效率。此外,通过专业化生产所实现的专业化生产和交易方面的知识积累,能够使产业集群的整体生产效率,技术、管理和组织水平得到极大的改进。产业集群交易效率得到提高,使分工进一步深化,专业化水平进一步提高,生产效率进一步提高,产业集群分工网络进一步发展,所实现的收益递增将进一步加强。可以说,正是分工与专业化的内生演进,促进了产业集群分工网络的进一步演进与发展。杨小凯(1991)指出,产业集群的形成是专业化分工的产物,是生产者为降低专业化分工产生的交易费用和获取由分工所实现的递增收益,增强自身创新功能,提高竞争力而形成的产业组织形式。

  本章在比较两种地区专业化和产业集聚发展关系的时候,有必要首先就地区专业化和集聚的区别与联系,或者说概念上的不同进行比较。具体来说,地区专业化主要指在一定范围内,相对于其他地区而言,某一地区更专注于某些产业的生产。而产业集聚是指在一定范围内,某一产业在某个地区的份额更大。当一个地区只有一种产业,并且这种产业在别的地区没有的时候,才可以认为,产业集聚和地区专业化所表达的是同一个概念。而实际上,上面这一情况出现的可能性还是很小的。结合我国地区产业发展的实际情况,这里可以将地区专业化和产业集聚之间的关系归结为以下四种情况:第一种情况,产业 i 在地区 j 的专业化水平较高,但是地区 j 的产业 i 在全国的比重并不高,也就是说产业 i 并未在地区 j 形成集聚效应。这种情况在落后省区市比较普遍。第二种情况,产业 i 在地区 j 的专业化水平较高,并且地区 j 的产业 i 在全国的比重较高,但是产业 i 在全国所有产业中的比重并不高。第三种情况,地区产业分布比较均匀,并未形成高专业化产业,也并未形成高集聚的产业,这种情况在次发达省区市比较多见。第四种情况,产业 i 在地区 j 形成了比较高的产业集聚效应,地区 j 的产业 i 在全国具有较高比重,但是地区 j 的产业结构比较多样,形成了好几个产业集聚区,产业 i 可能并未在地区 j 形成专业化规模。

  图8.2展示了地区专业化、产业集聚和经济发展阶段演变情况:如果一个地区产业结构单一,并且经济发展滞后,则某一产业可能在该地区形成比较高的专业化水平,但是产业集中度并不高;在次发达地区,产业结构均衡,没有非常突出的产业有比较高的专业化水平和产业集聚水平;在一些发达地区,产业结构多样,多个产业在这里形成了高产业集聚区,可能会有一两个产业所占比重相对较大,但是专业化水平不会太高。

产业结构单一	产业结构均衡	产业结构多样化
高专业化、低集聚	中等专业化和集聚	中等专业化、高集聚

低　　　　　　　　　　　中　　　　　　　　　　　高

图 8.2　地区专业化、产业集聚和经济发展阶段的关系构成

图 8.3 首先给出了地区垂直专业化和工业集聚发展之间的相关关系,总体来看,两者呈显著正相关关系。垂直专业化水平比较高的几个代表性省市,如广东和江苏,其工业集聚水平均是最高的。而天津、北京和上海的工业集聚水平相对较低,主要原因在于我们是用工业企业相对数量来表示集聚水平的,这三个地区的实际工业集聚水平是很高的。中西部地区大多数省份的垂直专业化水平都不是很高,相应的工业集聚水平除四川、河南、湖北、湖南四个省份外,其他省份大部分均处于 1 以下。按照上面地区专业化、产业集聚和经济发展阶段的关系构成来看,这里中西部地区大多数省份均对应着相对较低的地区垂直专业化和工业集聚水平。作为比较,这里还同时给出了地区一般专业化和工业集聚水平之间的相关关系,总体来看,两者呈显著负相关关系。对应着中西部地区相对较低工业集聚水平的是较高的一般专业化水平,典型的省(自治区)如内蒙古、吉林、山西、陕西、宁夏和云南等。由此比较可见,中西部地区大部分省(自治区)经济发展仍然处于图 8.2 中所描述的产业结构相对比较单一、高一般专业化和低集聚发展阶段。并且,从这里还可以看到,由于一般专业化更主要体现了这些地区基于传统资源禀赋基础上的产业间、产业内分工发展特点,根据上面传统资源禀赋和地区工业集聚发展之间关系研究即可以认为,一般专业化对这些地区工业集聚发展的促进作用并不是很不明显。

浙江有一个较特殊的情况,在较高的工业集聚水平上,较低的地区垂直专业化和较高的一般专业化水平形成了鲜明对比。Nadvi(1999)认为,一般产业集群重点强调了集群的内部联系,弱化了与外部的联系。而在全球化背景下,外部参与者(比如全球购买者)在塑造集群的增长途径上起了很重要的作用。其言论实际上点出了地区工业集聚驱动力量的差异性。比较而言,我国东部沿海地区很多产业的集聚,主要是在外商直接投资驱动下发展起来的。因其由国外移植并具有外来加工的色彩,因此可以将其称为"嵌入式"产业集聚。例如,以广东省东莞市为代表的,主要由外商投资启动并引进国外先进技术的电子产业集群。而浙江省产业集群发展是典型的以民营经济为主体、以传统劳动密集型产业为主导。这些地区的产业集群都是企业在市场规律作用下通过自我发展逐渐形成的,即通过民营企业集聚发展而成,当地企业家精神和工商业传统发挥了重要作用,集聚过程具有明显的自发形成特征。这一类型的集聚也可以视为"原生型"产业集群。由此分析可以认为,其反映的实际情况就是,地区垂直专业化主要促进了全球生产网络环境下"嵌入型"产业集聚的发展,而一般专业化更主要促进了"原生型"产业集聚发展。

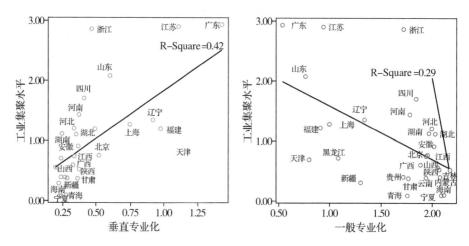

图 8.3　两种地区专业化和工业集聚的关系

8.3　工业集聚影响计量分析

8.3.1　变量选择说明

在前面一般比较的基础上,下面通过计量手段来考察传统资源禀赋和垂直专业化对各地区工业集聚发展的影响作用。这里根据具体分析需要和影响地区工业集聚发展的一些因素的重要程度,设定回归方程形式如下:

$$\ln \text{agglo\_num}_{it} = a_0 + a_1 \ln \text{lqvstrade}_{it} + a_2 \ln \text{resource}_{it} + a_3 \ln \text{market}_{it}$$
$$+ a_4 \ln \text{integration}_{it} + a_5 \text{wage}_{it} + a_6 \ln \text{infra}_{it} + a_7 \text{sea}_i + a_8 \ln \text{trade}_{it} + \varepsilon_{it}$$

(8-1)

其中,ln 为自然对数符号;a_0 为常数项;ε_{it} 为随机误差项;下标 i 表示所在地区,不包括港澳台和西藏,重庆并入四川;t表示年份。相关数据主要来自《中国统计年鉴》和《工业经济统计年鉴》。

我们用各地区工业企业绝对数量衡量因变量地区工业集聚发展水平(agglo_num)。对自变量地区垂直专业化(lqvstrade)和资源禀赋(resource)的衡量方法同上。考虑到垂直专业化发展可能存在内生性问题,这里采用和第七章一样的工具变量做工具变量回归。对作为控制变量的市场规模大小(market)仍然用市场潜力来衡量。Elisabet(2004)曾强调指出,地区市场一体化是影响工业集聚发展的一个重要因素,这里也将其考虑进来。对地区市场一体化程度(integration)的具体衡量,我们查阅了有关文献,发现对它的衡量主要是运用基于修正的"一价定律"的"价格法",其理论基础是 Samuelson(1954)的"冰川"成本模型。该模型认为,两地的价格 P_a 与 P_b 既可同升同降也可一升一降,只要相对价格 P_a/P_b 的取值不超过一定区间,就可以认为两地之间市场是整合的。基于这一基本思想,设 P_{a_t}、P_{b_t} 是 a、b 两地 t 时间某商品的价格,P 为 t 时间该商品的平均价格,不考虑交易成本,则两地价格趋于平均价格时,两地之间市场完全整合。对地区市场一体化常用的衡量方法是构造指标:$VAR(P_{ij})=(P_{a_t}-P)^2+(P_{b_t}-P)^2$,如果它随着时间变化而趋于收窄,则反映相对价格波动范围在缩小,两地间贸易壁垒与障碍在减少,市场一体化程度在提高。由于此处分析涉及多个地区,上述方法不再适用。综合权衡后,这里采用最简单的方法,直接用反映所有商品价格变化状况的商品销售价格指数作为考察对象。其值越高表示地区市场一体化水平越低,反之则越高。对于其他控制变量,工资水平(wage)仍用效率工资来表示;这里考察了各地区基本交通运输能力,基础设施(infra)用每万平方公里公路里程表示,其和运输成本高低有着紧密联系;sea 表示沿海虚拟变量,即如果一个地区沿海则 sea=1,否则 sea=0,其体现了经济地理特征的影响;最后,我们还专门考虑了对外开放度(trade)对区域工业集聚发展的影响作用,用经汇率转换后的进出口总额占 GDP 的比重表示。

8.3.2 计量结果和解释

从表 8.1 中的工业集聚发展总体影响分析结果来看,两种 Hausman 检验最终表明一般随机效果模型相对最优。其中,我们重点关注的垂直专业化和资源禀赋对地区工业集聚发展影响作用的分析结果中,两个变量的值均显著为正。这表明在考察时间段内,不仅传统资源禀赋条件对我国地区工业集聚发展整体上表现为促进作用,而且更主要的是,地区垂直专业化的逐步形成和发展对地区工业集聚产生了重要影响作用。

表8.1 工业集聚总体和分时间段影响分析

	RE（第一阶段）		RE（第一阶段）		RE（第二阶段）		IVRE（第二阶段）	
	系数	z值	系数	z值	系数	z值	系数	z值
lqvstrade	0.104**	1.96	0.242	1.49	0.04**	1.98	0.624***	3.21
resource	0.083***	2.77	0.157***	4.47	−0.044**	−1.98	−0.007	−0.15
market	−0.041	−0.3	0.261*	1.81	0.488***	4.78	0.556***	2.93
integration	−12.529***	−12.24	−16.542***	−11.84	−0.858	−1.4	2.374	1.31
wage	−0.631***	−3.08	0.075	0.25	−0.128	−0.73	−0.108	−0.32
trade	0.026	0.24	0.223*	1.84	−0.007	−0.1	−0.026	−0.19
infra	0.153	0.82						
sea	0.276***	3.46						
_cons	7.235***	12.34	5.715***	7.01	4.551***	9.78	4.772***	5.29
工具变量							export78、port	
Hausman FE/RE (Prob)	−533.5		−160.57		−24.5			
Hausman RE/IVRE (Prob)	4.66 (0.794)		−6.68		11.89 (0.064)			
组内 R^2	0.513		0.524		0.517		0.111	
组间 R^2	0.619		0.84		0.723		0.742	
回归检验	429.35***		271.39***		234.2***		88.05***	
样本量	377		174		203		203	

注:***、**和*分别表示在1%、5%和10%水平上显著;_cons为常数项。

仍然就传统资源禀赋和地区垂直专业化这两个因素而言,它们都随着时间推移和不同区域内、外部环境的变化而变化,因而对地区工业集聚发展所带来的影响作用也表现出一定变化性。表8.1反映了不同时间段两个因素的影响作用。需要说明的是,由于总体分析中,控制变量 market 和 infra、sea 和 trade

之间的相关系数分别高达0.862和0.902,可能正是这一原因导致了下面的回归中相关变量没有通过显著性检验或者与预期不符。因此分时间段考察时,分别将变量infra和sea予以剔除。从最终结果来看,第一阶段(1995—2000年),垂直专业化对地区工业集聚发展的影响作用虽为正,但并没有通过显著性检验,倒是传统资源禀赋优势的影响作用显著为正。而在第二阶段(2001—2007年),垂直专业化对地区工业集聚发展的影响作用则变得显著为正,相比较而言,传统资源禀赋优势对工业集聚的影响作用在这里则变得显著为负。由于第二阶变量lqvstrade的内生性检验(即Hausmans检验)P值还是处于一个较模棱两可的概率水平上,为了客观反映实际情况,这里也给出了工具变量随机效果模型。其中,垂直专业化对地区工业集聚发展的影响作用仍然显著为正,且影响作用明显增强;而传统资源禀赋优势的负向影响作用则变得不再显著。

分阶段情况下的控制变量回归结果中,地区市场一体化程度(integration)和对外开放度(trade)也由第一阶段的影响显著变为第二阶段的不显著。其中的地区市场一体化一定程度体现了早期制度改革特别是市场化建设对地区工业集聚发展的影响作用,而在进一步发展过程中,市场化发展的相对滞后使得其初期影响作用也变得不再显著。陆铭和陈钊(2006)的研究认为,如果欠发达地区不能充分分享地区间分工所产生的收益,那么它们就会越来越倾向于采取分割市场和地方保护主义行为,并投资于一些战略性产业,以实现对发达地区的追赶,或者提高在分享地区间分工收益时的谈判能力。长期来看,这显然不利于区域间要素合理流动和工业集聚发展,进而会影响区域经济的可持续性发展。

表8.2 分地区工业集聚影响分析

	东部地区(IVRE)		中部地区(FE)		西部地区(FE)	
	系数	z值	系数	z值	系数	z值
lqvstrade	0.886*	1.92	0.297**	2.24	−0.1	−1.58
resource	−0.031	−0.88	0.266*	1.8	0.448***	2.69
market	0.388***	4.16	−0.183	−1.48	0.625***	3.55
integration	−11.114***	−8.24	−11.409***	−7.1	−9.698***	−5.65
_cons	6.055***	6.81	10.689***	10.19	11.171***	9.41
工具变量	export78、port					

续表

	东部地区(IVRE)		中部地区(FE)		西部地区(FE)	
	系数	z值	系数	z值	系数	z值
Hausman FE/RE (Prob)	−31.67		24.93 (0.000)		68.4 (0.000)	
Hausman RE/IVRE (Prob)	6.69 (0.153)		1.73 (0.786)		6.38 (0.172)	
组内 R^2	0.3		0.676		0.561	
组间 R^2	0.492		0.003		0.207	
回归检验	79.65***		54.35***		33.2***	
样本量	143		117		117	

注：***、**和*分别表示在1%、5%和10%水平上显著；_cons为常数项。

在表8.2的分地区比较中，首先根据总体和分时间段考察情况，剔除了几个回归不显著变量，只保留市场规模大小(market)和地区市场一体化程度(integration)两个控制变量。从回归结果来看，东部地区垂直专业化发展存在着较明显的内生性问题，因此这里最后给出的是工具变量随机效果模型，中西部地区相关检验指标则表明，固定效果模型为相对最优。从具体回归情况来看，东部地区垂直专业化对其工业集聚发展具有很好的促进作用，相比较而言，传统资源禀赋则产生不显著负向影响；而中部地区垂直专业化和传统资源禀赋对其工业集聚发展均存在着显著促进作用；西部地区中，传统资源禀赋优势在促进该区域工业集聚发展过程中的作用更加突出，但是垂直专业化的影响作用则没有通过显著性检验。

从这里的分析可见，从东到西，三大区域地区垂直专业化和资源禀赋优势的影响作用发生着有规律的变化。通过对比总体和分地区考察结果可以发现，正是中西部地区传统资源禀赋对工业集聚发展的显著影响作用，才使得总体分析中传统资源禀赋仍然是一个重要影响因素。但是，这里更应该看到，随着各地区参与全球生产网络程度的不断加深，传统意义上的要素概念逐渐转变，要素禀赋的初期优势已经不再是区域经济发展的绝对条件。从这里的分析还可以发现，相对东部和中部地区，西部地区垂直专业化对该区域总体发展所起到的促进作用并不是通过强化区域工业集聚发展得以实现的。

8.3.3 分行业比较

工业特别是制造业内部不同行业发展特点的差异使区域集聚也表现出了明显的差异性。新古典经济学所强调的外生要素禀赋差异和新经济地理学所强调的规模经济、关联效应以及城市和空间经济理论所强调的知识外溢都是影响集聚发展的重要方面。就后两种观点来看,可以认为其实际上间接强调了分工专业化发展对工业集聚的影响作用。因此,这里仍然重点关注传统资源禀赋和地区垂直专业化在制造业内部不同行业区域集聚发展过程中影响作用的差异性。

从表 8.3 中的综合比较情况来看,方程Ⅱ较方程Ⅰ更能控制地区和时间差异,相应回归结果中,垂直专业化和传统资源禀赋优势的影响作用也都有不同程度降低,但还是在 1% 水平上显著为正。这同样体现了地区和时间差异对以上两个因素影响作用造成的影响。方程Ⅲ在方程Ⅱ的基础上,逐步剔除几个不显著控制变量,剩下所有变量的影响作用都在 1% 水平上显著为正。这里还同时给出了标准化 Beta 系数,从 Beta 系数可见,市场规模对制造业集聚发展的影响作用是最大的(0.55),而仅就垂直专业化和传统资源禀赋优势相对影响大小来看,其与前面两个方程的一般回归结果并没有太大出入,也是前者(0.134)明显大于后者(0.048),表明地区垂直专业化对制造业集聚的促进作用更重要。

表 8.3 制造业总体集聚发展影响因素分析

	方程Ⅰ		方程Ⅱ		方程Ⅲ		
	系数	t 值	系数	t 值	系数	t 值	Beta 系数
lqvstrade	0.133***	11.7	0.124***	11.26	0.129***	11.44	0.134
resource	0.054***	3.93	0.045***	3.31	0.05***	3.78	0.048
market	1.138***	15.72	1.307***	17.2	0.916***	17.69	0.55
integration	2.193**	1.91	−0.034	−0.02			
wage	0.864***	9.33	1.346***	11.5			
infra	−0.3	−1.26	−0.593	−1.46			
trade	0.18***	4.58	0.31***	7.5	0.301***	8.44	0.272
sea	0.297***	4.74	0.265***	2.91	0.697***	8.07	0.184

续表

	方程Ⅰ		方程Ⅱ		方程Ⅲ		
	系数	t值	系数	t值	系数	t值	Beta系数
Region	No		Yes		Yes		
Year	No		Yes		Yes		
_cons	−6.235***	−14.08	−3.42***	−12.12	−4.217***	−16.87	.
R^2	0.491		0.527		0.506		
调整R^2	0.490		0.525		0.505		
VIF	4.60		5.54		3.53		
F检验值	468.91		308.82***		362.03***		
样本量	3900		3900		3900		

注：***、**和*分别表示在1%、5%和10%水平上显著；_cons为常数项。

在前面方程Ⅲ剔除，不显著变量的总体分析基础上，下面从制造业内部各细分行业角度进一步考察地区垂直专业化和传统资源禀赋对地区制造业集聚发展影响作用的差异性。为了能够直接比较两个因素的影响作用相对大小，这里给出的都是标准化Beta系数。具体数据如表8.4所示，总体而言，在五个考察因素中，市场规模大小对工业集聚平均影响作用最大，其次是对外开放度和沿海地理区位因素影响作用。在控制了以上三个变量的影响作用后，地区垂直专业化和传统资源禀赋影响作用表现出了不同特点。就平均影响作用来看，也是前者要大于后者。其中，传统资源禀赋优势仅在化学、金属和橡胶塑料工业发展中表现出了相对较大的影响作用，典型的如这里对化学原料及化学制品制造业、金属制品业、塑料制品业的考察结果中，其影响作用均在1%水平上显著为正。相对而言，地区垂直专业化的正向影响作用则在更多行业中都已经显著表现出来了。即便是那些可能受传统资源禀赋优势影响很大的行业，如黑色金属冶炼及压延加工业、化学原料及化学制品制造业以及塑料制品业。这一结论具有重要意义，正如本章开始部分对我国地区工业集聚发展情况进行定性描述的时候曾指出，相对东部地区而言，中西部地区仅产地依赖程度高的产业位于全国前列。这实际上只强调了传统资源禀赋优势的重要性，忽视了地区垂直专业化发展对不同制造业行业发展的影响作用。

第八章 全球生产网络下地区专业化、资源禀赋和产业集聚

表 8.4 分行业工业集聚影响因素比较研究

	lqvstrade	energy	market	trade	sea	调整 R^2	F 检验值
电气机械及器材制造业	−0.003	0.03	0.636***	0.519***	0.227***	0.881	100.89***
服装及其他纤维制品制造业	0.349***	−0.088**	0.438***	0.382***	0.171***	0.851	78.49***
纺织业	0.077**	0.043	0.53***	0.506***	0.154**	0.845	74.58***
非金属矿物制品业	0.308***	0.008	0.643***	0.243*	0.282***	0.701	32.8***
黑色金属冶炼及压延加工业	0.254***	−0.014	0.475***	0.409***	0.267***	0.728	37.21***
化学纤维制造业	−0.057	0.598***	0.443***	0.165	0.085	0.627	23.81***
化学原料及化学制品制造业	0.147***	0.189***	0.609	0.404	0.256	0.765	45.03***
家具制造业	0.077***	−0.03	0.335***	0.72***	0.228***	0.843	73.9***
交通运输设备制造业	0.256***	−0.006	0.519***	0.331***	0.146***	0.889	109.27***
金属制品业	−0.078	0.143***	0.878***	0.281***	0.231***	0.799	54.88***
木材加工及竹、藤、棕、草制品业	−0.027	0.04	0.723***	0.215	0.128	0.762	44.45***
皮革、毛皮、羽绒及其制品业	0.264***	0.06	0.771***	0.092	0.238***	0.817	61.52***
石油加工及炼焦业	0.207***	0.034	0.798***	0.192	0.167*	0.73	37.61***
食品制造业	0.045	−0.063	0.836***	0.097	−0.008	0.719	35.67***
塑料制品业	0.128**	0.181***	0.595***	0.361**	0.289***	0.535	16.59***
电子及通信设备制造业	0.069***	−0.131***	0.443***	0.731***	0.081	0.784	50.27***
普通机械制造业	0.219***	0.077	0.985***	0.139	0.394***	0.597	21.08***
文教体育用品制造业	0.067	0.047	0.753***	0.284**	0.371***	0.772	46.79***
橡胶制品业	−0.032	0.127***	0.785***	0.299***	0.196***	0.836	69.88***

续表

	lqvstrade	energy	market	trade	sea	调整 R^2	F检验值
医药制造业	0.248***	−0.039	0.337***	0.491***	0.056	0.795	53.45***
仪器仪表及文化、办公用机械制造业	0.136***	0.101	0.488***	0.522***	0.289***	0.723	36.33***
饮料制造业	0.034	0.245***	0.725***	0.237*	0.349***	0.641	25.22***
印刷业,记录媒介的复制	0.152***	0.286***	0.842***	−0.021	0.645***	0.541	16.95***
有色金属冶炼及压延加工业	−0.043	−0.025	0.491***	0.294**	0.226***	0.729	37.37***
造纸及纸制品业	0.139***	0.16***	0.771***	0.301**	0.383***	0.825	64.87***
专用设备制造业	0.349***	−0.088**	0.438***	0.382**	0.171***	0.851	78.49***
平均影响	0.121	0.073	0.626	0.330	0.232		

注:***、**和*分别表示在1%、5%和10%水平上显著;_cons为常数项。

8.4 地区垂直专业化发展研究

前面有关章节重点从区域经济发展总体状况和一些具体方面考察了地区垂直专业化的影响作用。系统性分析表明,地区垂直专业化对区域经济发展的影响已经在很多方面都得到了很好体现。因此,促进地区垂直专业化的进一步发展,自然成为一个值得关注的重要方面。下面的分析中,我们首先从理论角度探讨了与地区垂直专业化发展有着密切联系的产品内分工和生产活动外包现象,并在此基础上通过计量分析考察了地区垂直专业化自身发展问题。

8.4.1 理论模型

1) 经济活动内部分工

这里借用Francois(1990)的基本模型,假设单部门经济具有垄断竞争和规模报酬递增特点,并用如式(8-2)所示包含专业化生产规模报酬递增的生产函数,来描述专业化活动怎样应用于一个统一生产体系的次级活动中。

假设不同企业通过雇佣劳动力L来生产差异产品系列x中的一种x_j,x_j的生产因为专业化分工程度加深而实现报酬递增。生产一种这样的产品可以采用不同的技术,这些技术的差别在于它们不同的专业化分工过程。可以用 β_ν 来表示技术指标,其中 $\nu=1,2,\cdots,n,\nu$ 表示专业化分工程度,是生产所需要分割成的环节和步骤。因而生产函数可以表示为

$$x_j = \beta_\nu \prod_{i=1}^{v} D_{ij}^{\alpha_{i\nu}} \tag{8-2}$$

其中,$\beta_\nu = \nu^\delta, \delta > 1; \alpha_{i\nu} = 1/\nu; D_{ij}$ 代表生产产品种类 j 所需要的直接生产劳动力。直接劳动力的生产本身是规模报酬不变的,但是由于直接劳动力所进行的专业化分工活动使得函数产生了规模报酬递增的特性。这里 δ 就是导致专业化产生规模报酬递增效应的关键参数。为了使模型具有可解释性,假设此处具有很强的对称性,且直接劳动力在不同生产分工环节中是平均分配的。因此,从式(8-2)可以推出直接劳动力需求,如式(8-3)所示:

$$D_j = \sum_{i=1}^{V} D_{ij} = \nu^{1-\delta} x_j \tag{8-3}$$

所有这些专业化生产活动还需要一系列中间环节的协调、组合和整体控制才能形成一个完整的生产过程,这里先考虑中间环节主要发生在企业范围内,而不去关注它以什么样的组织形式存在。因此,中间环节所需劳动力随着企业生产分工复杂性的增加而不断增长,按照劳动力所衡量的这部分成本可以表示为

$$S_j = \gamma_0 \nu + \gamma_1 x_j \tag{8-4}$$

其中,S_j 代表企业 j 的中间环节劳动力(或者叫非直接劳动力),包括那些为不断细化的分工环节进行控制和协调服务的人员,还包括那些随着企业生产规模不断扩张而增加的服务活动人员;γ_0 表示因专业化分工程度加深而增加的单位服务活动成本;γ_1 表示因企业生产规模扩张而增加的单位服务活动成本。

根据以上几个公式,由于所有劳动都依赖于企业生产规模和专业化分工程度,两类劳动需要通过一定比例的有效组合来实现一定程度的专业化生产,因此可以将此生产函数表示为

$$x_j = \min\left[((S_j - \gamma_0 \nu)/\gamma_1), \left(\beta_\nu \prod_{i=1}^{v} D_{ij}\right)\right] \tag{8-5}$$

相应的成本函数为

$$C(x_j) = [\nu^{1-\delta} x_j + \gamma_0 \nu + \gamma_1 x_j] \omega \tag{8-6}$$

这里假设企业中所有劳动力都处于同一工资水平,不涉及不同劳动力的不

同要素禀赋、生产能力和价格差异问题。根据式(8-5)和式(8-6),企业可以在直接劳动雇用和非直接劳动雇用之间进行选择,随着 ν 的提升,企业所需中间环节劳动力不断增加,但一定产品所需直接劳动力却可能出现相对下降现象(因为产品生产因专业化分工程度加深而有报酬递增效应),这样,厂商可以通过变动生产的专业化分工程度而实现中间环节劳动和直接劳动之间的替代。通过式(8-6)对 ν 的最小化过程,可以看出 ν 对企业劳动力使用的影响:

$$\nu = [((\delta-1)/\gamma_0)x_j]^{1/\delta} \quad (8-7)$$

这里可以看出,ν 随着 x_j 的增加而增加,但随着 γ_0 的增加而减少,这表明生产规模的不断扩大会致使专业化分工程度不断加深,而专业化生产所需要的边际中间生产活动越大,其对专业化分工程度加深带来的限制越强。将式(8-7)代入式(8-3)可得到企业所需直接生产劳动力:

$$D_j = ((\delta-1)/\gamma_0)^{(1-\delta)/\delta} x_j^{1/\delta} \quad (8-8)$$

再将式(8-7)代入式(8-4)可得到企业所需中间环节劳动力:

$$S_j = [\gamma_0((\delta-1)/\gamma_0)^{1/\delta} + \gamma_1 x_j^{(\delta-1)/\delta}]x_j^{1/\delta} \quad (8-9)$$

因此

$$S_j/D_j = (\delta-1) + \gamma_1 x_j^{(\delta-1)/\delta}((\delta-1)/\gamma_0)^{(\delta-1)/\delta} \quad (8-10)$$

这样从式(8-7)到式(8-10)中可以看到,生产规模 x_j 是影响企业专业化分工程度、直接和中间环节劳动力比例的重要因素。随着企业专业化分工程度的加深,企业中间环节劳动力和直接劳动力需求之间的比重会不断发生变化。

2) 经济活动外部分化

参考 Grossman 和 Helpman(2002)的理论模型,考虑三种企业组织结构,第一种是垂直整合型厂商,即由自己生产中间产品并用此生产最终产品的厂商;第二种是专业的最终产品厂商;第三种是专业的中间生产商,即企业只从事中间产品生产。所有最终产品厂商找到合适中间生产商的概率是一样的,与此类似,所有中间生产商找到合适最终产品厂商的概率也一样,但与前一种概率可能各不相同。假定中间生产商与最终产品厂商之间合同谈判的结果是前者分享后者生产收益的一个比例 ω。劳动供给是固定的 L,以劳动作为标准单位,工资率为 1。V 是垂直整合型厂商数量,m 是最终产品厂商数量,s 为中间生产商数量。

由于市场存在交易不确定性,并非所有企业都能成功找到相应的匹配者,两者间进行匹配的对数为 $n(m,s) = \min(m,s)$,则对最终产品厂商来说,可以进

行匹配的概率为 $n(m,s)/m$，或改写为 $n(1,r)$，$r=s/m$，也可简写为 $P(r)$。中间生产商可以进行交易匹配的概率为 $n(m,s)/s=P(r)/r$，前者随着 r 增加而增加，后者随着 r 增加而减小。此外，t 为影响交易最终成功的交易效率（$0<t<1$），即使交易双方可以进行匹配，由于需要向外购买产品，因此，必须面对影响市场交易成功的交易成本，如可以相对应进行匹配的双方因交易成本太高（包括交易接洽过程中的损耗、匹配后成功实施合同的风险等等）而最终未能成功进行交易等等。扩展来看，t 可以代表影响交易成功的诸多要素，如市场规模、市场化程度，以及制度、生产交易能被接受和使用的程度等等。

如果中间生产商提供 $x(i)$ 单位的产品，最终产品厂商能够生产 $y(i)=x(i)$ 单位的 i 种产品，同时这表明生产 i 种产品需要某种特定的中间生产投入，例如设计、研发或者特定的售后服务。如果生产的是生产性中间产品，那么这种中间产品可用于多种不同的最终产品的生产。根据这样的生产技术，产品的销售收入为 $P(i)x(i)$。如交易成功，双方按上面所提到的比例进行收益分成；如交易不成功，则双方收益都为零。此外，假设消费者效用函数为

$$\mu = \sum_{j=1}^{J} \mu_j \log \left[\int_0^{N_j} y_j(i)^{a_j} di \right]^{1/a_j} \tag{8-11}$$

其中，$y_j(i)$ 是对产业 $j(j\in J)$ 中第 i 种产品的消费量，N_j 是该产业中的产品种类。假定 $\sum_j \mu_j = 1$，代表性消费者对 j 产业所有产品的消费支出占总支出的比重为 μ_j，$a_j \in (0,1)$ 表示产业 j 中产品的差异程度。根据效用函数，可得产品需求函数如下：

$$y_j(i) = A_j p_j(i)^{-1/(1-a_j)} \tag{8-12}$$

$p_j(i)$ 是产品价格，因而

$$A_j = \mu_j E \bigg/ \int_0^{N_j} p_j(i)^{-a_j/(1-a_j)} di \tag{8-13}$$

其中，E 是总支出水平。由于假定一种产品只有唯一生产者，则视 A_j 为固定量，且需求具有固定弹性 $1/(1-a_j)$。不同类型企业的生产成本不同，中间生产商生产每单位可适用产品需要一单位劳动力，而如果垂直整合型厂商自己生产一单位同样可适用投入品需要 $\lambda_j \geq 1$ 单位的劳动力，这说明整合厂商自己不具备足够专业化水平去生产同样质量的中间产品。此外，假定整合厂商的固定成本为 k_{jv} 单位劳动力，中间生产商的固定成本为 k_{js}，最终产品厂商利润为 k_{jm}，而且 $k_{jm} + k_{js} \leq k_{jv}$。在以上假定和条件下，中间生产商最大化利润为

$$y(i) = x(i) = A(a\omega)^{1/(1-a)} \tag{8-14}$$

由于产业结构是对称均衡的,所有价格都一致,因而最终产品厂商生产的最终产品的价格为 $P_m=1/a\omega$,销售量为 $y_m=A(a\omega)^{1/(1-\alpha)}$。根据两种厂商进行交易的匹配概率以及收益的分成比率 $(1-\omega)$,得到最终产品厂商预期利润计算公式如下:

$$\pi_m = tP(r)(1-\omega)A(a\omega)^{1/(1-\alpha)} - k_m \qquad (8-15)$$

由于中间生产商营业收益为 $\omega p_m y_m - y_m$,同理,根据交易匹配的概率和交易效率,中间生产商预期利润为

$$\pi_s = (1-\alpha)\frac{tP(r)}{r}\omega A(a\omega)^{\alpha/(1-\alpha)} - k_s \qquad (8-16)$$

而垂直整合型厂商利润最大化条件下的加成定价和销售量分别为

$$P_v = \lambda/\alpha, \ y_v = A\left(\frac{\alpha}{\lambda}\right)^{1/(1-\alpha)} \qquad (8-17)$$

企业营业收益为 $p_v y_v - \lambda y_v$,因此垂直整合型厂商进入市场时的预期利润为

$$\pi_v = (1-\alpha)A\left(\frac{\alpha}{\lambda}\right)^{\alpha/(1-\alpha)} - k_v \qquad (8-18)$$

在均衡中,所有进入市场后企业的利润均为零,因此消费的总支出就等于工资收入 $\omega L=L$(因为 $\omega=1$)。由以上消费效用函数、需求函数和价格表达式,可得到产业需求状况表达式如下:

$$A = \frac{\mu L}{\nu \ (\alpha/\lambda)^{\alpha/(1-\alpha)} + mtP(r)(a\omega)^{\alpha/(1-\alpha)}} \qquad (8-19)$$

这样,企业通过外包满足中间生产投入需求情况下,根据最终产品厂商和中间生产商的零利润均衡条件可得:

$$A_d = \frac{(a\omega)^{-\alpha/(1-\alpha)} k_s}{\omega(1-\alpha)} \frac{r_d}{tP(r_d)} \qquad (8-20)$$

其中,$r_d = \frac{\omega(1-\alpha)}{1-\omega}\frac{k_m}{k_s}$,由中间生产商和最终产品厂商零利润均衡条件得出。而在企业采取垂直整合情况下,根据企业零利润均衡条件可得:

$$A_v = \frac{(\lambda/\alpha)^{\alpha/(1-\alpha)} k_v}{(1-\alpha)} \qquad (8-21)$$

通过比较和推导可以得出以下结论:

当 $A_d < A_v$ 时,生产外包企业和专业中间生产商并存是唯一均衡状态。此时,市场上的劳动力 L 不再仅仅存在于垂直整合型企业中,而是以制造业劳动

力形态存在,它实现了劳动的社会分工,一部分劳动力以专业性生产企业员工的形式存在。现在,可以比较哪些因素造成企业在市场中采取不同组织形式,那些使 $A_d < A_v$ 的因素促成企业将中间生产外部化,即

$$\frac{A_v}{A_d} = \omega\ (\lambda\omega)^{a/(1-a)} \frac{tP(r_d)}{r_d} \frac{k_v}{k_s} > 1 \qquad (8-22)$$

由于有

$$\frac{\partial(A_v/A_d)}{\partial \lambda} > 0, \frac{\partial(A_v/A_d)}{\partial(k_v/k_s)} > 0, \frac{\partial(A_v/A_d)}{\partial t} > 0 \qquad (8-23)$$

如果 λ 越大,则外包生产倾向越大,因为制造企业在企业内部要想为自己提供所需的高质量生产,就需要付出更大的成本,使得生产外包倾向增加;如果 $k_v > k_s$,k_v 比 k_s 大得越多,说明整合企业所耗费固定成本越大,因而企业将生产外包倾向将增加;如果 t 越大,则市场交易效率越高,那么中间生产商和最终产品厂商交易成功率越高,则企业将生产外包倾向增加。这说明市场交易效率是企业组织采取更细致化分工的非常重要的因素。如果市场存在着信息不畅、交易受阻情况,则企业更倾向于在内部范围内提供生产过程中所需要的所有中间投入。当市场存在着大量竞争性企业时,市场的信息流通和公布又比较顺畅,企业匹配最终成功的概率就会较高,交易不确定性等风险就会较低。同时,市场竞争程度越大,不完全合同扭曲程度越小,专业化厂商之间最终匹配成功率也会越高。此外,竞争程度越高,还意味着最终产品之间的可替代性越强,这些都促使企业采取专业化形式进行生产。最后,如果市场上最终产品厂商和中间生产商可以匹配的对数很大,则生产外包的倾向也会增加。这进一步说明市场"厚度"是影响生产外包的一个重要因素。

8.4.2 计量分析和结果

参考上面的理论模型,同时借鉴其他类似研究成果,下面给出相关变量选择和说明。因变量为地区垂直专业化水平(lqvstrade),其衡量方法同前文。值得注意的自变量如下:(1)地区市场规模(market)或者说前面的理论模型中所提到的市场"厚度"影响。Rodriguez(1996)曾指出,市场规模越大,越容易吸引中间产品制造商进入,从而带来专业化收益。对该变量的衡量,我们采用各地区 GDP 占所有地区 GDP 比重的平均值。(2)产业集聚水平(agglo)。产业集

群本质上是一种能够降低交易费用的中间性产业组织。在利益驱动下,产业链上的企业联网与相关支持体系共同促进产业集聚。这一过程中,各类生产要素会尽可能汇聚到集群分工网络中。由于集群内部存在着激烈竞争和紧密合作,从而满足了资源共享、知识快速扩散和产业链上的相互需求。特别是产业集群内部的集中交易,通过提高交易效率、降低交易费用,从而促进集群内分工专业化的演进。对产业集聚水平的衡量,采用各地区年底工业企业单位数。(3) 区域制度环境(government、integration、open)。一个地区的经济发展所依赖的制度环境包括很多方面,这里主要关注了以下三个方面:我国学者盛洪(2006)认为,对中国工业分工和专业化发展趋向具有重要影响的,一类是政府,另一类是企业。分工和专业化取向是政府和企业行为及其后果合力决定的。因此,这里用地方政府财政支出占GDP的比重(government)来衡量政府对市场的干预和影响作用大小。区域分工专业化的培育和发展需要健全完善的市场经济体制和国际一体化大市场。通过消除国内阻碍生产要素和商品自由流动的一切限制,可以使各个地区都能够在国内统一大市场和国际一体化大市场上按照比较优势进行区域分工,进而促进区域分工专业化水平和经济发展的良性循环。这里对市场一体化水平(integration)的衡量方法同前文。对于对外开放区域开放度(open),这里采用各地区进出口总额占GDP的比重进行衡量。(4) 区域劳动力市场发展状况(labor、hum_high、wage)。这里主要从劳动力供给、构成和成本三个方面加以考察。其中,劳动力供给(labor)用地区从业人员占总人口的比重表示;高素质人才(hum_high)用地区高等学校在校学生数和中学在校学生数的比值表示;劳动力成本(wage)则用各地区劳动力平均工资占所有地区劳动力平均工资的比重表示。(7) 工业规模(value_ind)。用各地区工业增加值占GDP的比重表示。(8) 企业结构(struc_firm)。用各地区大企业数量与小企业数量的比例表示。由于大企业很多都是国有企业,相对其他所有制企业而言,国有企业自身内在的一些发展问题,如效率低下、产权不明晰等,可能严重影响到其相关生产活动的外包,进而影响地区垂直专业化发展。该变量预期为负。(10) 开发区(scizone)。国内学者马新平(2003)指出,工业园区是地域化和产业集群集中化的有机结合,从本质上说,其是生产组织方式的一种创新,有利于形成规模经济和专业化企业分工协作关系。可采用各地区国家级开发区数量对该指标进行衡量。(12) 除了以上这些因素,地区垂直专业化发展的一个重要前提是我国不同区域融入全球生产网络,从事产品内国际分工的程度。为了体现这一特点，本章用各地区加工贸易进出口总值（vstrade）对该指标进行衡量。(13) 这里还同时考察了各地区一般专业化发展水平（lqtrade）和资源禀赋条件（resource）对地区垂直专业化发展可能存在的不利影响，或者说抑制作用。

对上面的因变量和所有自变量进行回归，表8.5中的分析结果同时给出了普通最小二乘（OLS）、控制时间和空间差异的虚拟最小二乘（LSVD）以及考虑空间因素的空间面板（SAR、SEM）回归结果。从总体情况来看，各个方程均具有较好拟合度，大多数变量回归结果也都与预期相符合。LSVD和OLS回归结果相比，最值得注意的就是相关变量，如policy、integration、value_ind、struc_firm、lqtrade和resource，在控制了时间和空间差异后，其影响作用都有了不同程度降低或者变得不再显著。这表明，以上变量，特别是policy和integration，对地区垂直专业化发展影响作用的发挥，突出表现在三大区域相对层面上，而不是区域内部。

在重点关注的空间计量回归结果中，SAR模型和SEM模型的分析结果均表明，地区垂直专业化发展目前阶段还没有产生近邻空间正向溢出效应。这在一定程度上说明了我国地区垂直专业化的总体发展，更主要还是表现为在少数区域内的不断加强。具体就相关变量影响作用回归情况来看，产业集聚水平（agglo）在SAR模型中在10%水平上通过了显著性检验，表明产业集群通过提高交易效率、降低交易费用，明显促进了地区垂直专业化发展。制度因素对地区垂直专业化发展来说，也是一个很重要的影响因素，由此处几个体现区域制度环境的变量（government、integration和open）可见，其在SAR模型和SEM模型中均通过了显著性检验，并与预期符号一致。对区域劳动力市场发展状况的考察结果中，只有体现劳动者素质的变量（hum_high）在两种模型中均在1%水平上通过了显著性检验。由此比较可见，地区垂直专业化发展越来越依赖于人力资本构成中的高素质劳动力者比重的不断上升。以变量value_ind所衡量的地区工业发展规模在这里也都在1%水平上显著为正，结合上面以工业企业单位数衡量的产业集聚水平来看，这表明地区垂直专业化发展不仅有规模上的要求，更有以产业集聚为代表的质量上的要求。变量sturc_firm在两种模型回归结果中均显著为负，与预期一致，表明区域企业构成特点的影响作用。作为可着重考察的一个方面，各地区开发区（scizone）的设立一定程度上也对垂直专业化发展产生了促进作用，可以认为其在很大程度上体现了人们是通过有意识引导和开发，来促进这些区域内产业集聚的形成和发展，进而影响垂直专业化发展的。虽然我们无法肯定这些开发区的建设从长远来看都能够获得成功，但是至少在初期阶段,它是一种重要方式。就各地区产品内分工贸易水平(vstrade)对地区垂直专业化发展的影响作用来看,它在两种模型中都在1%水平上显著为正。这就更明确说明了各地区垂直专业化发展和这些地区融入全球生产网络、参与产品内国际分工贸易发展的状况是密不可分的。最后就一般专业化水平(lqtrade)和资源禀赋条件(resource)同地区垂直专业化发展之间关系的考察情况来看,lqtrade 和 resource 两个变量均显著为负,从而更进一步表明了地区垂直专业化和一般专业化发展之间的相异性。这同时也表明,对于很多依赖传统资源禀赋优势而形成较高一般专业化发展水平的地区来说,这种发展模式由于存在较大的惯性特征,很难在短期内加以改变,从而对地区垂直专业化发展存在着极为不利的阻碍作用。因此,顺应全球生产网络发展趋势,并积极融入其中就显得更重要了。

表8.5 基于地理权重的垂直专业化发展影响分析

	OLS		LSVD		SAR		SEM	
	系数	t值	系数	t值	系数	t值	系数	t值
market	0.005	0.15	0.012	0.36	−0.011	−0.352	−0.006	−0.182
agglo	0.018	0.76	0.024	0.86	0.042*	1.711	0.02	0.91
government	−0.858***	−3.31	−0.603	−1.58	−1.007***	−4.399	−1.007***	−4.75
integration	−0.588*	−1.83	0.095	0.12	−0.608**	−2.358	−0.486**	−2.152
open	0.012	1.43	0.0005	0.06	0.012*	1.602	0.013*	1.843
labor	0.008	0.04	0.077	0.35	−0.042	−0.22	−0.027	−0.141
hum_high	0.377***	3.29	0.614***	2.95	0.306***	2.948	0.3***	3.199
wage	−0.065	−1.14	−0.196***	−2.92	−0.055	−1.031	−0.003	−0.061
value_ind	2.851***	4.72	2.761***	3.95	3.095***	5.838	2.647***	5.338
struc_firm	−0.03***	−2.64	−0.022*	−1.66	−0.029***	−2.638	−0.026**	−2.449
scizone	0.007	0.72	0.0002	0.02	0.012	1.301	0.016*	1.782
vstrade	0.039***	7.0	0.046***	8.62	0.038***	7.308	0.032***	6.759
lqtrade	−0.244***	−11.73	−0.23***	−6.52	−0.229***	−11.696	−0.207***	−10.673
resource	−0.089***	−5.06	−0.077***	−4.11	−0.1***	−5.822	−0.074***	−4.656
_cons	1.367***	4.28	0.74	0.92				
ρ/λ					−0.079**	−2.157	−0.357***	−5.327

续表

	OLS		LSVD		SAR		SEM	
	系数	t值	系数	t值	系数	t值	系数	t值
R^2	0.778		0.803		0.788		0.791	
调整R^2	0.77				0.772		0.776	
LogL值					179.968		177.457	
F检验值	97.9***		71.15***					
样本量	406		406		406		406	

注：***、**和*分别表示在1%、5%和10%水平上显著；_cons为常数项。

注意，在表8.5的回归结果中，变量market和labor始终没有通过显著性检验，而相关性分析则表明，变量market和scizone之间的相关系数高达0.894，还有变量open和aggl_num、wage之间的相关系数也分别达到0.7和0.808。可能正是这一问题的存在，导致前面方程中相关变量的回归结果不理想。对此，表8.6分别将存在明显共线性问题的几个变量在两组方程中进行考察。从结果来看，变量market在第一组两种情况下均通过了显著性检验，而变量labor仍然不显著为负。这实际上更能明确说明，从全国范围来看，单纯劳动力供给方面的优势已经不再是促进地区垂直专业化发展的重要因素，对于东部地区来说更是如此。

表8.6 基于经济权重的垂直专业化影响分析

	SARⅠ		SEMⅠ		SARⅡ		SEMⅡ	
	系数	t值	系数	t值	系数	t值	系数	t值
market	0.092***	4.802	0.096***	5.079				
agglo					0.052**	2.224	0.033	1.591
government	−0.652***	−2.927	−0.616***	−3.126	−0.958***	−4.55	−0.974***	−4.965
integration	−0.415	−1.549	−0.344	−1.503	−0.769***	−3.239	−0.652***	−3.121
open	0.046***	8.509	0.042***	8.696				
labor	−0.258	−1.358	−0.261	−1.426	−0.122	−0.702	−0.096	−0.561
hum_high	−0.109	−1.252	−0.06	−0.795	0.391***	4.607	0.392***	5.115
wage					−0.026	−0.524	0.021	0.457
value_ind	2.923***	5.189	2.382***	4.654	3.215***	6.084	2.804***	5.647

续表

	SAR I		SEM I		SAR II		SEM II	
	系数	t 值	系数	t 值	系数	t 值	系数	t 值
struc_firm	−0.036***	−3.149	−0.036***	−3.325	−0.029***	−2.609	−0.026**	−2.412
resource	−0.099***	−5.753	−0.08***	−5.172	−0.104***	−6.173	−0.081***	−5.3
scizone					0.01	1.567	0.014**	2.475
vstrade					0.042***	11.334	0.038***	10.751
lqtrade	−0.239***	−12.707	−0.221***	−12.012	−0.231***	−11.81	−0.211***	−10.793
ρ/λ	−0.08**	2.104	−0.372***	5.554	−0.07*	1.96	−0.327***	4.875
R^2	0.759		0.766		0.785		0.778	
调整 R^2	0.745		0.752		0.771		0.774	
LogL 值	154.306		154.661		177.75		175.776	
样本量	406		406		406		406	

注：***、**和*分别表示在1%、5%和10%水平上显著；_cons 为常数项。

8.5 本章小结

当前，产业集群已经发展成为具有多种内涵的新型产业政策框架的理论基础，成为最重要的经济现象，并且成为一种越来越强劲的全球性经济发展潮流。而就产业集群存在和发展的原因来看，分工形成的专业化生产优势是一个重要方面。本章通过比较分析，重点关注了全球生产网络发展过程中，垂直专业化对不同地区产业集聚发展影响作用的差异性。

作为比较，本章首先通过定性分析考察了传统资源禀赋对区域产业集聚发展的影响作用。总体分析表明，虽然拥有较好资源禀赋条件的地区可以通过对这些资源的简单利用来促进工业产值增长，进而带来短期效益，但从长远来看，其未必能够成为促进地区工业集聚发展的重要因素。从我国工业集聚发展的历程来看，早期工业集聚更多表现为依赖自然资源的集聚特点，而随着市场化进程的推进，工业集聚受到了更多复杂因素的影响。特别是随着经济的全球化发展，传统意义上的要素概念逐渐转变，要素禀赋的初期条件已不再是区域经济发展的绝对优势。再通过分区域考察可见，从东到西，三大区域地区垂直专业化和资源禀赋优势的影响作用呈有规律的变化特点。其中,正是中西部地区传统资源禀赋对工业集聚发展的显著影响作用,才使得总体分析中其仍然是一个重要影响因素。但是对东部地区来说,其已经不再是影响地区工业集聚的重要因素。相比较而言,垂直专业化发展不仅能够促进区域新的、更高级要素的形成,更对各区域改善利用原有资源条件有重要意义,因此才有此处分析中,垂直专业化和地区工业集聚发展之间的显著正相关关系。我国学者梁琦(2003)指出,产业空间集聚除了受要素禀赋影响外,还受规模经济、外在性(劳动力市场共享、知识溢出等)、产品差别化、市场关联等因素的作用。显然,这几个因素均和地区垂直专业化的发展有着密切联系。本章还从制造业细分行业角度比较了地区垂直专业化和传统资源禀赋对工业集聚发展的影响作用。总体来看,垂直专业化影响作用在更多制造业行业中都已经显著表现出来,且影响作用也要明显大于传统资源禀赋。

  本章最后一节基于空间计量方法,考察了地区垂直专业化自身发展问题。结果表明,地区垂直专业化发展并没有产生近邻空间溢出效应,不同地区之间的垂直专业化发展还不存在较强空间溢出效应。这也说明,我国地区垂直专业化发展总体上还处于发展阶段,不同区域之间分工合作关系还不是很明显,特别是从三大区域角度来说更是如此。在对更具体影响因素的考察中,一些值得关注的方面如:单纯劳动力供给优势已经不再是促进地区垂直专业化发展的重要因素,其发展越来越依赖于人力资本;对很多依赖传统资源禀赋优势而形成较高一般专业化发展水平的地区来说,它们很难在短期内加以改变,从而对地区垂直专业化发展存在不利阻碍作用。按克鲁格曼的观点理解,即一种经济活动一旦被锁定,便会形成空间循环累积因果,而要打破这种局面,需要超过一定阈值的力量。

第九章 融入全球生产网络——贸易和投资视角的研究

前面相关章节已从多个角度考察了地区垂直专业化对我国不同区域发展影响的差异性。鉴于全球生产网络是地区垂直专业化赖以存在和发展的重要环境和前提条件,因此在本章的进一步分析中,我们将重点关注全球生产网络在我国不同地区的发展情况和影响因素。显然,从这样一个角度分析,对于更有针对性地采取措施,通过融入全球生产网络和形成地区垂直专业化能力,进而促进区域均衡发展都具有重要指导意义。全球生产网络在不同地区的实际发展主要体现在两个方面:一个是各地区对外产品内分工贸易发展;另一个就是跨国公司各价值增值环节及其在我国不同区域的投资布局和生产活动。

9.1 相关研究评述

9.1.1 国外研究评述

国外既有研究对不同国家和地区参与全球生产网络发展状况的相关文献如下:Yeats(1998)以 OECD 国家之间零部件贸易为考察对象,从多角度分析了双边贸易壁垒、劳动力成本、运输和距离问题以及政府政策方面因素对全球生产网络发展过程中产品内分工贸易发展的影响。Gao(1999)假设在一个具有递增规模报酬性质的生产过程中,差异化产品由若干垂直联系的生产阶段来提供,各个阶段包含不同的要素比例,并且可以在地理空间上对各个阶段进行分割。在生产要素不发生跨国流动的前提下,利润最大化的企业会在成本节约的动机驱使下,将垂直一体化的产品生产阶段分别配置于不同国家,以充分利用要素成本差异,从而体现要素禀赋在产品内国际分工形成中的重要性。Gourevitch(2000)针对全球生产网络发展过程中全球硬盘生产企业的研究认为,不同国家和地区的工资水平、劳动力供给和素质差异共同决定了硬盘生产业各自在全球硬盘生产格局中的位置。Hummels(2001)通过建立动态李嘉图贸易模型,在扩大了的产品范围内,重点研究了关税对产品内国际分工的影响。结果表明,相对于双边一般商品贸易而言,关税降低对促进产品内国际分工发展的影响更大。Grossman 和 Helpman(2005)则在一个一般均衡分析框架下,考察了全球生产网络发展过程中外包发展的影响因素。理论分析表明,全球外包活动发展和国内外中间投入品供应商市场规模、市场相对搜寻成本、标准化投入(customizing inputs)相对成本以及外包服务环境有关。

全球生产网络发展过程中,跨国公司通过对外投资建立全球性生产体系也是全球生产网络发展的重要体现,两者之间同样有着密切关系。在这一角度的分析中,Hanson 等人(2005)通过对美国跨国公司母公司和外国子公司之间中间品贸易的实证检验发现,投资东道国相对更低的贸易成本、更低的技术劳动力工资水平和更低工资收入所得税均会显著影响海外子公司与母公司之间的中间品贸易发展。Milner 等人(2006)针对日本跨国公司在泰国投资的研究表明,当地资源禀赋条件、交易成本费用和政策优惠措施在早期阶段是促进双边新国际分工贸易发展的主要影响因素,而到了后期关联企业在当地的大量集聚则是重要影响因素。Fouquin 等人(2006)针对法国跨国公司全球生产布局的研究表明,发展中国家的低工资和运输成本更有利于促进双边基于全球生产网络关系构建的分工贸易发展;而在发达国家,劳动生产率则是一个重要影响因素。在分析中,作者还特别考察了合作伙伴关系、经济自由化和市场发展潜力的影响,结果也表明了其影响作用的差异性。作为一个比较典型的研究视角,Jones 和 Kierzkowski(2005)从新经济地理学角度分析了服务贸易发展对全球生产网络发展的影响作用。结果表明,生产过程中关联工序服务联接成本(service-link cost)的降低促使不同工序生产在地理分布上更趋于分散化。Golub 等人(2007)在类似的研究中指出,交通运输、通信基础设施以及总体商业环境等服务相关因素均对吸引外商直接投资、促进双边一般商品和零部件贸易发展有显著影响。Kimura 等人(2007)以五十多个国家和地区双边机械制造业一般商品贸易和零部件贸易为研究对象,通过比较发现,服务联接成本和区位优势对东亚和欧洲国家双边垂直专业化分工发展的影响作用是不同的;进一步分析还发现,相关因素的影响作用显著存在着分时点差异。Kimura 和 Ando(2005)更进一步在一个由地理距离和企业对分散化生产过程的可控性构成的二维框架下,根据日本双边贸易和微观企业数据分析了东亚垂直生产网络体系的发展问题。结果强调,东亚政策环境改变通过影响企业不可控性因素和实际地理距离作用而降低了服务联接成本。

9.1.2 针对我国的研究

作为一个快速发展中的大国,从全球生产网络发展所形成的新国际分工贸易角度关注中国的发展问题也已经成为近年来国内外很多学者共同感兴趣的一个话题。比较典型的研究如下:Lemoine 和 Kesenci(2002)重点分析了中国和亚洲、欧洲、北美在加工贸易、产成品贸易中的比较优势构成特点。研究认为跨国公司全球投资战略调整和中国对外开放贸易政策共同影响了双边产品内分工贸易发展。国内学者曹明福和李树民(2005)研究认为,新国际分工格局下,发达国家和发展中国家仍然主要是通过比较优势、规模优势来获取有差别、动态变化的分工利益。刘志彪和刘晓昶(2001)的理论分析指出,产品内分工贸易与制度、技术、交易成本和新兴市场等因素有关,其中制度因素在促进产品内分工贸易形成中起到了更重要的作用。金芳(2006a)则重点从空间区位、所有权和交易机制三维框架展开分析,强调了它们对当代产品内分工贸易发展的影响。徐康宁和王剑(2006)基于发达国家和发展中国家的研究表明,要素禀赋和地理区位决定了国际分工的基本格局,地理距离的重要性逐渐上升,其引导国际分工空间布局朝着区域化方向演进,这也使得要素禀赋对分工格局的影响更主要体现在区域内部。刘志彪和吴福象(2005)度量了中国及长江三角洲地区垂直专业化分工贸易情况,并使用行业层面数据对其影响因素做了实证分析。结果表明,产品内分工贸易与行业外向度、资本化程度等因素正相关,而与交易费用负相关。王爱虎和钟雨晨(2006)基于我国东部省份的研究指出,国内经济环境、工业发展水平和对外经济政策等因素对我国制造业垂直专业化分工贸易发展具有显著影响。胡昭玲和张蕊(2008)基于我国东部省份的研究认为,低成本劳动力优势是我国制造业参与垂直专业化分工贸易的根本,而劳动力素质与效率、制造业发展水平、国内经济状况和对外开放程度等宏观经济环境方面的因素也通过影响跨国外包而影响了不同地区产品内分工贸易的发展。盛斌和马涛(2008)针对国内 19 个工业部门 1992—2003 年发展数据的分析认为,影响我国垂直专业化分工贸易发展水平的因素主要包括贸易壁垒、产品国内技术含量和外资企业投资来源国(地区)的构成情况。唐东波(2013)的研究发现市场规模决定企业的垂直专业化水平,市场规模越大,企业的垂直专业化水平就越高。降低市场交易费用和行业进入成本有助于增加企业的外购中间品比例,进而能提升企业垂直专业化分工程度。相较于市场规模扩张,市场化改革带来的交易成本下降更能促进企业的垂直专业化分工。高敬峰和王庭东(2017)基于增加值贸易数据分析了中国参与全球价值链分工的区域特征。他们通过研究认为东亚区域在中国最终消费产品价值链中的地位出现了相对下降,中国最终消费产品价值链表现出一种全球性特征。美欧发达国家和新兴发展中经济体经济规模的持续扩大和技术水平的不断提高,推动了中国最终消费产品价值链由东亚区域向全球转移。郝闻汉(2021)考察了撤县设区这一区域一体化政策对企业垂直分工的影响。研究发现,撤县设区后,原县域公司的垂直专业化分工水平显著提高。撤县设区通过扩大企业可达的市场范围以及降低企业面临的交易成本推动企业垂直专业化分工。

总体而言,一方面,国内外从产品内分工贸易发展(或者叫垂直专业化分工贸易)和跨国公司投资角度来研究全球生产网络发展及其影响因素的文献已经开始变得更加深入、具体,但另一方面,大多数研究所考察的对象主要还是局限于国家或者区域层面。特别是从针对我国的一些实证研究来看,受数据可得性限制,大多还是基于国家层面的分析。在经济全球化发展的今天,相对于整个国家层面而言,国家或者区域内部一些"点"在全球经济发展中的重要性正变得越来越突出。有鉴于此,本章的分析更深入到省级层面来考察我国不同地区融入全球生产网络的现状和影响因素,相信由此得到的一些研究结论会更具现实指导意义。

9.2 产品内分工贸易发展研究

9.2.1 模型构建和变量说明

作为全球生产网络发展过程中的一个重要方面,我们首先从产品内分工贸易角度来系统考察我国不同地区融入全球生产网络的现状及其影响因素。

在国际经济学中,分析不同国家和地区之间双边贸易发展问题的一种重要方法——引力模型,自付诸实际应用以来,经济学家们基于不同的研究问题和视角对其所做的一些有益扩展和完善就从来没有停止过。这些改进既有对所引入变量的调整、补充,也有对模型本身构造的改进。大多数分析表明,引力模型较好地解释了所研究的问题,对经验数据具有较高的拟合度。通过比较可以发现,这些研究的一个突出特点就是它们大多是基于不同国家层面的分析。相对而言,基于一个国家内部区域和其他国家之间双边贸易发展这样的角度来构建引力模型的研究还不是很多。一些类似的文献如下:McCallum(1995)基于引力模型分析了加拿大各省份之间以及加拿大相关省份与美国各州之间的贸易发展问题。庄丽娟等人(2007)同样利用引力模型,对影响广东和东盟国家农产品出口的因素进行了分析。陈启斐和范超(2013)利用 STAN Database 提供的 2000—2010 年国家双边服务贸易数据和扩展引力模型,探讨了服务进口和服务出口贸易发展问题。同样基于构建扩展引力模型,王鸣和穆月英(2018)实证分析了中国对东盟蔬菜出口贸易的影响因素。罗明等人(2023)则基于贸易引力模型测算了中国鞋靴产品对"一带一路"沿线国家的出口贸易潜力。

由于本章主要研究的是一些重要因素对我国不同省份和相关国家、地区之间的产品内分工贸易发展问题,在模型构建方面,我们很大程度上借鉴了上述类似研究,最终设定引力模型形式如下:

$$
\begin{aligned}
\ln(\mathrm{trade}_{ijkt}) = & C + a_1\ln(\mathrm{gdp}_{it}) + a_2\ln(\mathrm{fgdp}_{jt}) + a_3\ln(\mathrm{dwage}_{ijt}) \\
& + a_4\ln(\mathrm{dcapital}_{ijt}) + a_5\ln(\mathrm{dpatent}_{ijt}) + a_6\ln\mathrm{distance}_{ij} \\
& + a_7\mathrm{sea}_{ij} + a_8\mathrm{language}_{ij} + \varepsilon
\end{aligned} \quad (9-1)
$$

其中,i 表示我国省份($i=1,2,\cdots,30$);j 表示国家或地区($j=1,2,\cdots,15$),这里发达国家和地区主要包括了澳大利亚、德国、法国、加拿大、美国、日本、英国;发展中国家和地区主要包括了巴西、菲律宾、韩国、马来西亚、墨西哥、新加坡、印度尼西亚;t 表示年份;trade_{ijkt} 表示省份 i 和国家或地区 j 之间行业 k 在 t 年时的垂直专业化分工贸易水平;gdp_{it} 表示省份 i 在 t 年的国民生产总值;fgdp_{jt} 表示国家或地区 j 在 t 年的国民生产总值;dwage_{ijt}、$\mathrm{dcapital}_{ijt}$ 和 $\mathrm{dpatent}_{ijt}$ 分别表示双边劳动力成本、物质资本和知识资本三类要素禀赋差异;$\mathrm{distance}_{ij}$ 表示双边距离;sea_{ij} 表示双边是否均沿海;$\mathrm{language}_{ij}$ 表示双边是否具有相似的历史文化背景;ε 为残差项;ln 表示对变量做对数化处理。预期各变量系数符号分别为 $a_1>0$、$a_2>0$、$a_3<0$、$a_4<0$、$a_5<0$、$a_6<0$、$a_7>0$、$a_8>0$。对各变量的具体衡量如下:

首先,对双边产品内分工贸易水平($\mathrm{pctrade}_{ijkt}$)的衡量,参考 Golub 等人

第九章 融入全球生产网络——贸易和投资视角的研究

(2007)对产品内分工贸易水平的衡量方法,这里同样以双边加工贸易数据来表示产品内分工贸易水平。此外,考虑到加工贸易方式大进大出的特点,为避免单纯采用进口或出口数据所带来的衡量有效性问题,这里最终采用进出口总额数据进行衡量,并按照当年人民币对美元汇率转化为美元计价。

对变量 gdp_{it} 和 $fgdp_{jt}$ 的处理,在本章分析中,不同国家和地区国民生产总值数据均以 2000 年为基期用美元计价,因此,我国不同省份国民生产总值首先用以 2000 年为基期的地区生产总值指数进行平滑处理以消除价格因素影响,再转化成美元价格计算。对要素禀赋差异的具体衡量中,变量 $dwage_{ijt}$ 所代表的劳动力成本差异用我国各省份转化为以美元计价的全部职工年平均货币工资和其他国家或地区以 2000 年为基期的年工资水平差值的绝对值表示,其中我国工资水平数据均用以 2000 年为基期的居民消费价格指数处理;变量 $dcapital_{ijt}$ 所代表的物质资本差异以双边人均国民生产总值差值的绝对值表示,其中我国各省份人均国民生产总值同样用以 2000 年为基期的地区生产总值指数进行处理;变量 $dpatent_{ijt}$ 所代表的知识资本差异用我国各省份专利申请受理数同其他国家或地区居民和非居民专利申请合计数差值的绝对值表示。对变量 $distance_{ij}$ 的处理,不同于很多文献相对简单的做法,这里我们对距离的衡量特别考虑了国际上一些港口的重要影响作用。特别是对于垂直专业化分工贸易来说,其更多还是表现为以加工贸易为主的转口贸易,港口的重要性更是不容忽视。在具体分析中,实际所关注的距离包括了两个部分:第一部分距离定义为国内港口距离,我们用 $distance_i$ 来表示,考虑到大连、天津、上海和深圳分别是我国影响面波及东北、华北、华东和华南及这四大区域纵深地区的几个重要港口,因此这里的距离即以各地区省会城市到以上四个港口城市最近的距离。对于第二部分距离,我们将关注视野锁定在一些国家和地区具有重要国际影响的港口上,具体包括澳大利亚墨尔本和布理斯班、巴西里约热内卢和圣保罗、德国布莱梅和汉堡、韩国仁川和釜山、加拿大温哥华和蒙特利尔、美国纽约和洛杉矶、日本神户和大阪、英国南安普敦、新加坡。同时,考虑到各个国家和地区首府作为重要集散中心的影响作用,最终我们以上面所提及的重要国际性港口和各国家、地区首府到我国四个港口城市的距离平均值中最小的一个作为第二部分距离 $distance_j$。将两部分距离相加即得到综合距离 $distance_{ij}$。对变量 sea_{ij} 的衡量,鉴于这里所考察的样本国家和地区都临海,我们只需关注我国各省份上述地理特征,如果考察的省份临海则 $sea_{ij}=1$,否则 $sea_{ij}=0$。对变量

language$_{ij}$的衡量,则主要关注相关国家和地区,如果其和我国具有共同语言,则 language$_{ij}$=1,否则 language$_{ij}$=0。

具体分析中,除虚拟变量外,其他所有变量均做了对数化处理。在双边零部件分省、分行业贸易数据中,部分省份、分行业贸易数据为零,因此我们将所有贸易数据均加 1 后再做对数化处理。数据的来源情况如下:双边零部件贸易数据均来自国务院发展研究中心数据库;包括香港和台湾在内的我国各地区国民生产总值、人均国民生产总值、全部职工年平均货币工资数据、国内专利申请受理数均主要来自《中国统计年鉴》。不同国家和地区国民生产总值、人均国民生产总值数据来自世界银行,工资水平数据则主要来自国际劳工组织数据库,并统一按照一年十二个月、每月四周、一周五天、每天八小时工作制转化为年工资水平。国际港口之间的距离数据来自专业网站 http://www.distances.com。

9.2.2 针对总体的比较

表 9.1 给出了混合样本数据不同视角下的回归结果,其中第一、二列数据反映了基本模型和固定效果模型的估计情况。从基本模型来看,除变量 dwage 和 dcapital 外,其他变量回归系数均与预期相符且保持着较高的显著水平。固定效果模型在纳入年份、地区和行业虚拟变量后,除 sea 和 language 外,相关变量影响作用大都有不同程度的降低,并且变量 gdp 的影响作用也不再显著。由此,可以认为影响双边产品内分工贸易发展的因素会随着时间、地区和行业的不同而表现出差异性。

回归系数中,最值得注意的首先是要素禀赋差异回归结果。变量 dwage 在两种模型设定下均显著为正,而变量 dpatent 在两种模型设定下均显著为负。这一方面凸显了我国不同地区在参与全球产品内分工贸易过程中,劳动力成本和知识资本差异已经成为要素禀赋差异影响中最突出的两个方面。另一方面,对比两者的回归系数,我们实际上看到的是一种典型的二元影响特征。以劳动力成本为代表的要素禀赋差异总体上仍然是我国目前阶段各地区参与全球产品内分工贸易的相对比较优势,双边差距越大越有利于发展。此外,以知识资本为代表的要素禀赋差异则构成了我国各地区的相对比较劣势,差距越大反而越不利于发展。其中一个重要原因就在于,相对于劳动力成本差异,我国各省份同其他国家和地区之间的知识资本总体差异水平可能更大,已经超出了产品

表 9.1 产品内分工贸易发展总体和考虑规模差异的分析

	基本模型		固定效果模型		25%分位		50%分位		75%分位		90%分位	
	系数	标准差	系数	标准差	系数	标准差	系数	标准差	系数	标准差	系数	标准差
gdp	3.277***	0.037	0.119	0.739	3.003***	0.143	3.238***	0.061	2.96***	0.06	1.809***	0.039
fgdp	1.314***	0.039	1.302***	0.034	1.124***	0.052	1.518***	0.034	1.146***	0.044	0.895***	0.027
dwage	0.337***	0.045	0.313***	0.039	0.111***	0.038	0.415***	0.045	0.32***	0.04	0.187***	0.036
dcapital	−0.022	0.054	−0.002	0.047	0.138***	0.047	−0.013	0.061	−0.026	0.068	−0.065*	0.04
dpatent	−0.006***	0.002	−0.003***	0.001	−0.003***	0.001	−0.006***	0.002	−0.006***	0.002	−0.003***	0.001
sea	4.818***	0.071	16.481***	2.74	8.571***	0.305	5.719***	0.126	3.169***	0.074	2.459***	0.055
distance	−1.631***	0.04	−1.513***	0.035	−1.402***	0.052	−1.775***	0.05	−1.388***	0.036	−1.041***	0.029
language	0.725***	0.135	0.76***	0.116	0.486***	0.125	0.923***	0.158	0.644***	0.136	0.596***	0.081
_cons	−13.372***	0.433	0.143	3.138	−12.958***	2.481	−13.669***	3.098	−5.851***	1.235	4.569*	2.693
Year	No		Yes		Yes		Yes		Yes		Yes	
Province	No		Yes									
Industry	No		Yes									
F 检验值	3 315.94***		890.5***									
Pseudo R^2					0.255		0.383		0.289		0.263	
调整 R^2	0.46		0.602									
样本量	31 200		31 200		31 200		31 200		31 200		31 200	

注：***、**和*分别表示在1%、5%和10%的水平上显著；cons 表示常数项；No 表示没有考虑该虚拟变量；Yes 表示纳入固定效果模型的虚拟变量，其中年份固定效果包含5个虚拟变量，地区固定效果包含30个虚拟变量、行业固定效果包含13个虚拟变量。

内分工贸易发展所容许的最低限度,从而成为一个显著的不利因素。相比较而言,我国同其他国家和地区之间的劳动力成本差距总体上还是在一定的区间范围内,此时双边差距越大越有利于产品内分工贸易发展。

对于回归结果,同样值得注意的还有地理因素的影响。结合前面要素禀赋差异分析,这里不难理解不同地区同样是参与产品内分工贸易发展,结果却是东部一些省份相对优势更突出。一方面,虽然中西部地区省份具有相对更低的劳动力成本优势,但是更大的物质资本和知识资本差距已经表现出了更大的不利影响作用。另一方面,即便不存在较大的物质资本和知识资本差距,甚至同样具有很大的市场规模,但不同地区所处地理区位的相对弱势会产生更大不利影响,四川、湖北等中西部省份的产品内分工贸易的现实发展状况可以说是很好的例证。

在进一步的双边产品内分工贸易发展分析中,首先考虑的一个问题就是规模差异是否提供了一些重要信息。不同于 OLS 回归只考察整体上解释变量的影响作用,分量回归(quantile regression)考虑了所研究对象分布特点可能带来的影响差异,它能够估计出在给定解释变量的条件下,被解释变量在不同分量上的条件分量值①,因此能够更准确、全面地反映各解释变量的影响差异和变化趋势(Mata,Machado,1996)。

这里的分析即采用此方法,分别估计出 25%、50%、75% 和 90% 四个分位点处的回归结果。考虑到不同行业产品内分工贸易发展水平的差异,这里首先加入行业虚拟变量以控制行业差异的影响。结果中,多数变量回归系数变化均表现出了有趣的倒 U 型结构。这表明,随着双边产品内分工贸易规模由条件分布的低端(低分位)向高端(高分位)变化,相关因素影响作用先是存在着不同程度的提高(由 25% 到 50% 分位点),到一定规模后转而又存在着不同程度的降低(由 50% 到 90% 分位点)。这一变化规律所反映的实质问题表明,虽然所考察的几个方面都是影响双边产品内分工贸易发展的重要因素,但是其影响却有着明显的动态性。在双边产品内分工贸易规模发展的早期阶段,这些因素可能是决定性的,而随着贸易规模的进一步扩张,特别是随着一些区域集聚影响力的形成,其对以上几方面因素可能形成了不同程度的冲击,进而使得它们的影

---

① 分量回归最早由 Koenker 和 Bassett 于 1978 年提出并引入经济分析,它建立在最小一乘估计(LAE)思想上。对于该方法具体的理论基础和基于此方法的模型构造,这里限于篇幅不再赘述。

响力均出现了不同程度的降低。

9.2.3 不同视角下的进一步考察

所考察产品内分工贸易发展数据包括了地区、年份和行业三方面数据,构成了三维虚拟面板数据集(Pseudo Panel Dataset),如果这里再进一步考虑不同国别和地区差异因素,那么可以认为本章所采用的数据集实际上是四维的。前面固定效果模型分析和对产品内分工贸易发展不同规模条件进行分析的结果均表明,关注以上方面的差异是重要的。

下面分析的时间跨度仅为五年,分年份回归结果表明,各变量回归系数大多并不存在显著差异,因此没有再具体给出分年份考察情况。这里首先侧重从行业角度考察相关因素影响的差异性。根据分析结果可以发现,就国内外地区市场规模大小对各细分行业产品内分工贸易发展的影响来看,相关因素影响的差异并不明显。通过对八个劳动相对密集行业(主要从行业 food 到 plastic)和五个资本、技术相对密集行业(主要从行业 medicine 到 metal)的两个变量 gap 和 fgdp 的回归系数求平均值可以发现,我国各地区市场规模大小影响作用的比较中(见表 9.2 第一列),类型Ⅱ中 gdp 的回归系数略大于类型Ⅰ中 gdp 的回归系数,而变量 fgdp 反映的国外市场规模大小影响作用则恰好相反。这里要素禀赋影响作用的差异也比较明显。相对而言,劳动力成本因素对劳动密集型行业影响作用的平均水平要显著大于资本密集型行业。物质资本的影响作用比较复杂,其对资本和技术密集型行业的影响系数平均值为 0.009,但是如果不考虑化工行业(chemistry),可以发现,其影响系数平均值将变为 -0.077,表明较大的物质资本差异对资本、技术密集型行业产品内分工贸易发展的不利影响要大于劳动密集型行业。这里知识资本差异平均影响的分析结果和物质资本类似,并且相对几个劳动密集型行业来说,这里医药、化工、交通运输三个资本和技术密集型行业的回归系数均至少在 10% 水平上通过了显著性检验。由于地理因素对成本的敏感性相对更高,因此地理距离和沿海等特征对劳动密集型行业的影响作用均显著大于资本和技术密集型行业。而由于投资风险水平等方面的差异,这里地缘政治文化相似性反过来表现出对资本和技术密集型行业有更大的影响作用,但是在通过显著性检验的情况下影响作用则不如劳动密集型行业。

表 9.2 产品内分工贸易发展分行业影响因素分析

	gdp	fgdp	dwage	dcapital	dpatent	distance	sea	language	_cons	调整 R^2	样本量
food	3.402***	1.356***	0.362**	−0.123	0.008	−1.652**	5.856***	1.030**	−15.212***	0.538	2 400
wood	3.754***	1.228***	0.433***	−0.067	−0.026***	−1.767**	4.257***	1.012**	−13.459***	0.537	2 400
feather	2.395***	1.189***	0.321**	0.2	−0.01	−1.913***	5.102***	−1.642***	−7.439***	0.433	2 400
textile	3.154***	1.289***	0.655***	−0.356***	−0.008	−1.151***	5.537***	0.498	−17.619***	0.432	2 400
glass	3.503***	1.419***	0.387***	−0.009	−0.008	−2.211***	2.560***	1.857***	−8.248***	0.477	2 400
shoes	3.119***	1.605***	0.33**	−0.103	−0.005	−1.937***	5.500***	1.015***	−13.505***	0.591	2 400
paper	3.921***	1.52***	0.463***	−0.166	0.002	−2.016***	3.786***	1.318***	−13.974***	0.564	2 400
plastic	2.63***	1.287***	0.097	0.282	0.001	−1.365***	6.717***	0.637	−13.477***	0.518	2 400
类型 I	3.235	1.362	0.381	−0.043	−0.006	−1.752	4.914	0.716	−12.867		
medicine	2.154***	1.161***	0.122	0.106	−0.01*	−1.164***	7.260***	−0.745**	−11.322***	0.511	2 400
chemistry	3.503***	0.972***	0.15	0.350**	−0.01**	−1.646***	2.999***	0.806*	−10.127***	0.471	2 400
electronics	3.083***	1.455***	0.371**	−0.171	−0.002	−1.255***	6.253***	0.572	−17.469***	0.504	2 400
transport	3.479***	1.259***	0.54***	−0.167	−0.008*	−1.467***	4.567***	0.615	−17.578***	0.509	2 400
metal	4.507***	1.359***	0.158***	−0.074*	−0.003	−1.662***	2.244***	2.539	−14.406***	0.533	2 400
类型 II	3.345	1.241	0.268	0.009	−0.007	−1.439	4.665	0.757	−14.18		

注：***、**和*分别表示在1%、5%和10%的水平上显著；_con表示常数项。

进一步从省区市角度进行分析,为了更直观反映相关因素影响作用的差异性,这里采用了散点图。图9.1和图9.2分别给出了各省区市对应回归结果的二维散点图,图9.1以变量gdp的系数为横轴、fgdp的系数为纵轴,图9.2以变量distance的系数为横轴、变量language的系数为纵轴。图中,根据各个点的分布情况,可以再将图分别划分为四个具有一定差异的部分。这里说明一点,由于实际回归结果中,山西、宁夏、甘肃、青海和新疆五个省(自治区)的回归方程经调整后的拟合优度水平仅在2%~7%之间,不具有很好的解释意义和可比性,因此对以上地区不做太多说明。

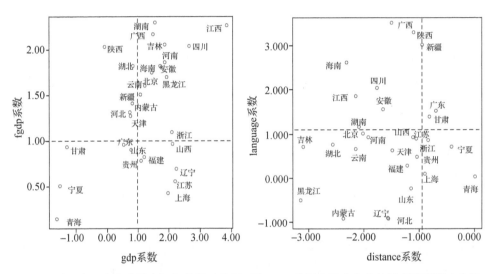

图9.1 基于省区市角度的市场规模影响分析 图9.2 基于省区市角度的地理因素影响分析

从图9.1来看,明显处在右上方第一象限的地区包括江西、四川、河南、安徽、黑龙江和吉林等十多个省市,表明相对于其他地区来说,这些省市的产品内分工贸易发展受自身市场规模和外部市场规模的共同影响作用相对更突出。处在左上方第二象限的地区包括陕西、湖北、云南、内蒙古、河北和天津,表明相对自身市场规模作用,这些地区的产品内分工贸易发展受外部市场规模大小的影响略为突出。而左下角第三象限的地区,除了甘肃、宁夏和青海(前面已经指出其结果不具有很好解释能力)外,主要包括了广东、山东和贵州三个省份,这里尤其值得注意的是,作为产品内分工贸易发展最典型的省份,广东受两类市场规模的影响作用均不是很突出。从第四象限可以看到,上海、江苏、辽宁和福建等产品内分工贸易发展水平更高的地区,其两类市场规模大小,尤其海外市场规模大小的影响作用同样不是很突出。这一结果进一步验证了前面的分量回归中,对全球产品内分工贸易规模水平进行考察所得出结论的可靠性。虽然市场规模因素是我国不同地区参与全球产品内分工贸易的一个重要方面,但是其影响作用主要还是体现在初期和中期两个阶段,随着各地区和海外市场之间合作的不断深化,市场开发利用也逐渐趋于稳定,其主导影响作用也开始相对降低。而对中西部仍具有一定市场潜力的地区来说,该因素的影响作用无疑仍处于一个上升过程。

图9.2重点比较了地理距离和地缘政治文化因素对各省区市影响作用的差异性。首先就地理距离的影响来看,该因素对产品内分工贸易发展比较成熟的几个地区,如广东、上海、浙江、江苏等的影响作用相对都是最小的,其次是天津、福建、山东和辽宁等地,而该因素对黑龙江、吉林、湖北、内蒙古、云南等一些产品内分工贸易发展比较缓慢的地区来说,影响作用则非常突出。比较地理距离的影响作用,一方面可以看到,地理距离本身对东、中、西部地区有显著差异化的影响作用。相对而言,影响作用最小的都是东部地区省市;另一方面,即便是东部地区省市,不同省市所受地理距离影响作用的差异性也是比较显著的。例如,地理距离对广东、江苏、上海等地的影响作用相对最小,其次才是天津、山东、辽宁和河北等其他几个东部省市。相对而言,无论从总体规模还是水平层次来看,广东、江苏和上海的产品内分工贸易发展水平均高于天津、山东、辽宁和河北等省市。由此可以更清楚地看到,随着产品内分工贸易在某些地区的深化发展,地理距离等因素的影响作用也是在不断弱化的。这可能也是其对东部地区省市影响作用相对较低的另一个重要原因。这里,地缘政治文化因素的影响作用相对比较复杂,并没有表现出有规律的特征。此处分析中,由于实际省区市角度的回归结果中,要素禀赋差异系数很多都不显著,使得比较不再具有可信度,这里没有再给出类似图9.1和图9.2的比较说明。

最后,表9.3给出了从国别和地区角度对相关因素进行比较的结果。由于产品内分工贸易发展的一个重要特点就是以发达国家为主导,控制研发、管理和市场营销等高端价值增值环节,发展中国家和地区则主要从事相关零部件的生产制造和发展转口贸易。因此,发达国家产品内分工贸易发展的市场需求特点相对更明显,而发展中国家和地区产品内分工贸易发展的成本节约特点相对更明显。这一特点最终影响了不同国家和地区同我国各省份双边产品内分工贸易的发展。

第九章 融入全球生产网络——贸易和投资视角的研究

表9.3 产品内分工贸易发展分国别和地区影响因素分析

	gdp	fgdp	dwage	dcapital	dpatent	distance	sea	_cons	调整R^2	样本量
澳大利亚	3.087***	61.782*	−8.425*	−25.46**	0.345	−1.643	3.905***	−177.073	0.444	1 950
德国	3.295***	−57.507***	1.343	−20.979**	−1.009***	−6.43**	2.807***	814.436***	0.451	1 950
法国	3.047***	41.469	−4.608**	−25.083***	−0.509***	−13.46***	3.758***	16.316	0.481	1 950
加拿大	3.634***	10.445	−4.561	−15.786***	−0.282	−21.573***	4.000***	312.202***	0.515	1 950
美国	3.971***	20.694**	−15.546**	−4.886	−0.466**	−15.423***	2.026***	113.865	0.414	1 950
日本	3.952***	−21.011***	10.838*	−30.82***	0.177	−2.97**	2.349***	449.490***	0.487	1 950
英国	3.251***	39.054	−6.2	−28.245***	−0.766***	−13.608***	3.469***	91.519***	0.507	1 950
发达国家和地区	3.462	13.561	−3.88	−21.608	−0.359	−10.73	3.188	231.536		
巴西	2.618***	−17.688***	−1.127***	−0.154	0.400***	−2.217	4.475***	174.7***	0.428	1 950
菲律宾	2.786***	−5.872***	0.125	0.452*	0.509***	−0.593	4.508***	28.326***	0.466	1 950
韩国	3.644***	−55.141***	15.478***	−7.548**	−1.113	−2.981***	2.946***	409.947***	0.473	1 950
马来西亚	2.658***	−4.629***	−4.06**	−1.837***	−0.985***	−2.005***	4.264***	87.096***	0.455	1 950
墨西哥	2.491***	−13.207***	−0.478	−0.22	0.566***	−28.198***	4.062***	393.977***	0.395	1 950
新加坡	2.816***	14.282**	−9.27	−19.772***	0.08	−3.101***	4.173***	206.389***	0.425	1 950
印尼	2.675***	−5.876***	0.62***	0.519***	0.484***	−1.633***	4.121***	40.978***	0.450	1 950
发展中国家和地区	2.848	−8.736	−0.816	−6.138	−0.045	−5.087	3.954	182.051		

注：***、**和*分别表示在1%、5%和10%水平上显著；_con为常数项。

243

从变量 gdp 的回归结果来看,各国家和地区均在 1% 水平上通过了显著性检验,其中我国地区市场规模大小对以市场需求为导向的发达国家和地区的影响作用,普遍要比对以成本节约为主要特点的发展中国家和地区的影响作用大,排在前四位的国家和地区中,有三个都是发达国家。变量 fgdp 的回归结果不再是所有系数都为正,部分国家的对应结果显著为负。仔细观察不难发现,国外市场规模影响显著为负的主要是德国、日本、巴西、菲律宾、韩国、马来西亚、墨西哥和印尼,除了德国和日本,其他国家和我国在全球产品内分工贸易格局中所处的位置并没有多少实质的区别,因此更多表现为竞争关系,这里的结果实际上表明,外部竞争性市场规模越大越不利于我国地区产品内分工贸易发展。而发达国家和地区与我国在全球产品内分工贸易格局中则主要体现为互补关系,因此,其市场规模越大越有利于我国地区产品内分工贸易发展,表现在回归结果中,即针对澳大利亚、法国、加拿大、美国和英国,该变量回归系数均为正。

在要素禀赋差异影响作用的分析中,最明显的特征还是前面相关分析中所强调的,影响作用差异"度"的问题——差异在一定界限范围内,双边要素禀赋差异会促进产品内分工贸易发展,而超过了一定范围,要素禀赋差异的影响就会发生质的变化,并更多体现为一种阻碍作用。Borensztein 等人(1998)的研究曾表明,先进技术的引入和东道国的吸收能力是经济增长中的一对孪生要素。他们发现,只有当东道国达到某种最低人力资本存量的限制之后,FDI 才能比国内投资有更高的生产率。De Mello(1999)的分析也表明,无论东道国在技术状况上是处于一个领先者还是跟随者位置,FDI 对于产出的增长率都有正的影响;但如果把产出增长率换成技术进步程度进行分析,则不成立。我国学者倪海青和张岩贵(2008)的研究也指出,东部地区与进口来源地之间技术差距的扩大有利于当地技术进步,而中部地区与进口来源地之间技术差距的缩小有利于当地技术进步,这是由两个地区的技术水平以及技术吸收能力差异导致的。可以说这些研究同本章分析结论所说明的本质问题是一样的。这里就劳动力要素禀赋差异(dwage)而言,我国各地区同发达国家和地区之间的差异相对发展中国家和地区显然更大,体现在该变量回归系数结果中,即各地区同发达国家和地区之间的双边差异表现为更大的不利影响作用。具体来看,由于我国各地区同发达国家和地区之间的劳动力要素禀赋差异更大,所以针对发达国家和地区的回归结果中,相应系数大多为较大负值;而由于我国各地区同发展中国家和地区的劳动力要素禀赋差异相对要小或者非常接近,从而这里的回归结果可以看到,该变量系数大多为相对较小的负值,如巴西、马来西亚、墨西哥、新加坡,或者为正值,如菲律宾、韩国和印尼。物质资本和知识资本回归系数的构成情况与劳动力成本的构成情况基本类似,这里不再赘述。

最后,由于我国和大多数发达国家之间的距离相对较远,地理距离因素对双边产品内分工贸易发展的不利影响,也要显著大于我国同发展中国家和地区的双边产品内分工贸易发展。而沿海分布情况则是对发展中国家和地区的影响作用要大一些。原因主要还是在于,我国与发展中国家和地区均处于全球产品内分工贸易发展的低端加工制造环节,彼此之间的产品内分工贸易发展相对来说对成本类因素均比较敏感,从而使得沿海等有利于成本节约的地理特征的重要性更显突出。通过上文的比较,实际上也进一步对地理因素影响的差异性有了一个更全面认识。

从本节就产品内分工贸易角度考察我国不同地区融入全球生产网络状况及相关因素影响作用的分析可以看出,对我国不同地区来说,要更好地融入全球生产网络,首先必须清楚定位,即在不同区域的相对发展中,认清自身现阶段所处的位置。由于全球生产网络的发展波及更多国家和地区,在我国不同地区与这些国家(地区)建立双边分工合作关系的时候,竞争性和互补性的相对变化也是值得注意的。此外,在积极参与全球生产网络过程中,更重要的是清楚认识到相关因素影响"度"的变化和差异,并从动态化角度来关注自身所应具备或者需要发展的重要方面。

9.3 跨国公司价值链布局研究

在上面基于各地区产品内分工贸易发展的研究中,虽然所得到的一些结论对于认识我国不同区域融入全球生产网络的情况是重要的,但其本质上仅仅是从生产制造活动或者说全球生产网络价值链构成中的制造环节来考察相关问题,并没有真正从完整价值链中不同价值构成角度来考察不同区域融入全球生产网络的特点。为此,针对前面研究中的不足,本节重点从微观跨国公司投资角度关注各价值增值环节在我国不同地区的分布状况及其影响因素。

9.3.1 跨国公司价值链划分

从跨国投资角度进行分析时,所用跨国公司微观企业数据均来自 Corporate Affiliations 中的数据库系统。该数据库收录了年总销售收入 1 000 万美元以上的跨国公司,并提供了母公司和所有子公司的经营业务描述、五位业务代码标识[①]、具体到城市乃至县一级的地址、最终母国、最终母公司等资料,这为我们提供了对跨国公司价值链进行具体分析所必需的重要数据和资料。

对跨国公司价值链的划分存在两种方法。一种是先选定跨国公司(主要是制造类跨国公司),再分类整理出其在中国的各价值增值环节;另一种是直接根据 NASCI 代码对所有跨国公司从事的经营活动及其价值增值环节进行分类。本章的研究选择了后一种方法。按照第一种方法,尽管对象比较明确,但实际操作的可行性很差,因为除了像 IBM、诺基亚这样具有很高全球化经营程度的超大规模型跨国公司外,其他在中国同时具有多个价值链增值环节的跨国公司还不足够多,这些公司在我国的投资多数还是以某单一环节的经营活动为主。按照这样的思路,最终整理出来的对象明确的样本跨国公司数量不足以支持研究。

而第二种划分方法带来的一个主要问题就是,在划分研发和营运类时,会碰到尽管按照一定的划分标准可以将部分样本跨国公司归类到研发和运营两大类中去,但是从其母公司经营角度可以判断出,其并不属于制造类跨国公司的情况,典型的如一些银行类跨国公司。对此,可以从跨国公司之间在全球范围内的投资协同(Jonathan,Molly,2005)角度来理解。也可以认为,由于当前跨国公司在生产过程中越来越倾向于通过跨界的生产网络将各个环节组织起来,而这既可以在跨国公司内部完成也可以由许多不同的跨国公司通过分工合作来完成,或者通过跨国公司的垂直一体化或者垂直分离化方式来实现(彭绍仲等,2005)。这一种分类方法实际上不仅关注了从事垂直一体化生产模式的跨国公司,也关注了彼此之间形成垂直分离化生产模式的跨国公司在中国的联合投资活动。

在以上总体划分标准的基础上,这里遇到的又一个问题是,跨国公司在华

---

① 代码标识是北美产业分类体系(The North American Industry Classification System,NASCI)代码。

第九章　融入全球生产网络——贸易和投资视角的研究

投资企业很多都存在不止一项经营活动,很多跨国公司的原始数据中包括三到四个均为六位数的行业活动细分代码。从跨国公司投资价值链构成的角度进一步归纳可以发现主要存在着两种情况:一种就是部分跨国公司子公司集中于制造环节的生产活动,但是生产活动却包括几个制造环节中的部件的生产;另一种典型情况就是,部分跨国公司子公司不仅从事制造环节的生产活动,同时还从事制造环节以外的经营活动,如研发、销售等。这表明跨国公司子公司的在华投资活动并不唯一。为了保证正确反映这些跨国公司子公司投资活动,我们所做的相应处理是:对于只在某个单一环节从事一项或者多项生产活动的子公司,将其归为这一环节下的一家企业一次;而对于存在着跨环节经营活动的子公司,即从价值链构成角度来看,跨国公司子公司同时存在着多个价值环节的经营活动,则分别在其所跨的不同环节中各计算一次,以反映其从事经营活动的多样性。概括而言,对跨国公司子公司的划分标准主要是依据其所涉及的价值链构成环节个数来进行。

在具体划分中,制造业比较明确,因而制造环节或制造类的跨国公司比较好界定,在 NASCI 代码中主要是第 31、32 和 33 类,包括了从纺织服装、玩具加工到电子机械产品、汽车制造活动,以及其他各种各样的产品及其零配件的生产。研发类的划分相对来说困难大一些,我们采用 Odagiri(1996)的广义研发定义,把产品设计、技术信息收集、科学测试、软件开发、基础研究都归结到研发一类,主要包括第 54 类(科学技术服务)和第 51 大类(信息产业)中的软件开发、数据信息处理子类。跨国公司价值链中的营运活动更为复杂一些,我们将其理解为按照一定的业务战略部署,跨国公司为谋求更大利润目标而开展的非技术经营活动和担负的管理职能。采取和研发类相类似的划分方法,在对营运环节的归类处理中,我们将具有投资、销售、运输仓储、管理以及租赁、金融、售后维修服务等功能的经营活动都算入营运类,NASCI 代码中与之相对应的主要是第 42、44、45、48、49、52、53、55、56 和 81 类。

在前面的分类基础上,进一步剔除部分不满足分析要求的样本,例如注册地在香港和澳门的跨国公司成分比较复杂,因此可予以剔除。最终进入分析的跨国公司样本数,按母公司统计共 614 家,按子公司统计共 1 172 家。其中从事制造环节经营活动的有 793 家,研发环节经营活动的有 176 家,营运环节经营活动的有 203 家。总体而言,跨国公司的总样本数和价值链中不同经营环节的样本数都比较理想,基本可以支持我们的研究。

在实际考察跨国公司价值链区位分布状况的时候,一方面要做出省际差异分析,以便于宏观上的总体把握;另一方面要考虑跨国公司一般是将其价值链的具体增值环节定位于某一个城市,该业务环节的主要经营活动通常是在以该城市或以该城市为中心的区域范围内进行,因此,这里需要进一步观察跨国公司价值链在城市层面的分布情况,使研究的视角更为全面一些。经整理后的跨国公司价值链在中国的区位分布情况如表9.4和表9.5所示。

表9.4 跨国公司价值链省际分布状况

单位:家

地区	制造	研发	营运	总计	地 区	制造	研发	营运	总计
北京	144	64	54	262	黑龙江	2	0	0	2
天津	46	1	8	55	安徽	2	0	0	2
河北	4	0	0	4	江西	1	0	0	1
辽宁	39	0	15	54	河南	5	0	0	5
上海	264	73	77	414	湖北	7	1	1	9
江苏	79	4	12	95	湖南	3	0	0	3
浙江	12	1	5	18	中部	29	1	1	31
福建	9	3	3	15	重庆	1	1	0	2
山东	21	2	4	27	四川	12	2	0	14
广东	119	22	23	164	贵州	1	0	0	1
广西	4	0	0	4	云南	2	0	0	2
海南	1	1	0	2	陕西	5	1	1	7
东部	742	171	201	1 114	甘肃	1	0	0	1
山西	3	0	0	3	西部	22	4	1	27
吉林	6	0	0	6	合计	793	176	203	1 172

可以看出,中国东部地区不仅是跨国公司投资最为集中的地区,而且是对跨国公司价值链内各个增值环节最具有吸引力的地方。整个东部地区合计吸引参与投资的跨国公司总数达1 114家(符合本章研究样本数,下同。由于某些原因,实际投资数要大于样本数)。除了上海、北京和天津三个直辖市以外,广东和江苏是跨国公司投资最为集中的两个省份。作为跨国公司在中国最早进行投资的一个省份,广东在吸引跨国公司各个环节投资上都有明显的优势。而

随着跨国公司在中国投资北移趋势的不断加强,加上在地域上紧临上海所带来的种种机遇,江苏近年来也获得了快速发展,成为跨国公司在中国投资的第二大省份。在中西部地区投资于制造、研发和营运各环节的跨国公司数量和东部地区相比均存在巨大差距。就中西部地区内部比较而言,差距并不是很大。相对中部地区,西部地区跨国公司投资的地域集中性特征更为明显,基本上集中在了四川和陕西两个省份。

跨国公司各价值链在中国东部地区过于集中的结果,使我们更有兴趣对城市层面的差异进行观察。我们找出符合要求的跨国公司价值链最为集中的前二十位城市,观察它们之间的差异。从表9.5中可以看出,排名前二十位的城市共吸引在制造、研发和营运各环节进行投资的跨国公司的数量合计分别为702家、170家和193家,占跨国公司在华各环节投资总数的88.6%、97.7%和95.1%。与制造环节的城市区位分布相比,跨国公司在研发和营运环节的区位集中度更高,这一定程度上说明了跨国公司对研发和营运环节的投资区位选择更为收敛。

表9.5 跨国公司价值链城市层面投资分布状况

单位:家

城市	制造	研发	营运	总计	城市	制造	研发	营运	总计
上海	264	73	77	414	南京	12	2	1	15
北京	144	64	54	262	厦门	8	2	2	12
广州	44	10	13	67	成都	10	2	0	12
天津	46	1	8	55	沈阳	7	0	2	9
深圳	30	9	4	43	武汉	7	1	1	9
苏州	34	2	5	41	杭州	4	3	1	8
大连	27	0	13	40	中山	7	0	0	7
东莞	15	0	2	17	佛山	6	0	1	7
无锡	15	0	2	17	西安	5	1	1	7
青岛	12	2	3	17	镇江	5	0	1	6

注:在市以下(主要是一些县级市)行政区域投资的跨国公司样本数据都归并到了相对应的市一级。

从吸引跨国公司进行投资的城市数量来看,广东和江苏吸引的数量仍然是最多的,其中广东有5个城市,江苏有4个城市分别进入了前20名,这9个城市吸引跨国公司在各环节进行投资的比例合计分别达到22%、13.2%和9.6%。

从单个城市看,上海和北京则最为集中。其中跨国公司在上海投资于制造、研发和营运各环节的占比分别达到了33.3%、41.5%和37.9%,跨国公司在北京投资于以上三个环节的占比也分别达到了18.2%、36.4%和26.6%。可以发现,跨国公司在这两个城市中投资于研发和营运环节的比例明显超过了投资于制造环节的比例。

9.3.2 变量处理说明

为了具体研究影响跨国公司价值链区位分布的主要因素,我们根据内在关联性、资料的真实性和可获得性原则,找出了可能影响跨国公司价值链区位分布的考察变量。这些变量的说明归纳如下:

市场规模(gdp)。一个国家或者区域经济发展的总体规模、速度是影响跨国公司进行海外生产经营最为重要的因素之一。因为较大的市场规模能增加跨国公司获得规模经济的潜力,降低生产的边际成本。市场规模越大、消费能力越强,同等规模的投资回报也越高。跨国公司在中国的投资主要是市场驱动型的,无论哪个增值环节,市场容量都是一个重要影响因素。而对于市场规模,比较常见的就是用生产规模来衡量,本章均以国内生产总值或地区生产总值(GDP)作为衡量标准,并在处理过程中剔除了通货膨胀因素。

工资水平(wage)。从工资水平和跨国公司投资之间关系的经验分析来看,相关研究并没有得出统一结论。有研究文献表明,在美国在华直接投资的决定因素方面(determinants),劳动力成本的因素并不敏感(徐康宁和王剑,2002)。但劳动力成本在多数情况下又是一个值得检验的因素,我们依旧把它作为一个变量来考察。本章以职工平均工资(wage)作为变量,并同样剔除了通货膨胀因素。

区位因素(dis)。FDI在某一地区的聚集,或跨国公司某一增值环节在某个城市的集中,一定和该地区或城市的自然地理环境尤其是区位有密切的关系。地理条件和环境禀赋有时很能说明问题,即使在高科技如此发达的今天,地理因素仍然是解释经济现象的一个重要原因。在城市样本分析中,我们以其他样本城市到北京、上海和香港①距离中最小的距离作为引力距离(dis)。各城市到北京、上海和香港的距离由经纬度距离计算软件计算得到,其中的经纬度数据来自中华测绘网地区经纬度查询系统。

运输能力(transp、road)。和区位因素同理,这里对运输变量也给予了足够的重视。在省际分析中,按照以交通密度表示的思路(Broadman,Sun,1997),我们以每一万平方千米的公路和铁路里程之和(road)来对运输能力进行衡量。而在城市层面的分析中,不完全同于 Gong(1995)以港口货物吞吐量和水运货物量来衡量的方法,我们设定了港口货物吞吐量虚拟变量(transp)。根据中华人民共和国交通运输部公布的数据,将 2002 年港口货物吞吐量到达 1 500 万吨(沿海)、1 000 万吨(内河)的港口设定为 1,其他港口均设定为 0。

制度因素(insti)。对于发展中国家来说,无论是地区还是城市层面,制度的差异在吸引外资方面常常起到了重要的作用。我们假定,越是开放地方,如经济特区,越符合我们所界定的信息公开和制度透明的条件(从统计意义上讲,这种假定是合理的)。我们设定了沿海开放城市或经济特区虚拟变量(insti)对制度进行衡量,具体定义是:一个城市是沿海开放城市或经济特区,或者一个省份拥有沿海开放城市或经济特区,则 insti=1,否则 insti=0。

服务业发展水平(service)。由于服务业的发展往往能创造经济外部性,对于那些服务业发展水平高的地区来说,其相对更容易吸引各种类型的跨国公司,特别是那些本身就属于服务活动的研发和营运类跨国公司。作为影响外部性大小的一个综合考察变量,这里采用鲁明泓(1997)在类似分析中的处理方式,以服务业增加值占 GDP 的比重衡量服务业的发展水平。

科技水平(sci、scizone)。已有文献表明,东道国具有多少科技资源是吸引研发类跨国公司的一个重要因素,这对区位分布来说有着重要意义。在省际分析中,我们从产出角度以 2002 年科学研究和综合技术服务业增加值占 GDP 的比重(sci)加以衡量,并以国家级经济技术开发区和高新技术产业开发区数量(scizone)作为省际和城市层面分析的变量。相关资料来自中国引资招商网。

通信能力(commun、mail)。已有很多研究通过不同的表现方式证明通信发展水平对跨国公司投资区位选择的重要性(Gong,1995;He,2002)。这里,我

---

① 此处用到香港而非广州的距离,主要是为了避免采用后者造成的计量分析中降低一个单位自由度的问题。

们从通信便捷程度对降低交易成本的重要性角度考虑,专门将其作为一个变量加以检验。对该变量的把握,仿照 Gong 和 He 的处理方法,我们在城市层面对电信业务总量(commun)、在省际层面以人均邮电业务量(mail)分别加以检验。

金融条件(save)。关于金融发展对跨国公司区位选择影响的相关研究文献我们暂时没有看见。这里假定跨国公司在选择相关地区进行投资时,无论是制造环节,还是研发或营运环节投资,最终区位的选择会受所在地区金融条件的影响,尤其是该地区是否具备较发达资金市场和较完备金融服务体系也会对区位选择产生影响。我们分别将城市层面城乡居民储蓄年末余额占 GDP 的比重,省际层面金融、保险业增加值占 GDP 的比重作为衡量金融条件的标准。

航空客运能力(aviation)。这里还特别选择了一个航空交通方面的变量,主要用于检验营运和研发类跨国公司区位选择的影响因素。我们有理由相信,一个城市是否具备较强的航空客运能力对跨国公司营运机构尤其是地区总部的区位分布应该具有重要影响(Germà,Xavier,2005)。因此在省份和城市层面的分析中,我们也将其作为一个单独变量,以民航旅客吞吐量加以衡量。数据来源于中国民用航空总局,为 2004 年度数据。

以上所有变量尚未说明数据来源的,城市层面分析变量数据来自中经网,省际分析变量数据主要来自中宏网。自变量和因变量数据在时间上有一定的间隔,但比较接近,不会因时间跨度过大引起数据失真情况。另外,对这种年份上的细小间隔,也可以从变量对跨国公司区位选择潜在影响可能存在的滞后性角度来理解。

各变量的定义及其预期符号最后汇总于表 9.6。

表 9.6 变量定义与预期符号

变量名	省际层面	城市层面	制造		研发		营运	
			省份	城市	省份	城市	省份	城市
gdp	地区生产总值		+	+	+	+	+	+
wage	职工平均工资		−					
dis		到北京、上海、香港距离中最小的距离		−				−
transp		港口货物吞吐量虚拟变量		+				+
road		每一万平方千米交通线路	+				+	

续表

变量名	省际层面	城市层面	制造 省份	制造 城市	研发 省份	研发 城市	营运 省份	营运 城市
insti	沿海开放城市或经济特区虚拟变量		+	+	+	+	+	+
service	服务业增加值占 GDP 的比重		+	+	+	+	+	+
sci	科学研究和综合技术服务业增加值占 GDP 的比重				+			
scizone	科技园区数量				+	+		
commun		电信业务总量		+		+		+
mail	人均邮电业务量		+		+		+	
save	金融、保险业增加值占 GDP 的比重	城乡居民储蓄年末余额占 GDP 的比重	+	+	+	+	+	+
aviation	民航旅客吞吐量						+	+

9.3.3 价值链布局影响分析

根据变量定义,为求出区位分布和变量之间的对应关系,这里以横截面数据为分析对象,分别在省际和城市层面作实证检验。对于制造环节或制造类跨国公司,我们采用线性回归分析;对于研发和营运环节的样本,鉴于因变量中一些样本数据为零,我们采用 Tobit 回归分析。这样一种处理在国际上也是常见的(Cletus,1999;Odagiri,1996)。最终建立相应的综合计量模型如下:

省际分析综合模型:

$$\begin{aligned}CORP(province) = & C + a_1\ln(gdp_i) + a_2\ln(wage_i) + a_3\ln(road_i) + a_4 insti_i \\ & + a_5 service_i + a_6 sci_i + a_7 scizone_i + a_8\ln(mail_i) + a_9 save_i \\ & + a_{10}\ln(aviation_i) + \varepsilon\end{aligned}$$

(9-2)

城市分析综合模型:

$$\begin{aligned}CORP(city) = & C + a_1\ln(gdp_i) + a_2\ln(wage_i) + a_3\ln(dis_{ij}) + a_4 transp_i + a_5 insti_i \\ & + a_6 service_i + a_7 scizone_j + a_8\ln(commun_i) + a_9 save_i \\ & + a_{10}\ln(aviation_i) + \varepsilon\end{aligned}$$

(9-3)

其中，CORP(province)表示在省际层面分析的跨国公司数，CORP(city)表示在城市层面分析的跨国公司数；下标 i 代表样本省份或者城市，j 代表城市分析中各样本城市到北京、上海和香港距离最近的一个城市；C 为常数项；ε 是残差；ln 表示对相关变量数据进行对数化处理。最终进入回归分析的省级行政区为 26 个（包括北京、上海、天津、重庆），城市有 46 个[①]。

对于横截面数据的计量分析，存在的主要问题是变量之间的多重共线性，此外还有回归残差中可能存在的异方差性，这都将导致回归系数 T 检验的无效性。因此，为了降低多重共线性的影响，这里结合所有变量相关系数列表并根据系数检验似然比统计量的显著性，在实际分析中剔除了与实际明显不符的变量和部分不显著的变量。在制造环节区位分布的计量分析中，采用怀特的异方差一致协方差估计修正法，在一定程度上消除了异方差性的影响。而在对研发和营运环节区位分布的计量分析中，除了用截断回归(Tobit)对计量方程进行极大似然估计(LM)外，还通过稳健标准误中的广义线性乘子(GLM)算法对标准误差重新做了估计。最终计量结果见表 9.7 和表 9.8。

总体来看，省际和城市的计量结果中，方程对研发的回归是最好的；省际分析中，方程对营运的回归也很好。其他方程经调整后的拟合优度表明，方程总体上具有一半以上的解释能力，但这并不影响方程中现有变量，尤其是显著性变量对因变量的解释能力。回归结果中，各自变量与因变量之间的正负关系也基本上同理论预期相一致。

省际分析最终进入回归方程的所有变量中，市场规模变量与制造、营运环节表现出了明显正相关关系，这表明我国不同省份经济规模对跨国公司的以上两个增值环节区位分布有着重要影响。在考察工资水平变量对跨国公司价值链区位分布影响的过程中，由于工资水平同时与市场规模、运输能力和通信能力等几个变量具有明显的相关性，故我们用不同方程对其进行考察（城市层面的分析也是出于同样的考虑）。从方程Ⅱ的回归结果可以看出，仅由这一个变量所进行的回归拟合度已经相当高了，但是其系数却显著为正，与预期相反。这说明计量分析的结论不支持廉价劳动力是吸引跨国公司决定区位选择重要因素的假设，从价值链看，跨国公司可能更看重人力资本含量。本章所考察的

[①] 在城市层面对变量 aviation 做对数化处理时，由于部分城市没有飞机场，相应的航空客运量为零，因此在对变量做对数化处理之前也做加 1 处理。

大多数具有很高国际知名度的跨国公司更偏好于在具有较高人力资本的地区投资,而不是单纯考虑低劳动力成本。

两个关于科技的变量最终都在1%的显著性水平上进入了回归方程,和预期相一致,它们和因变量之间都存在显著的正相关关系。科技园区数量变量的系数为正,说明为高科技产业集中发展而建立的特殊园区创造了明显的经济外部性,在吸引跨国公司研发型机构方面确实起到了重要作用。金融条件变量的意义比较显著,不仅在制造环节的分析中,而且在研发环节的分析中也是在1%的水平上通过了显著性检验,这表明金融环境在跨国公司决定研发环节的区位选择中同样存在着重要影响。通信能力变量在三个环节的方程Ⅰ中,运输能力、通信能力、航空客运能力以及服务业发展水平变量在营运环节的方程Ⅰ中都在1%的水平上通过了检验,它们和因变量之间都存在着显著的正相关关系。可以看出,这几个变量都有利于创造经济外部性,这也说明跨国公司营运环节的区位选择很大程度上是出于对经济外部性获取的考虑。另一方面,通信能力变量在三个回归结果中都通过了显著性检验并与预期一致,说明以通信发展水平为代表的区位因素有助于降低跨国公司投资中的不确定性和信息搜寻成本。

表9.7 跨国公司价值链省份投资区位分布决定因素分析

	制造环节		研发环节		营运环节	
	方程Ⅰ	方程Ⅱ	方程Ⅰ	方程Ⅱ	方程Ⅰ	方程Ⅱ
gdp	21.61**				8.55**	
wage		177.92***	71.93***			76.88***
road			2.91		23.97***	
insti	5.17					
service					243.45***	
sci			1 089.86***			
scizone			3.70***			
mail	26.74**		10.20***		11.36***	
save	1 537.74**		641.57***			
aviation					10.43***	
_cons	−387.81***	−1674.05***	−140.14***	−691.60***	−610.72***	−739.84***
R^2	0.65	0.70	0.93	0.73	0.95	0.78

续表

	制造环节		研发环节		营运环节	
	方程Ⅰ	方程Ⅱ	方程Ⅰ	方程Ⅱ	方程Ⅰ	方程Ⅱ
调整R^2	0.59	0.69	0.91	0.70	0.94	0.76
DW检验值	1.88	1.96				
F检验值	9.92***	55.84***				
样本量	26	26	26	26	26	26

注：***、**、*分别表示在1%、5%和10%的水平上显著；_cons为常数项。其中制造环节显著性水平是通过t统计值比较得到的，而研发和营运环节显著性水平是通过z统计值比较得到的。

在从城市角度进行的分析结果中（见表9.8），除制造环节的工资水平变量没有得到很好反映外，其他方程的回归结果中，市场规模和工资水平变量都通过了显著性检验，工资水平变量系数为正。这里要特别提到，引力距离变量dis在制造和营运环节的最终回归结果中的系数均显著为负，与预期相符，这说明为了降低不确定性因素的影响，跨国公司制造和营运环节在中国投资的路径依赖特征变得越来越明显，其投资的区域性集中特征变得更加突出。在以港口货物吞吐量衡量的运输能力对制造环节进行的回归中，所得到的系数也显著为正，说明作为重要的城市发展基础运输设施，港口的区位分布在一定程度上也决定了跨国公司制造环节的区位分布，表明港口作为重要基础设施的不可替代性，也预示着中国沿海港口的建设还会掀起一波高潮。

和省际分析中的结果相类似，在跨国公司研发环节区位分布的回归结果中，科技园区数量变量、金融条件变量在方程Ⅱ中也都在1%的水平上显著为正。在前面省际分析中一直不显著或不能够进入最终回归结果的制度因素变量，在城市层面的研发和营运环节的分析中都通过了1%的显著性检验，并且与预期一致。这表明至少从城市角度来看，制度因素对研发和营运环节区位分布的影响比对制造环节区位分布的影响要更加突出。通信能力变量也在研发和营运环节分析的不同方程中通过了显著性检验，这更进一步说明，跨国公司在决定研发和营运环节的投资区位时，会更多地关注这座城市是否能够带来足够多的经济外部性，以及能否降低投资经营过程中的不确定性和信息搜寻成本。

表 9.8 跨国公司价值链城市投资区位分布决定因素分析

	制造环节	研发环节			营运环节		
	方程Ⅰ	方程Ⅰ	方程Ⅱ	方程Ⅲ	方程Ⅰ	方程Ⅱ	方程Ⅲ
gdp	5.34***	12.62***			2.62***		
wage			23.16**		2.37		8.61***
dis	−4.89**				−1.87*	−2.31**	−1.66
transp	6.19*						
insti	1.61		13.11**	14.40***	2.88***	3.14**	2.62**
service					15.29	15.61	20.56**
scizone		8.16***	10.08***	7.92***			
commun				11.38***		2.78***	
save	14.46**	22.99**	29.10***	18.13*			
_cons	−12.66	−124.08***	−279.97***	−83.46***	−36.78	−4.19	−84.15***
R^2	0.53	0.76	0.76	0.79	0.62	0.56	0.51
调整 R^2	0.47	0.73	0.73	0.77	0.56	0.50	0.44
DW 检验值	1.39						
F 检验值	8.63***						
样本量	44	46	46	46	44	44	44

注：***、**、* 分别表示在1%、5%和10%的水平上显著；_con表示常数项。其中制造环节显著性水平通过 t 统计值比较得到的，而研发和营运环节显著性水平则通过 z 统计值比较得到的。

总体而言，无论从省份还是从城市角度来看，最终回归结果对大多数变量都给予了很好的反映，城市层面的分析结果优于省际层面的分析结果，这可能和城市样本更为典型有关。在省际层面分析中，对跨国公司制造环节投资区位分布存在重要影响的运输能力变量没有得到体现，这一缺陷在城市层面分析中以港口变量的方式得到弥补。但是，在从省际和城市层面考察金融条件对跨国公司营运环节投资区位分布的影响时，该变量都没有得到反映，而服务业发展水平变量显著地进入了最后结果。这里对此的理解是，可能还是相关性作用使然，服务业发展水平对跨国公司营运环节投资区位分布的影响在一定程度上也包含金融条件的影响。在省际层面分析中通过显著性检验并与预期相一致的航空运输能力变量，在城市层面分析中却没有在回归结果中得到很好的反映，这有些出乎意料，尽管可以肯定两者之间存在着明显的正相关性，这可能也是此处计量分析的一点不足。

9.4 本章小结

本章在前面相关章节的研究基础上,重点从贸易和跨国投资两个角度考察了全球生产网络在我国不同地区的发展情况和影响因素。具体分析中,我们首先以样本期内我国各省份同典型样本国家和地区制造业行业加工贸易数据为考察对象,就市场规模大小、要素禀赋差异和地理特征因素对双边产品内分工贸易发展的影响,从规模、行业、地区以及不同国家(地区)发展差异几个角度,运用引力模型做了系统比较。结果表明,上述因素均对双边产品内分工贸易发展有显著影响,特别是在不同分析视角下,这些因素的影响作用表现出了显著差异性。

从中得到的主要启示有:既然影响产品内分工贸易发展相关因素的影响作用并不是一成不变的,那么可以预见的是,一个地区在产品内分工贸易发展过程中,其内外部潜在竞争压力还是会不断出现的。当然,这同时也意味着机遇。例如,我国东部一些地区通过早期的先发优势和长期的"干中学"过程,其规模经济、技术扩散和循环累积效果等已经开始越来越明显地构成其进一步参与全球生产网络、向更高附加值环节攀升的竞争优势所在。中西部地区通过改变要素禀赋相对影响作用以及改善自身基础发展环境,承接东部地区一些生产制造活动,建立起彼此之间更紧密的分工合作关系,使直接和间接两条渠道融入全球生产网络成为可能。

从跨国公司价值链角度考察全球生产网络在我国不同地区的发展情况和影响因素的研究表明,跨国公司价值链区位分布既有共性决定因素,也有差异性决定因素。市场规模或规模经济因素是跨国公司价值链区位选择的共性决定因素。不管是制造环节,还是研发或营运环节,跨国公司对区域市场规模的反应都很敏感,这说明市场容量仍然是吸引跨国公司投资的最重要因素之一。不过,研究结果也表明,对于跨国公司研发环节,在省际和城市层面上市场规模的影响有所差异。相对城市市场规模,跨国公司研发环节对省份市场规模并不敏感。这意味着跨国公司研发环节更倾向于在大城市聚集和对全国市场服务。工资水平也是影响跨国公司价值链不同环节区位选择的一个共性决定因素,但结果也和预期相反,表明并非所有跨国公司都对低成本劳动力敏感,那些相对高端的跨国公司更倾向于对人力资本较高的区位进行投资。在研发和营运环节,这种倾向性更明显。

就跨国公司各价值链区位选择决定因素的差异性分析来看,本章也得出了一些有意义的结论。具体来说,服务业发展水平对跨国公司制造和研发环节并不敏感,但对营运环节却高度敏感。这在一定程度上推翻了只有服务业高度发达的地方才有可能引入研发类跨国公司的一般逻辑推断。事实上,研发类跨国公司选择苏州、青岛这样的城市,并非看重那里的服务业聚集度。而对于营运类跨国公司而言,服务业发展水平就成了跨国公司区位选择最重要的影响因素。不同于制造或营运类跨国公司,研发类跨国公司对所选择区位的自身科技条件与水平十分敏感,这和研究中所述高端跨国公司对人力资本需求的观点是暗合的。

区域均衡发展的新思路和政策建议

第十章

前面有关章节通过系统性分析,在考察地区垂直专业化对区域发展总体影响的基础上,重点从地区垂直专业化对区域全要素生产率改善、产业结构调整升级以及地区工业集聚发展的作用方面逐层展开研究。对垂直专业化这样一种新专业化类型在不同区域的发展问题,我们也依据专业化发展相关理论从实证角度对其做了具体考察;同时,鉴于地区垂直专业化发展本质上和我国不同地区融入全球生产网络、从事产品内分工贸易发展有着密切联系,从各地区产品内分工贸易发展和跨国公司不同价值增值环节在我国各区域投资布局差异角度来进一步认识地区垂直专业化和区域发展问题也构成了本书的一大特色。在所有这些理论和实证分析的基础上,本章将重点通过对国内外典型区域发展经验的评述,归纳总结出我国区域均衡发展的新思路和政策建议。

10.1 典型区域发展经验

10.1.1 爱尔兰发展经验

1990年以前,爱尔兰经济发展和产业结构极其落后。1990年,爱尔兰通过政府政策吸引英特尔公司(Intel)在该国建立供应全欧洲的半导体芯片生产厂,之后,跨国计算机企业(绝大部分来自美国)全面入驻该国,其中软件企业(以微软为首)投入尤为集中。经过近二十年的发展,爱尔兰软件产业成为该国的支柱产业之一,按照OECD的统计,2000年爱尔兰已经取代美国成为世界上最大的软件产品出口国。全球排名前十位的软件公司在爱尔兰都设有分支机构,欧洲市场销售的PC打包软件超过40%产自爱尔兰。该产业从业人员达到24 000人,年产值约为62.5亿美元。120多家知名跨国软件公司在爱尔兰开展业务,涵盖核心软件的开发、产品定制和软件测试等领域。除了替跨国企业代工外,爱尔兰本土企业也逐步发展起来并具备了深厚的系统整合能力,产品可直接出口国际细分市场(niche market)。

在这一发展过程中,有三个方面是值得注意的:第一,爱尔兰政府从20世纪60年代就开始建立世界一流的教育系统,1967年开始实行中等教育免费和学校交通免费的政策。而高等教育的改革对信息技术产业产生了最直接的影响。在1963到1984年间爱尔兰受教育的绝对人数增长了三倍,这为从20世纪80年代的软件业发展提供了足够的高素质劳动力。国家着手改革教育体制,使教育面向技术教育。大学把教学方向调整到技术和科学领域,并加强了与产业界的联系。这些政策和制度成为吸引外国投资的有利因素。爱尔兰相对较低的工资水平和训练有素的高技能软件队伍是吸引外资的关键。相对美国和西欧其他地区,爱尔兰的工资水平是比较低的,而且高素质劳动力所拥有的技术水平可以胜任更高层次的软件开发工作。

第二,在20世纪80年代早期,爱尔兰政府采取广泛的财政激励手段吸引外国投资,其中最关键的就是从1981年开始对国际性贸易服务及所有制造业务采取10%公司税税率(非制造业公司税率是36%),这种优惠至少持续到2010年。这一税率在欧洲是最低的,只有美国的1/3,该政策吸引了大量跨国制造公司,美国对欧盟的1/3投资也流入爱尔兰。在市场进入方面,爱尔兰政府没有对进口外国计算机软件采取任何限制。由于建立了统一大市场,只需在这些产品进入欧盟时支付关税,这些产品在欧盟成员国间就可以自由流动。爱尔兰海关只对从爱尔兰进入欧盟的产品征收关税。完全自由的贸易政策大大降低了外国企业的运作成本,并且使得这些外国企业可以爱尔兰为跳板将产品打入整个欧盟市场,爱尔兰背后的巨大市场无疑对欧盟之外的跨国公司产生了很大的吸引力,一体化的欧盟市场成为外资企业在爱尔兰聚集的一个重要前提。

第三,20世纪80年代初爱尔兰软件产业的发展主要是依靠跨国公司的进入以及相应的次级供给系统的建立,从80年代中期开始国家把更多精力投入本国计算机产业的发展和扶持上。为了避免发展路径导向低成本竞争,被选定的产业方向是软件产品而不是服务或国际性编程及编码等次级供应业务。1993年爱尔兰国家软件董事会(NSD)在一篇战略回顾中将软件产品列为爱尔兰的产业核心,并突出了软件产品而非软件服务的重要地位;同时,也把激励软件出口作为解决爱尔兰本土市场规模较小问题的对策。政府通过强调产品的出口导向,使本国软件业的发展更具持续性并能沿着价值链上升。正是在政府的大力扶持下,爱尔兰本土软件业企业得到快速发展,其业务能力已经完全满足跨国公司的各种需要。在政府的引导下,爱尔兰本土企业和国外企业进行了积极有效的业务联合,在技术开发、业务外包等一系列环节上都有频繁的业务往来。高质量的本土合作伙伴、紧密的产业联系使得爱尔兰的跨国企业愿意根植在当地,并且这种高效的产业分工体系也吸引了潜在跨国公司加入当地高科技产业聚集区。

从全球视角来看,爱尔兰软件产业今天的发展无疑形成了独一无二的特色。相对于其他地区,软件产业在这一区域可以说形成了较强的专业化发展水平,并由此带动了爱尔兰经济的持续发展。这一过程中,外资企业特别是著名跨国公司基于全球生产体系布局,在此进行的大规模投资起到了至关重要的作用。从爱尔兰自身角度来说,其垂直专业化模式的形成和发展与国家对教育和创新的高度重视以及政府成功产业政策的制定,特别是集中于计算机产业的产业标准政策(industrial targeting policy)的制定有着密切的关系。

10.1.2 拉美国家发展经验

墨西哥是重要的拉美国家之一,墨西哥政府早在 1965 年就制定了"边界地区工业化议程",旨在缓解北部边界城镇所面临的严重经济和社会问题。其核心就是通过保税品工厂,允许企业从美国进口原料和零部件进行组装,随后将产品以成品形式出口到美国时免税。对美国制造商而言,墨西哥南部地区有着相对低廉的劳动力成本以及宽松的环境管制。随着边境地区加工贸易专业化生产能力的不断提升,两国边境地区城镇就业人口快速增长,这在墨西哥边境地区更为明显。

在看到好的一面的同时,也需要注意以墨西哥为代表的一些南美国家在融入全球生产网络、基于价值链分割从事专业化生产制造活动过程中,有越来越突出的问题。自 20 世纪 80 年代开始,巴西、墨西哥和阿根廷等拉美国家在新自由主义浪潮的引导下纷纷实行自由化、私有化、市场化的经济改革。在经济改革中,这些国家大力推进国有经济的私有化,并深度开放国内市场,吸引外资实行外向型经济。在发展加工贸易过程中,拉美国家更是大力引进西方发达国家的外资,鼓励外资企业在国内投资设厂,并为外资企业的进入设立了很多的优惠政策,致使外资在拉美国家中很快占据了主导地位。这一过程中,政府的引导作用逐渐弱化,在市场可实现有效资源配置理论指导下,拉美国家政府没能及时引导外资带动本国产业结构的调整升级,外资与本国经济的联系变得越来越弱,结果大批发达国家跨国企业和财团控制了拉美经济。跨国企业和财团带动拉美国家在进出口方面大进大出,使对外贸易量大幅上升,对外贸易顺差逐年加大,但留给拉美国家的收益却很少,大多利润被跨国企业汇回母国,拉美国家踏入了"经济增长却不发展"的怪圈。

通过上面的对比可见,虽然总体上来说,产品内国际分工和垂直专业化发展加强了地缘关系的紧密化,并促进了区域之间的经贸往来和合作,但同时也给区域间经济合作与博弈增添了新的变数。特别是由于全球生产网络是由发达国家跨国公司主导的,在这一新国际分工格局中,发展中国家的产业发展更容易形成对这种分工的较大依附性。当一个国家的产业深度卷入一些产品的全球价值链,生产什么和怎样生产完全依靠别人训练的时候,该国的产业就变得没有"弹性",而只能依附他国的生产体系才能生存和延续。拉美国家利用外资开展加工出口带来的巨大贸易顺差大部分都被跨国企业带回了母国,而拉美国家只充当了一个廉价加工厂的角色。特别是当发达国家跨国企业又找到更廉价、更有比较优势的劳动力市场时,它们自然会受利益驱使转移投资,使拉美市场的空中楼阁一下崩塌,并导致经济长期低迷。

10.1.3 深圳发展经验

深圳经济的腾飞开始于20世纪80年代初,深圳在一片空白的基础上,通过引进"三来一补"式劳动密集型加工工业而发展起来。经过多年的努力,深圳工业结构发生了巨大变化,"三来一补"为主的劳动密集型工业结构也已经被高新技术产业为主的技术密集、资本密集、知识密集型工业结构所取代。电子信息产业在深圳工业中居于主导地位,成为拉动深圳经济增长的"火车头"。

中国改革开放政策实施以来,全世界发生了两次大规模的产业转移。一次是20世纪80年代初发生的"亚洲四小龙"劳动密集型产业向东亚国家,特别是向中国珠三角地区的大规模转移。另一次是本世纪初,发达国家已经成熟的技术密集、资本密集型产业向中国特别是中国东部沿海地区的大规模转移。在80年代的第一次产业转移中,珠三角的产业形态还是以农渔业为主,深圳更是一个边陲小镇。国家对广东、福建实行特殊的改革开放政策,在深圳等特区设置了税收洼地后,各种生产要素都向这里流动。在短短几年时间内,珠三角农民的土地,香港的资本、技术、管理和产品,珠三角和内地其他地方的农民工劳动力,三个生产要素结合在一起,很快使香港的劳动密集型"三来一补"企业在珠三角建起来了。珠三角的产业结构由此发生了巨大变化,在农业社会产业形态中长出了工业,生产出了新型日用消费工业品。进入21世纪,发达国家许多技术密集、资本密集型产业,如电子信息产业、家电产业、汽车产业、石化产业都已成熟,但劳动力成本始终居高不下。而在中国特别是东部沿海地区,投资环境已经成熟,劳动力价格由于劳动力的无限供给和竞争激烈而增长缓慢,同时劳动者素质也在不断提高。发达国家企业为了获取更多利润,纷纷把这些成熟产业向中国转移,在中国制造产品后再向全世界销售。这次转移是在中国加入世贸组织的条件下产生的,特区的政策优惠虽然取消,但国内和国际的市场经济环境已经建立起来,从而使东部沿海地区成为第二次转移的目的地。这次转移最终使深圳的工业结构跃上了新的台阶,深圳的产业跨进了高新技术产业行列。

可以说,在两次国际产业转移大背景下,深圳都紧紧抓住机遇,直接参与了新国际分工和国际竞争,在其中找准了自身位置,正确选择了自己的主导产业,形成了较强且具有自身特色的专业化生产能力。通过这一专业化发展过程,深圳积累了大量后续发展所必需的高素质人才、高质量资本、较前沿技术和丰富管理经验。

10.2 区域均衡发展的新思路

10.2.1 融入全球生产网络,促进专业化发展

就对外开放对我国区域发展的影响作用来看,大多数人一直都认为,对外开放以对外贸易和跨国公司投资为主要形式,促进了我国东部地区发展。诚然,就我国不同地区实际发展来看,东部地区最早顺应经济全球化发展趋势。早期对外开放政策和沿海地理区位优势,使得东部地区在外向型经济发展过程中,从一开始就处于领先位置。从改革开放至今的发展情况来看,事实也表明,这一策略确实给东部地区经济发展带来了更多机遇。相比较而言,中西部地区对外开放进展似乎总是步履维艰,与东部地区的发展差距也逐步拉大。但进一步从本质来说,对外开放对一个区域发展的意义远非仅限于贸易和投资促进作用。对外开放,意味着一个地区和全球其他国家、地区之间的经济联系变得更

加紧密,意味着地区彼此之间分工合作关系的深化。在这一互动过程中,开放区域自身发展也在很多方面有了更丰富内涵,其中一个重要方面就是地区垂直专业化水平的不断提升。

可以说,就我国现阶段外向型经济发展特点来看,除了继续注重贸易量所体现的简单规模扩张对区域发展所带来的促进作用,更要注意地区垂直专业化发展所体现的外向型经济发展质的提升对区域发展所带来的质的变化。从区域发展差异角度来说,东部地区整体上基本完成了外向型经济发展单纯量的扩张,在今后进一步发展中,其需要将主要精力放在如何通过提升地区垂直专业化水平,来促进区域创新效率提升、带动区域产业结构升级以及区域内部更合理分工布局和集聚经济发展上。而这些方面都和地区垂直专业化发展促进区域内高级要素禀赋累积和质量提高有着很密切联系。相比较而言,中西部地区垂直专业化发展虽然在短期内对区域经济发展的改善作用可能还居于次要地位,甚至还不是很显著,但是从长期来看,相对于这些地区目前仍然很明显的一般专业化发展特点来说,其重要性是不言而喻的。它的发展将从本质上改变中西部地区过去的经济增长模式,特别是对传统资源禀赋优势的过度依赖,进而促进高级要素如人力资本、知识资本等的不断累积,使得这些地区的经济发展更具有可持续性。

此外,在强调我国不同区域融入全球生产网络差异化发展的过程中,我们更需要认识到不同区域发展实质上的统一,即东部沿海地区和中西部内陆地区之间的联动发展。相对于传统产业间、产业内分工而言,产品内分工使得发达地区和发展中地区可以采取新的形式建立合作关系,且这种形式从发展角度来说,具有更大的增长空间和潜力。同时这也意味着,每个区域的孤立发展虽然在短期内是可行的,但从长期持续发展能力形成乃至区域竞争力培养角度来说,则存在着很多不足之处。因为一个区域的经济发展一旦融入发达国家所主导的全球价值链分工体系中去,就时刻面临着被"俘获"或"结构封锁"的可能(张杰和刘志彪,2007)。从全球生产网络沿价值链在不同区域梯度转移的特点来看,发达国家通过控制生产价值链中的主要增值环节而获得了大部分利益,本着国家利益至上的思想,在对外扩张生产活动过程中,发达国家对其他国家和地区的发展轨迹产生了重要影响,其最大限度地整合并引导了这些地区所具有的要素禀赋的利用。虽然不可否认,发达国家确实带动了某些地区经济的发展,但是更多地区则陷入了"贫困增长"过程。在利益共享过程中,先发地区所得到的与其所付出的存在着很大差距。而要降低乃至最终摆脱这种发展的不利格局,在进一步扩大开放,融入全球生产网络的同时,各区域更要从自身角度出发,加强彼此之间新分工合作关系的建立。这一过程中,每个区域在发展过程中所扮演的角色和需要发展的方面是相同的。东部地区作为参与全球生产网络发展相对较成熟的一个组成部分,应在强化外部经济循环与我国区域内部经济循环互动方面发挥更积极的主导和枢纽作用。这不仅有利于东部地区扩大和资源整合能力的提高,更有助于其借助内部循环扩大而增强在外部循环中的影响力。对中部地区来说,由于地理位置和东部地区靠近,其在当前发展中,通过加强与东部地区基于产品内分工合作,已经较西部地区获得了更多融入全球生产网络的机会。当然也要看到,由于利益冲突而导致的区域内、区域间条块分割仍然在很大程度上限制了新分工合作关系的发展。对西部地区来说,相对地理区位方面的不利,很大程度上限制了其和东部地区甚至外部市场之间分工合作关系的建立。应该说,我国各区域融入全球生产网络存在的问题还是很多的,但还是要坚持这一发展思路。

10.2.2 促进专业化发展,改善生产效率

无论从当前我国整体发展战略层面还是各区域自身发展角度来看,提升地区垂直专业化效率的重要性均变得越来越突出。而在当前社会发展过程中,相对于发达国家早期效率提升路径来说,大多数发展中国家和地区想完全依靠自身努力来获取技术进步和生产效率提升无疑面临着更多困难,如高昂的成本、自身能力的限制以及发达国家更强的竞争力等。但是另一方面,从发展中国家和地区实际发展来看,很多地区的生产效率还是得到了不同程度改善。一个重要原因就在于,全球生产网络体系构建中,发展中国家和地区通过深化对外开放,不断扩大与发达国家和地区之间的分工合作关系,在这一过程中知识、经验和技术交流也通过贸易和跨国投资等渠道溢出。大量理论和实证研究也都表明,这已经成为发展中国家和地区技术进步、生产效率改善的重要途径。

我国学者胡鞍钢和李春波(2001)曾提出一个知识贫困(knowledge poverty)概念,他们认为知识贫困不仅仅是指教育水平低下的程度,更是指获取、吸收和交流知识能力的匮乏或途径的缺乏。所谓获取知识的能力包括获取本地生产知识的能力(即知识创新的能力)和利用外地知识的能力(即引进知识的能力)。

获取生产知识的能力是一个地区技术经济发展的核心能力,即使后发区域在一定时期内要以引进知识为主,但是也必须将知识生产置于战略性高度并予以重视,因为获取生产知识的能力不仅是其最终摆脱落后状态的根本途径,而且是其有效消化和利用引进知识的重要前提。在知识创新上,先发区域无疑走在了后发区域的前面,因此后发区域如能充分利用国内市场开放和全球化带来的知识流动更加自由的机会,大力引进外部知识并使之适应本地情况,则能够更好促进技术进步和经济发展。可以认为,这一概念的提出肯定了地区教育发展的重要性。从本书分析来看,地区垂直专业化发展对区域技术创新和经济发展效率提升具有重要促进作用,但是该作用的发挥也是和区域劳动力素质或者说人力资本状况有关的。一个很好的例证就是,虽然中西部地区的广西、湖北、安徽、江西、陕西和四川几个省(自治区)的垂直专业化发展水平在区域内均排在前几位,但和中西部地区很多其他省(自治区)一样,这些区域以全要素生产率衡量的区域发展效率都不是很高。一个重要原因就在于,和东部地区相比,中西部地区省(自治区)的人力资本素质相对来说仍然不是很高,进而影响了地区垂直专业化对区域发展效率提升的促进作用。另一方面,这一概念更明确指出了获取、吸收和交流知识能力的重要性。就这一点而言,我国中西部地区和东部地区更是存在着很大差距。如从现状来看,西部地区仍然是全国主要的农牧业经济区域,而传统农牧业由于自给自足的生产方式而具有极强的封闭性,加之农牧业对自然环境具有极强依赖性,远不及工业技术那样具有通用性。因此,西部地区在技术引进上选择的余地比较小,缺乏创造、获取、吸收和交流知识的能力。概括而言,中西部地区不同程度上面临着知识贫困问题。而垂直专业化能力的逐步形成和发展对这些地区摆脱知识贫困的不利境遇还是有重要作用的。一方面,垂直专业化发展使得中西部地区的工业化在原有经济基础上能够获得更快发展,一个重要体现就是工业总体规模的不断扩张将使整个工业承载技术的领域和范围得到极大扩张,从而使得整体效率得到提升。另一方面,专业化生产能力的不断增强,也将促进内生技术进步。这同样体现在很多方面,如专业化生产过程中生产操作层劳动者素质的不断提高、专业管理人员和技术人员对生产领域相关技术吸收能力、学习能力、操作能力、复制与组合能力的提高等。这一过程中,更重要技术的应用、改造和创新能力也会得到提升。特别是在引进先进技术方面,技术自身的系统匹配程度或与产业原有技术系统的匹配程度都会不断提高,而这一切都将极大强化技术对区域发展的带动作用。

10.2.3 促进专业化发展,优化产业结构

在过去的发展中,人们对区域产业结构调整升级一直存在着诸多认识上的不足,其中一个方面就是认为区域产业结构演变主要表现为支柱产业更替。本书的分析则表明,区域产业结构演变除了可以表现为支柱产业更替外,还可以表现为以专业化成长为主要特征。而无论是基于支柱产业更替还是基于专业化成长途径的产业结构升级,重要的是都能够增强区域发展中的竞争优势,典型的例子如美国硅谷在激烈国际竞争环境中表现出了竞争优势。也可以认为,区域产业竞争力优势的获取与保持不仅可以通过支柱产业更替,还可以通过充分发挥专业化优势得到。从我国一些地区(如广东)的发展经验来看,通过参与全球生产网络,特别是在参与全球电子信息产品生产网络过程中,这些地区已经形成了较强垂直专业化能力,并由此使区域综合竞争力得到了显著提升。但另一方面,在这种示范作用的影响下,国内很多其他省份也纷纷制定相关优惠政策,将该产业作为促进区域发展和竞争力提升的支柱产业加以扶持。对其发展结果这里不多加评论,仅从存在的问题来讲,很多省份并没有真正结合自身实际情况,从专业化发展对区域产业结构调整以及竞争力提升角度来制定相关发展政策。显然,由于这样的做法很大程度上超出了区域自身能力,使得这一发展并不是最优的。作为另一个重要例证,我们针对我国区域发展情况的考察也表明,以服务业为主体的第三产业发展开始整体上表现出和地区垂直专业化发展之间更紧密的联系,特别是对于东部地区几个垂直专业化发展水平比较高的省份来说,这一正相关关系更为明显。这实际上进一步表明,通过更充分利用一定区域内已有产业知识积累与相应人力资本,垂直专业化发展更好促进了区域内新产业的发展和竞争力提升。

与上面支柱产业更替发展的一般认识存在的不足相类似,在很多情况下,人们还习惯于简单地把产业结构升级等同于高次化过程,进而认为只有发展新兴产业,培育高新技术产业,才能实现高加工度化、高附加值化,才能增强产业竞争力。似乎只有从传统产业向高新技术产业提升,从劳动密集型产业向技术密集型产业演进,才能提升区域产业竞争力。实际上,产业结构升级并非为了单纯追求层次上或技术上的先进性,而是为了进一步提高生产要素的配置效

率。无论是新兴产业成长,还是支柱产业更替,并不必然带来经济绩效的增长,更重要的是,它们都必须建立在科技进步或技术基础之上。而建立在垂直专业化分工基础上的高加工度化则是提高产业附加值、增强产业竞争力的重要途径之一。从不同国家和地区的纯技术层面看,发展中国家和地区一般并不具备发展高新技术产业的比较优势,但以发达国家跨国公司为代表,为了保持自己在高新技术发展中的优势地位,实现利润最大化,跨国公司越来越倾向于将一些产品或生产阶段交给自己的子公司或关联公司,这就为发展中国家和地区发展高新技术产业提供了突破口。发展中国家和地区通过加工贸易方式接受高新技术产业移入,不仅所需技术与投资都较低,而且可以利用跨国公司的资金、技术和管理经验,更可以通过跨国公司进入国际市场渠道,这在一定程度上突破了发展中国家技术开发和市场开发的约束,并通过示范效应、溢出效应、关联效应和竞争效应带动了当地产业发展。就这一互动影响过程来看,这一方式同样适用于一个国家内部发达区域和发展中区域之间的高新技术产业转移。就我国不同区域发展来看,这种互动影响作用才开始初见端倪,但是相对于一般专业化,其影响作用更显著。特别是对我国中西部地区来说,在传统发展模式下,由于产业链延伸不充分和产品附加价值开发不足,其初级产业资产存量很大而经济发展水平又很低下。通过延伸产业链、优化产业组织和增加产业科技投入等举措,中西部地区不仅可达到吸纳更多劳动力就业,增加产品附加值、资金含量、技术含量的目的,而且能够更有效促进其自身产业升级并实现经济跨越式发展。

10.2.4 促进专业化发展,强化产业集聚

一直以来,传统资源禀赋优势都是影响我国地区产业集聚发展的一个重要因素,特别是中西部地区,其丰富的资源储备在很大程度上决定了这些地区的产业发展特色,对产业集聚发展也产生了影响。但是,这种集聚发展存在的一个突出问题就是发展的可持续性较弱。由于资源依赖型产业集聚在面临不可再生资源枯竭、可再生资源衰减、生态遭受破坏等困境时,可能遭遇的问题主要有两个方面:一是集群内系统的组成、功能等方面存在的负效应;二是集群在演化过程中,在特殊历史时期积淀下来的认知、文化等方面的负效应。特别是当先前的资源优势随着环境恶化逐步丧失时,长期形成的从结构到文化上的"锁

定"效应进一步强化了资源依赖型产业对以往占有资源的不舍与过度依赖,从而使其缺乏变通处理的自适应调节机制。可以说,资源依赖型产业集聚发展始终面临着衰退的可能,而资源诅咒效应又使得其转型并不是轻而易举的事情,转型存在着很多的不确定性。

就地区垂直专业化发展来看,其一个重要特点就是引领着地方产业集群不断融入全球价值链。一个重要原因就在于,虽然全球价值链是一个连续的、不可分割且完整的价值构成体系,但在局部上却有着明显的地理集中性。这实际上也就说明,在经济全球化背景下,地方产业集群的培育和发展必须积极主动融入全球生产网络,并以此提升地方产业发展的国际化水平。从本书的系统性分析不难注意到,垂直专业化对区域发展的影响作用是多方面的,特别是这些影响作用本质上都体现了垂直专业化发展具有改善和积累高级要素禀赋条件、优化资源配置效率的作用。从现实中地区垂直专业化对产业集聚发展的影响作用来看,其不仅对我国东部沿海地区产业集聚形成和发展已经表现出了很明显的促进作用,而且也在逐步改变着中西部很多资源依赖型产业集聚的发展模式。当然,在看到垂直专业化对地区产业集聚发展促进作用的同时,也有必要认识到,对于这种基于全球生产网络根植性所形成的产业集群,由于其本身更多是跨国公司战略性空间活动的结果,是全球生产网络在地理空间中延伸的产物,这种集群实际上是建立在原有生产网络联系基础上的,其发展的当地根植性并不是很强。即对于这一类型产业集群来说,虽然其价值链活动发生在当地,但其价值活动相应的各种联系却又不具有本地性,与当地经济发展没有很紧密的关联和溢出效应,因而其升级的路径是不确定的。另一方面,由于当地根植性的构建涉及大量默会知识以及专用投资的生成,这往往也需要较长的时间和复杂的过程。

10.3 区域均衡发展的政策建议

本书的系统性分析和前面区域均衡发展新思路的归纳总结表明,促进各地区融入全球生产网络,形成各具特色的垂直专业化生产能力,对于区域自身以及不同区域之间更紧密分工合作关系的建立均具有重要意义。可以说地区垂直专业化能力的形成和发展,是我国当前阶段促进区域均衡协调发展的一个重要突破口。而在进一步促进地区垂直专业化能力的形成及其对各区域发展影响作用的时候,要注意以下几个重要方面。

10.3.1 扩大开放,建设市场

垂直专业化对区域发展影响作用的相关分析表明,促进各地区发展进一步融入全球生产网络是重要的,这会更好促进加工贸易在中西部地区的发展。这里注意到这样一个事实,从整体层面来看,目前我国国内加工贸易配套值在不断增长,但是从国际比较方面来看,日本在华制造业公司的采购率只有29.1%,低于全球日资企业44.1%的平均本地采购率,更低于在美日资企业60.1%的本地采购率。原因一方面在于我国总体加工贸易发展目前仍然大多是外商投资企业行为,本土企业相对发展空间还比较有限;另一方面,这与我国加工贸易发展主要集中在东部沿海地区几个省份,市场定位也主要表现为单边由国内市场向国外市场发展有关。如果能够带动中西部地区相应发展,不仅能够在一定程度上提高加工贸易发展的本土配套采购率,更重要的还在于,能够促进多边双向开放格局的形成。

具体来说,在传统计划经济体制下,我国区域发展总体格局是中西部原材料生产—东部加工制造—中西部销售的分工格局;改革开放后,在东部倾斜战略和市场机制作用下,中西部地区的资金、人才和资源大量流向东部,从而使中西部地区发展处于极为不利的境遇。总结过去发展中的经验教训,随着沿海与内陆地区发展战略的转换,在进一步发展中,仍需要顺应经济全球化发展规律,通过地区垂直专业化能力的培养,带动中西部地区大规模加工贸易活动的发展。在保持原有分工合作模式一些好的方面的基础上,应逐步形成一种新的分工合作关系:中西部原材料生产及初级加工—东部深加工—产品销往国外市场—换回外汇并引进先进技术—进一步开发中西部—发展东部新兴产业。虽然这一模式的发展还存在着不少困难,特别是对于中西部地区来说,由于过去在封闭条件下发展起来的分工专业化过于发达,因此其通过加工贸易活动转向国际分工还存在着各种困难。最主要的一点在于,后一模式的形成和发展必定意味着区域内原有产业结构的调整和部分生产要素禀赋的改变,这将受到原有既得利益势力不同程度的干预,由此会产生一定生产力和价值的损失。但即便如此,各地区特别是中西部一些开放程度偏低、经济发展比较单一的地区,还是应该培养一定的前瞻意识,克服短期利益诱惑,按照前面提到的发展规划,调整自身经济发展思路,主动融入新分工格局,以真正实现对内和对外开放相结合。

这一过程中,一个值得注意的方面就是要按照市场化规律来组织生产,即顺应市场需求按照价值规律来办事,因为市场化战略本身就体现了一种国际化战略。市场经济可以通过资源在各个产业之间的配置,调节市场主体之间的关系,从而使整个市场变得有序而活跃。就我国而言,无论东部还是中西部地区,市场化建设均存在不同程度的落后。各区域市场化战略就是要加速区域经济运行中商品货币关系的发展,变自然经济、产品经济成分为商品经济成分,变传统计划运作模式为现代市场运作模式。因此,各区域在进一步发展中,不仅要看到地区与地区、国家与国家之间在经济上的依存与互动关系,更要看到商品、服务、资本、技术在区际、国际之间的流动。在将区域发展定位于国际市场的同时,努力推动区域经济要素和国内经济要素的跨区、跨国流动与配置。

落实到更具体方面,区域市场化运作的一个重要方面就是政府按照建立市场经济体制的要求转变职能,即由计划时代的要素供给转向以市场法则、市场机制为内核的制度、法则、政策供给。其一是建立合理的产权制度。这是市场化运作的基础,也是增强市场经济活力、提升经济竞争力的根本。它包括明晰产权,保证产权所有者获得相应经济收益;权责分明,维护内部法人治理结构的有序运行;管理科学,引入市场竞争、激励和约束机制,提高人的经济素质和行为效率等。其二是建立有效的竞争制度,这是市场化运作的核心。它包括着眼于培育全国统一市场;建立商品、资金、技术、人才合理流动的市场体系;引导企业、事业单位和劳动者进入市场,实施市场竞争劳动,确保市场主体的自由、独立、平等的地位与机会。其三是建立完善的法律法规制度。它包括利用法规引导和法律保护,鼓励支持经济创新,建立创新体制与机制;改善投资环境,扩大对外开放,参与国际经济合作与竞争等。

10.3.2 强化合作,合理分工

对于促进地区垂直专业化发展,促进不同区域之间以及区域内产品内分工合作关系的建立,区域市场一体化建设也是一个重要方面。就现阶段来看,区域市场一体化建设更主要体现在基础设施和市场竞争规则的一体化两个方面。其中基础设施一体化是区域市场一体化的基本架构,交通、港口、通信是推进区

域市场一体化的重要基础,也应该是区域整体规划的核心。没有基础设施一体化,不仅会使现有资源和设施空置浪费,而且会极大影响地区间生产要素的自由流动,进而提高交易成本。区域市场一体化建设的关键是市场竞争规则的一体化,没有它的支撑,不仅无法在更大市场范围内协调各地方政府行为,限制地方政府重复建设冲动,更无法使区域内市场主体进行充分、有效和公平的市场竞争,也就无法实现区域范围内资源的有效配置。由于我国区域经济一体化是跨行政区的一体化,为了消除局部利益对区域共同利益的侵蚀,必须在分立的行政区基础上形成共同的内在机制,并在保证共同利益的基础上制定具有约束力的政策和制度规范,以实现组织体系内的超行政区协调管理。区域内各政府应实行统一的非歧视性原则、市场准入原则、透明度原则、公平贸易原则,以此逐步取消一切妨碍区域市场一体化的制度与政策规定,取消一切妨碍商品、要素自由流动的区域壁垒和歧视性规定,进而促进市场的发育和完善。

这一过程中,促进东部大型企业采取直接投资设厂或兼并、联合中西部现有企业,将生产项目中的部分产品或部分工序生产活动交由中西部企业承担是实现区域市场一体化建设的重要途径。由于中西部地区劳动力和土地成本低廉,东部大型企业在中西部地区寻找配套协作企业,让协作企业完成产品生产的某些环节,或者直接投资设厂生产。结合东部地区产品的高科技含量、先进的加工组装流水线、广阔完善的市场网络等优势,可以使中西部现有的生产能力得以充分发挥,也为东部地区降低产品成本、提高竞争力提供了良好途径。在模式选择上,工业园区合作模式是值得关注的。其主要指东部发达地区有经济实力的大企业、大集团在中西部地区投资设立工业园区,以此作为载体进行开发。在具体发展中,工业园区的开发运作一定要以企业为主体,进行市场化运作。政府在其中虽然也要发挥一定作用,但仅仅局限于提供相关配套措施。通过不断营造工业园区优越的投资环境、完善的服务体系,以加大其投资吸引力和经济集聚功能,进而强化资金聚集和信息扩散效应,最终加快贸易、人才、资金、管理、技术和信息等的集散。可以说,在企业层次上加强区域联系,就是要鼓励企业跨区域发展,以建立起合理的企业间联系、企业结构与产业结构体系。

10.3.3 完善配套,强化集聚

通过前面的分析可以发现,地区垂直专业化发展引领了本地集群的国际化。但是结合我国实际情况来看,地区垂直专业化在促进地区工业集聚特别是中西部地区工业集聚发展方面,影响作用还是非常有限的,甚至是不明显的。而地区垂直专业化对东部地区工业集聚发展的影响作用虽然比较明显,但在促进其高级化发展方面仍略显不足,相对全球一些有着重要影响的工业集聚来看,东部地区工业集聚的高级化进展还是比较缓慢的。应该说造成垂直专业化对不同地区工业集聚发展的影响作用没有充分体现出来的原因是多方面的,结合本书研究来看,下面两个方面值得注意。

其一,要促进我国地区工业积聚和集群发展需要有更开放的眼光。制约集群发展的一个普遍问题就是集群发展的自封闭性。集群系统越封闭,越缺少与群外企业的竞争和信息交流,集群创新能力、竞争能力就越弱,集群适应外界环境变化、及时做出自我调整的能力也就越差,从而导致集群系统更加封闭。因此,在我国不同地区产业集群的进一步发展中,要更多着眼于全球范围内的经济结构调整,积极嵌入全球价值链,不断推进企业集群的国际化经营。同时在发展过程中,还要动态观察全球竞争对手的价值链定位,不断调整自身在价值链中的嵌入位置和组织方式,以提高集聚先进要素资源的能力,并在最大范围、更高层次上延伸上下游产业链,促进集群持续升级。从企业角度来讲,一方面要继续推动区域内龙头骨干企业与跨国公司合资合作,另一方面也要加强引导区域内中小企业与跨国公司建立配套协作关系。这一过程中,政府的引导和服务作用是必不可少的。要从完善基础条件、理顺体制、健全制度方面入手,营造产业集群的良好氛围,并坚持"有所为、有所不为"。"有所为"指政府要放松管制,给企业提供公共产品和服务,使企业降低运行成本;而"有所不为"指政府要尽可能减少不必要干预,在市场机制作用下配置资源,使企业在市场竞争中提高效率,降低生产成本。

其二,如果说早期阶段,追逐低成本优势是集聚发展的主要目的,那么随着集群功能和发展环境的不断完善,提高集聚发展的创新能力成为更重要的方面。这实际上体现了集群发展的动态过程。客观来说,我国地区工业集聚发展创新能力总体都不是很突出。就地区垂直专业化对工业集聚创新能力发展的

影响来看,由于我们过去对地区工业集聚发展的认识还不是很清楚,导致直到现在,在强调地区垂直专业化影响作用的时候,还只是在很低水平上关注其对地区工业集聚发展的促进作用。而在整合更多资源的基础上,使地区垂直专业化更深远的影响得到进一步发挥是更重要的。就这一点而言,一个值得关注或者说可用于改善的渠道就是促进区域创新网络的形成。具体来说,区域创新网络是以大学、研究机构为创新中心,以集群内企业为创新主体,由金融、咨询等中介组织联结在一起的系统。其形成离不开集群内企业、政府部门、研发机构、中介组织之间的互动,且最终还需要通过制度来保证创新网络的有序运行。为此需要制定合理的产学研合作政策,以加强创新网络节点的创新能力和节点间创新思想的交流,以及促进技术、人才在区域网络内部的合理流动。具体来说,在区域创新网络发展过程中,要充分借助国家鼓励研发方面的产业科技政策,积极引导科研机构、大学开展与集群产业相关的研发项目。尤其要专注于那些对当地产业集群核心竞争优势形成具有直接关联的技术的研发和推广。在合作中,研究部门要能为企业提供最新的技术信息和发展趋势预测,而企业则要将产业需求及时向科研部门通报。具体的合作关系还包括在引进激励机制的基础上,采取多种合作形式。如鼓励大学和科研院所的科技人员以各种形式直接参与到高新技术创新活动中去。建立和完善技术入股制度、科技人员持股经营制度、技术开发奖励制度等分配形式;鼓励科研院所承接企业的技术创新项目,对科研成果的所有权、技术转让和使用的计费方式等做出明确规定;鼓励企业主动寻求科研院所的支持,为科研院所的项目提供经费援助,以达成产学研相互支撑的有机联合体。

10.3.4 改善基建,发展教育

总体而言,我国绝大部分加工贸易活动主要集中在沿海地区,地区垂直专业化能力也主要在沿海地区有更突出表现。不可否认中央政府给予沿海地区的大量优惠政策确实对加工贸易活动起到了一定作用。但是,相比较而言,中西部地区得到了同样政策待遇后,其加工贸易活动规模仍然偏小,这说明政策并不是决定加工贸易发展的唯一因素。实际上,地理距离的增加会加大运输过程中的贸易成本和时间成本,从而成为影响加工贸易活动发展乃至垂直专业化能力形成的重要因素。与中西部地区相比,东部地区以其相对优越的地理位置

和方便的交通而成为开展加工贸易活动较为理想的地区,并由此逐步形成了较强的垂直专业化能力。而中西部,特别是西部地区,由于深居内陆,交通落后,运输不便,经济活动交易成本较高,较高的产品价格、较低的利润、有限的市场,以及缺少市场信息和消费者联系等问题,最终成为制约西部地区更好融入全球生产网络、形成垂直专业化能力的重要因素。由此看来,全球生产网络的发展只是为我国中西部地区发展提供了一个潜在机遇,而与此并存的是来自各方面的挑战。为了将这一发展机遇切实转变为中西部地区现实经济发展的重要动力源泉,改善基础设施条件,实现区域基本公共服务均等化可以说是已经刻不容缓。国内学者胡鞍钢(2001)认为,发展必须满足所有人口最低的也是最基本的需求,促进大多数人实现小康与促进少数绝对贫困人口摆脱贫困是同等重要的发展目标。而在缩小地区社会发展差距方面,首先要缩小各地区人民享受基本公共服务水平的差距,制定全国公共服务(如教育、卫生、计划生育、环境保护、基础设施等)最低标准。按照这一思想,在具体解决上述问题方面,最重要的就是实行区域基本公共服务均等化,使各地区所有人都能够享受最基本的公共服务。为此,需要制订区域基本公共服务的最低标准和最低支出标准,在建立规范财政转移支付制度基础上,进一步加大对中西部地区财政转移支付的力度,明确财政转移支付的支出用途,特别是在具体投资导向方面,应该以能够促进三大区域间分工合作关系的深化发展和欠发达区域自主发展能力的形成为主。

  作为一个重要方面,这里首先强调教育发展的必要性。由于我国区域间人力资本差距主要表现为分布结构方面的差距,因此,在选择经济增长政策时,不仅要考虑人力资本存量水平,更要重视人力资本分布结构,让社会各阶层人群拥有平等的受教育机会,使更多的人能够获得不同阶段的教育。特别是中西部地区要加快融入全球生产网络体系的步伐,形成和东部地区更紧密的分工合作关系,并以此来缩小与东部地区的发展差距,就必须在人力资本形成上大做文章。从教育角度讲,一方面不仅要加大教育资源投入,还要努力使教育资源的配置均等化,增加低收入群体的受教育机会,实现教育平等,尤其是边远贫困地区要严格执行基础义务教育制度。另一方面,需要关注教育结构问题。教育结构包括初等教育、中等教育、高等教育和非正规教育等内容。根据西方学者的研究,在欠发达国家(地区),尤其是教育十分落后的国家(地区),小学教育的投资收益率比中学教育的投资收益率高得多,而中学教育的投资收益率又比大学教育的投资收益率高。在我国西部欠发达地区,教育投资战略的重点应该首先是普及初等教育,其次是普及中等教育,最后是发展高等教育。

除了区域自身教育体系建设外,努力创造人力资本向中西部地区流动的制度环也是重要的一个方面。我国经济体制改革是一个不断推进经济市场化的进程,这一过程中,随着人力资源配置手段的转变和市场在经济体制改革中作用的增强,沿海和内陆地区工资差别的不断扩大使流入西部地区的人才越来越少。要改变这种趋势,需要制订切实可行的鼓励人才向中西部转移的政策,各地政府要为各类人才创造良好的生活和工作环境;国家可以建立教育成本补偿机制,弥补西部欠发达地区因教育资源流失而造成的巨大损失,即中央政府可以在东部发达地区开征国家宏观调控教育税,由中央财政设立专门机构将税款直接拨付到西部欠发达地区,对那里贫困地区的教育进行补偿。

参考文献

白仲林,尹长斌,2008.中国省际全要素生产率动态行为的经验研究[J].西北师大学报(社会科学版),45(4):118-123.

白重恩,杜颖娟,陶志刚,等,2004.地方保护主义及产业地区集中度的决定因素和变动趋势[J].经济研究,39(4):29-40.

包群,许和连,赖明勇,2003.出口贸易如何促进经济增长?:基于全要素生产率的实证研究[J].上海经济研究,15(3):3-10.

北京大学中国经济研究中心课题组,2006.中国出口贸易中的垂直专门化与中美贸易[J].世界经济,29(5):3-11.

彼得·迪肯,2007.全球性转变:重塑21世纪的全球经济地图[M].刘卫东,译.北京:商务印书馆.

蔡昉,都阳,2000.中国地区经济增长的趋同与差异:对西部开发战略的启示[J].经济研究,35(10):30-37.

蔡昉,王德文,都阳,2001.劳动力市场扭曲对区域差距的影响[J].中国社会科学(2):4-14.

曹明福,李树民,2005.全球价值链分工的利益来源:比较优势、规模优势和价格倾斜优势[J].中国工业经济(10):20-26.

曹阳,2001.区域经济发展的差异性与制度发展的非均衡[J].经济学家(4):67-71.

岑丽君,2015.中国在全球生产网络中的分工与贸易地位:基于TiVA数据与GVC指数的研究[J].国际贸易问题(1):134-144.

陈海涛,李成明,董志勇,2021.经济转型中地方政府干预的门槛效应研究:基于全要素生产率的视角[J].宏观经济研究(8):17-27.

陈健,史修松,2008.产业关联、行业异质性与生产性服务业发展[J].产业经济研究(6):16-22.

陈利,朱喜钢,李小虎,2016.基于产业结构视角的云南省县域经济差异研究[J].地理科学(3):384-392.

陈培阳,朱喜钢,2013.中国区域经济趋同:基于县级尺度的空间马尔可夫链分析[J]. 地理科学,33(11):1302-1308.

陈启斐,范超,2013. 全球化、经济波动与双边服务贸易:基于扩展的引力模型分析[J]. 当代经济科学,35(6):224-234.

陈体标,2007. 经济结构变化和经济增长[J]. 经济学(季刊)(4):1053-1074.

陈秀山,徐瑛,2004. 中国区域差距影响因素的实证研究[J]. 中国社会科学(5):117-129,207.

程惠芳,2002. 国际直接投资与开放型内生经济增长[J]. 经济研究,37(10):71-78.

程建,连玉君,2005. 中国区域经济增长收敛的协整分析[J]. 经济科学(5):16-24.

戴翔,徐柳,张为付,2018. 集聚优势与价值链攀升:阻力还是助力[J]. 财贸研究,29(11):1-14.

单婧,张文闻,2021. 高质量发展下粤港澳大湾区产业结构转换和全要素生产率[J]. 经济问题探索(12):178-190.

邓翔,朱高峰,李德山,2017. 人力资本、贸易开放与区域全要素生产率:基于 GML 指数和系统 GMM 方法[J]. 经济问题探索(8):1-8.

邓向荣,周密,李伟,2007. 我国科技创新极化度指数的构造及区域比较[J]. 财经研究,33(6):67-76.

丁宏,2021. 产业同构对区域经济增长的空间溢出效应:以京津冀地区为例[J]. 首都经济贸易大学学报,23(5):44-54.

董先安,2004. 浅释中国地区收入差距:1952—2002[J]. 经济研究,39(9):48-59.

杜传忠,张丽,2013. 中国工业制成品出口的国内技术复杂度测算及其动态变迁:基于国际垂直专业化分工的视角[J]. 中国工业经济(12):52-64.

樊福卓,2007. 地区专业化的度量[J]. 经济研究(9):71-83.

范柏乃,段忠贤,江蕾,2013. 中国科技投入的经济发展效应区域差异分析[J]. 经济地理(12):10-15.

范剑勇,2004. 市场一体化、地区专业化与产业集聚趋势:兼谈对地区差距的影响[J]. 中国社会科学(6):39-51.

范剑勇,朱国林,2002. 中国地区差距演变及其结构分解[J]. 管理世界

(7):37-44.

冯云廷,计利群,2020. 技术创新与城市经济增长波动:基于我国15个副省级城市面板数据的实证研究[J]. 工业技术经济,39(1):41-49.

傅晓霞,吴利学,2006a. 技术效率、资本深化与地区差异:基于随机前沿模型的中国地区收敛分析[J]. 经济研究,41(10):52-61.

傅晓霞,吴利学,2006b. 全要素生产率在中国地区差异中的贡献:兼与彭国华和李静等商榷[J]. 世界经济,29(9):12-22.

盖文启,王缉慈,2000. 全球化浪潮中的区域发展问题[J]. 北京大学学报(哲学社会科学版),37(6):23-31.

高敬峰,王庭东,2017. 中国参与全球价值链的区域特征分析:基于垂直专业化分工的视角[J]. 世界经济研究(4):83-94.

高良谋,李宇,2008. 技术创新与企业规模关系的形成与转化[J]. 中国软科学(12):96-104.

高越,高峰,2005. 垂直专业化分工及我国的分工地位[J]. 国际贸易问题(3):16-20.

宫俊涛,孙林岩,李刚,2008. 中国制造业省际全要素生产率变动分析:基于非参数 Malmquist 指数方法[J]. 数量经济技术经济研究,25(4):97-109.

管卫华,林振山,顾朝林,2006. 中国区域经济发展差异及其原因的多尺度分析[J]. 经济研究,41(7):117-125.

郭庆旺,赵志耘,贾俊雪,2005. 中国省份经济的全要素生产率分析[J]. 世界经济,28(5):46-53.

郭腾云,2004. 近50年来我国区域经济空间极化的变化趋势研究[J]. 经济地理,24(6):743-747.

郭玉清,杨栋,2007. 人力资本门槛、创新互动能力与低发展陷阱:对1990年以来中国地区经济差距的实证检验[J]. 财经研究,33(6):77-89.

郝闻汉,袁淳,耿春晓,2021. 区域一体化政策能促进企业垂直分工吗?:来自撤县设区的证据[J]. 经济管理,43(6):22-37.

何枫,2004. 经济开放度对我国技术效率影响的实证分析[J]. 中国软科学(1):48-52.

何静,2004. 产业簇群的发展与城镇化互动初探[J]. 财经问题研究(2):54-56.

何雅兴,马丹,2022. 区域垂直专业化分工与出口产品竞争力提升:基于区域贸易增加值分解的新视角[J]. 统计研究,39(5):3-22.

贺灿飞,朱彦刚,朱晟君,2010. 产业特性、区域特征与中国制造业省区集聚[J]. 地理学报,65(10):1218-1228.

胡鞍钢,李春波,2001. 新世纪的新贫困:知识贫困[J]. 中国社会科学(3):70-81.

胡晓鹏,2007. 中国区域产业开放与价值创造:基于区域间投入产出关系的实证研究[J]. 财经研究(5):72-83.

胡晓鹏,2007. 中国区域产业开放与价值创造:基于区域间投入产出关系的实证研究[J]. 财经研究,33(5):72-83.

胡昭玲,张蕊,2008. 中国制造业参与产品内国际分工的影响因素分析[J]. 世界经济研究(3):3-8.

胡兆量,1987. 经济地理学导论[M]. 北京:商务印书馆.

华萍,2005. 不同教育水平对全要素生产率增长的影响:来自中国省份的实证研究[J]. 经济学(季刊)(1):147-166.

黄光灿,王珏,马莉莉,2019. 全球价值链视角下中国制造业升级研究:基于全产业链构建[J]. 广东社会科学(1):54-64.

黄先海,石东楠,2005. 对外贸易对我国全要素生产率影响的测度与分析[J]. 世界经济研究(1):22-26.

贾利军,袁梦,李雨,2021. 全球生产网络下行业关联度对跨国并购的影响[J]. 金融与经济(10):54-62.

姜瑾,2013. 我国循环经济发展影响因素的实证研究[J]. 科技管理研究,33(10):219-223.

蒋媛媛,2011. 中国地区专业化促进经济增长的实证研究:1990—2007年[J]. 数量经济技术经济研究,28(10):3-20.

金芳,2006a. 产品内国际分工及其三维分析[J]. 世界经济研究(6):4-9.

金芳,2006b. 全球化经营与当代国际分工[M]. 上海:上海人民出版社.

金相郁,2006. 中国城市全要素生产率研究:1990~2003[J]. 上海经济研究(7):14-23.

金相郁,2007a. 中国区域经济不平衡与协调发展[M]. 上海:上海人民出版社.

金相郁,2007b. 中国区域全要素生产率与决定因素:1996—2003[J]. 经济评论(5):107-112.

金煜,陈钊,陆铭,2006. 中国的地区工业集聚:经济地理、新经济地理与经济政策[J]. 经济研究,41(4):79-89.

赖宾斯坦,1970. 经济落后与经济增长[M]. 赵凤培,译. 台北:台湾银行出版社.

雷鹏,2011. 制造业产业集聚与区域经济增长的实证研究[J]. 上海经济研究,23(1):35-45.

黎德福,黄玖立,2006. 结构冲击与结构转换对中国地区差距变化的影响[J]. 南开经济研究(1):114-126.

李光泗,徐翔,2008. 技术引进与地区经济收敛[J]. 经济学(季刊)7(3):983-996.

李国平,范红忠,2003. 生产集中、人口分布与地区经济差异[J]. 经济研究,38(11):79-86.

李冀,严汉平,2010. 中国区域经济差异演进趋势分析:基于政策导向和收敛速度的双重视角[J]. 经济问题(12):14-18.

李蕾,2016. 长三角地区制造业的转型升级以及地区专业化与协同发展研究:基于长三角与京津冀比较的实证分析[J]. 上海经济研究,28(4):90-99.

李平,鲁婧颉,2006. 进口贸易对我国各地区全要素生产率增长的实证分析[J]. 经济问题探索(2):44-47.

李汝资,刘耀彬,谢德金,2017. 中国产业结构变迁中的经济效率演进及影响因素[J]. 地理学报,72(12):2179-2198.

李胜文,李大胜,2006. 我国全要素生产率增长的区域差异[J]. 数量经济技术经济研究,23(9):12-21.

李双杰,左宝祥,2008. 东、西部地区1996—2005年全要素生产率变动分析[J]. 经济师(7):129-131.

李小平,朱钟棣,2006. 国际贸易、R&D溢出和生产率增长[J]. 经济研究,42(2):31-43.

李雪松,张雨迪,孙博文,2017. 区域一体化促进了经济增长效率吗?:基于长江经济带的实证分析[J]. 中国人口·资源与环境,27(1):10-19.

李永友,沈坤荣,2008. 辖区间竞争、策略性财政政策与FDI增长绩效的区域特征[J]. 经济研究,43(5): 58-69.

李准晔,2005. 中国各区域对外贸易的决定因素分析:中国八大区域与东亚三经济体间的贸易[J]. 经济研究,40(8): 116-127.

联合国工业发展组织,1980. 世界各国工业化概况和趋向[M]. 北京:中国对外翻译出版公司.

梁经伟,钟世川,毛艳华,2022. 全球生产网络是否提升了全要素生产率?[J]. 北京工商大学学报(社会科学版),37(4): 99-112.

梁军,从振楠,2018. 产业集聚与中心城市全要素生产率增长的实证研究:兼论城市层级分异的影响[J]. 城市发展研究,25(12): 45-53.

梁琦,2003a. 跨国公司海外投资与产业集聚[J]. 世界经济,26(9): 29-37.

梁琦,2003b. 中国工业的区位基尼系数:兼论外商直接投资对制造业集聚的影响[J]. 统计研究,20(9): 21-25.

梁琦,2004. 中国制造业分工、地方专业化及其国际比较[J]. 世界经济,27(12): 32-40.

林光平,龙志和,吴梅,2005. 我国地区经济收敛的空间计量实证分析:1978—2002年[J]. 经济学(季刊),4(S1):67-82.

林季红,2006. 跨国公司全球生产网络与中国产业的技术进步[J]. 厦门大学学报(哲学社会科学版)(6): 114-121.

林莎,2011. 我国东中西部地区外商投资与工业化进程实证研究[J]. 调研世界(5): 22-27.

林秀丽,2007. 地区专业化、产业集聚与省区工业产业发展[J]. 经济评论(6): 140-145.

林毅夫,蔡昉,李周,1998. 中国经济转型时期的地区差距分析[J]. 经济研究,33(6): 3-10.

林毅夫,刘培林,2003. 中国的经济发展战略与地区收入差距[J]. 经济研究,38(3):19-25.

刘强,2001. 中国经济增长的收敛性分析[J]. 经济研究,36(6): 70-77.

刘伟,1995. 工业化进程中的产业结构研究[M]. 北京:中国人民大学出版社.

刘晓昶,刘志彪,2001. 论跨国公司的垂直专业化发展趋势:兼论中国企业的竞争战略[J]. 江海学刊(4): 32-37.

刘勇,2010. 中国工业全要素生产率的区域差异分析[J]. 财经问题研究(6):43-47.

刘志彪,吴福象,2005. 全球化经济中的生产非一体化:基于江苏投入产出表的实证研究[J]. 中国工业经济(7):12-19.

卢锋. 产品内分工:一个分析框架[EB/OL]. (2004-05-28)[2023-10-28]. https://www.nsd.pku.edu.cn/attachments/e5283538cdce41d3a85ea0bfabd0e1c3.pdf

卢洪友,龚锋,2007. 政府竞争、"攀比效应"与预算支出受益外溢[J]. 管理世界(8):12-22.

卢洪友,郑法川,贾莎,2012. 前沿技术进步、技术效率和区域经济差距[J]. 中国人口·资源与环境,22(5):120-125.

芦惠,欧向军,李想,等,2013. 中国区域经济差异与极化的时空分析[J]. 经济地理,33(6):15-21.

鲁明泓,1997. 外国直接投资区域分布与中国投资环境评估[J]. 经济研究(12):38-45.

陆大道,2008. 我国区域发展的战略、态势及京津冀协调发展分析[J]. 北京社会科学(6):4-7.

陆铭,陈钊,2008. 在集聚中走向平衡:城乡和区域协调发展的"第三条道路"[J]. 世界经济,31(8):57-61.

陆铭,陈钊,万广华,2005. 因患寡,而患不均:中国的收入差距、投资、教育和增长的相互影响[J]. 经济研究,40(12):4-14.

逯进,苏妍,2017. 人力资本、经济增长与区域经济发展差异:基于半参数可加模型的实证研究[J]. 人口学刊,39(1):89-101.

路江涌,陶志刚,2007. 我国制造业区域集聚程度决定因素的研究[J]. 经济学(季刊),6(3):801-816.

吕宏芬,刘斯敖,2012. 我国制造业集聚变迁与全要素生产率增长研究[J]. 浙江社会科学(3):22-30.

罗明,邱艳,李明武,2023. 中国鞋靴产品对"一带一路"沿线国家出口贸易潜力研究:基于拓展的贸易引力模型的实证分析[J]. 皮革科学与工程,33(2):103-108.

罗胤晨,谷人旭,2014. 1980—2011年中国制造业空间集聚格局及其演变趋势[J]. 经济地理,34(7):82-89.

罗勇，曹丽莉，2005. 中国制造业集聚程度变动趋势实证研究[J]. 经济研究，48(8)：106-115.

罗勇，王亚，范祚军，2013. 异质型人力资本、地区专业化与收入差距：基于新经济地理学视角[J]. 中国工业经济(2)：31-43.

马春辉，2004. 产业集群的发展与城市化：以长江、珠江三角洲为例[J]. 经济问题(3)：30-32.

马新平，2002. 石河子经济技术开发区在实施推进中亚区域经济发展中的地位和作用[J]. 东欧中亚市场研究(8)：3-7.

迈克尔·波特，2005. 竞争优势[M]. 陈小悦，译. 北京：华夏出版社.

毛捷，黄春元，2018. 地方债务、区域差异与经济增长：基于中国地级市数据的验证[J]. 金融研究(5)：1-19.

米运生，易秋霖，2008. 全球化、全要素生产率与区域发展差异：基于珠三角、长三角和环渤海的面板数据分析[J]. 国际贸易问题(5)：17-22.

倪海青，张岩贵，2008. 对外贸易与区域技术进步差异[J]. 世界经济研究(4)：33-38.

彭方平，王少平，吴强，2007. 我国经济增长的多重均衡现象：基于动态门槛面板数据模型的研究[J]. 经济学(季刊)，6(4)：1041-1052.

彭福扬，彭民安，李丽纯，2012. 知识产权保护、技术创新与经济增长方式转变：基于我国区域面板数据的实证研究[J]. 科技进步与对策，29(24)：56-61.

彭国华，2005a. 中国地区经济增长及差距的来源[J]. 世界经济，28(9)：42-50.

彭国华，2005b. 中国地区收入差距、全要素生产率及其收敛分析[J]. 经济研究，40(9)：19-29.

彭国华，2007. 我国地区全要素生产率与人力资本构成[J]. 中国工业经济(2)：52-59.

彭绍仲，李海舰，曾繁华，2005. 全球商品链的内部化优势与价格均衡机制[J]. 中国工业经济(9)：50-59.

齐亚伟，2015. 空间集聚、经济增长与环境污染之间的门槛效应分析[J]. 华东经济管理，29(10)：72-78.

钱书法，2003. 劳动分工深化、产业组织演进与报酬递增[J]. 马克思主义与现实(6)：99-103.

覃一冬,2013.空间集聚与中国省际经济增长的实证分析:1991~2010年[J].金融研究(8):123-135.

邱斌,唐保庆,孙少勤,2007.FDI、生产非一体化与美中贸易逆差[J].世界经济,30(5):33-43.

任保平,张倩,2021.GDP含金量、省域政府财富创造能力与区域经济差异[J].东南学术(1):148-158.

萨乌什金,1987.经济地理学导论[M].北京:商务印书馆.

沈国兵,于欢,2017.中国企业参与垂直分工会促进其技术创新吗?[J].数量经济技术经济研究,34(12):76-92.

沈坤荣,李剑,2003.中国贸易发展与经济增长影响机制的经验研究[J].经济研究,38(5):32-40.

沈坤荣,马俊,2002.中国经济增长的"俱乐部收敛"特征及其成因研究[J].经济研究,37(1):33-39.

沈能,2006.中国制造业全要素生产率地区空间差异的实证研究[J].中国软科学(6):101-110.

盛斌,马涛,2008.中国工业部门垂直专业化与国内技术含量的关系研究[J].世界经济研究(8):61-67.

盛洪,2006.分工与交易:一个一般理论及其对中国非专业化问题的应用分析[M].上海:上海人民出版社.

石清华,2011.西部大开发以来西部地区经济收敛性及影响经济增长的因素分析[J].经济问题探索(8):71-76.

宋长鸣,2011.技术水平、产业结构布局与区域经济发展差异[J].产业经济研究(6):37-45.

孙海刚,2007.市场化进程中的中国地区经济差距成因研究[J].财经研究,33(9):101-111.

孙红玲,刘长庚,2007.中国区域财政横向均衡制度研究[J].中国工业经济(3):39-46.

孙巍,徐邵军,2020.技术差异、要素流动与地区经济分化[J].财经论丛(12):3-12.

孙早,杨光,李康,2015.基础设施投资促进了经济增长吗:来自东、中、西部的经验证据[J].经济学家(8):71-79.

谭小芬，李翀，2004. 中国地区经济差距成因问题的研究综述[J]. 经济学动态(2)：89-94.

唐东波，2013. 市场规模、交易成本与垂直专业化分工：来自中国工业行业的证据[J]. 金融研究(5)：181-193.

田贞余，2005. 我国大陆与香港地区贸易的引力模型分析[J]. 财经科学(3)：107-112.

涂正革，2007. 全要素生产率与区域工业的和谐快速发展：基于1995—2004年28个省市大中型工业的非参数生产前沿分析[J]. 财经研究，33(12)：90-102.

王爱虎，钟雨晨，2006. 中国吸引跨国外包的经济环境和政策研究[J]. 经济研究(8)：81-92.

王洪庆，2006. 我国加工贸易的技术溢出效应研究[J]. 世界经济研究(7)：35-39.

王美霞，樊秀峰，宋爽，2013. 中国省会城市生产性服务业全要素生产率增长及收敛性分析[J]. 当代经济科学，35(4)：102-111.

王鸣，穆月英，2018. 中国对东盟蔬菜出口贸易：基于引力模型的实证研究[J]. 中国蔬菜(12)：54-60.

王绍光，胡鞍钢，1999. 中国：不平衡发展的政治经济学[M]. 北京：中国计划出版社.

王生发，2016. 中国县域经济差异不断扩大的根源：经济不平等还是政治不平等？[J]. 经济与管理，30(5)：55-61.

王炜，范洪敏，2016. 全要素生产率变动、区域差异及影响因素分析[J]. 技术经济与管理研究(7)：125-128.

王小鲁，樊纲，2004. 中国地区差距的变动趋势和影响因素[J]. 经济研究，39(1)：33-44.

王益民，宋琰纹，2007. 全球生产网络效应、集群封闭性及其"升级悖论"：基于大陆台商笔记本电脑产业集群的分析[J]. 中国工业经济(4)：46-53.

王铮，葛昭攀，2002. 中国区域经济发展的多重均衡态与转变前兆[J]. 中国社会科学(4)：31-39.

王志刚，龚六堂，陈玉宇，2006. 地区间生产效率与全要素生产率增长率分解(1978—2003)[J]. 中国社会科学(2)：55-66.

魏博通,周杰文,2007.中国地区专业化的分布模式[J].经济问题探索(12):13-17.

魏后凯,2002a.外商直接投资对中国区域经济增长的影响[J].经济研究,37(4):19-26.

魏后凯,2002b.中国制造业集中状况及其国际比较[J].中国工业经济(1):41-49.

魏后凯,2004.我国地区工业技术创新力评价[J].中国工业经济(5):15-22.

魏后凯,2005.当前优化区域竞争中的几个理论误区[J].中州学刊(3):23-26.

文东伟,2011.经济规模、技术创新与垂直专业化分工[J].数量经济技术经济研究,28(8):3-20.

吴建新,2008.资本积累,全要素生产率与中国地区发展差异:基于动态分布方法的研究[J],25(11):统计研究,18-23.

吴晓波,吴东,2009.全球制造网络与我国制造企业嵌入模式[J].科技进步与对策,26(4):42-44.

吴颖,蒲勇健,2008.区域过度集聚负外部性的福利影响及对策研究:基于空间经济学方法的模拟分析[J].财经研究,34(1):106-115.

吴玉鸣,李建霞,2006.中国区域工业全要素生产率的空间计量经济分析[J].地理科学,26(4):385-391.

武剑,2002.外国直接投资的区域分布及其经济增长效应[J].经济研究,37(4):27-35.

西尔斯,1993.发展的含义[M]//亨廷顿.现代化:理论与历史经验的再探讨.张景明,译.上海:上海译文出版:47.

谢千里,罗斯基,张轶凡,2008.中国工业生产率的增长与收敛[J].经济学(季刊),7(3):809-826.

熊晓琳,王怀民,2008.加工贸易与经济增长关系的实证研究:以我国沿海地区6省市为例[J].经济问题(11):32-34.

徐建华,鲁凤,苏方林,等,2005.中国区域经济差异的时空尺度分析[J].地理研究(1):57-68.

徐康宁,陈健,2007.国际生产网络与新国际分工[J].国际经济评论(6):

38-41.

徐康宁,王剑,2006. 要素禀赋、地理因素与新国际分工[J]. 中国社会科学(6):65-77.

徐康宁,冯春虎,2003. 中国制造业地区性集中程度的实证研究[J]. 东南大学学报(哲学社会科学版)(1):37-42.

许和连,亓朋,祝树金,2006. 贸易开放度、人力资本与全要素生产率:基于中国省际面板数据的经验分析[J]. 世界经济,29(12):3-10.

许晖,邹慧敏,单凤玲,2009. 外商投资中国生产性服务业影响因素研究:基于产业互动和系统观的视角[J]. 经济经纬,26(5):39-43.

许召元,李善同,2006. 近年来中国地区差距的变化趋势[J]. 经济研究,41(7):106-116.

杨蕙馨,高新焱,2019. 中国制造业融入垂直专业化分工全球价值链研究述评[J]. 经济与管理评论,35(1):34-44.

杨小凯,1997. 当代经济学与中国经济[M]. 北京:中国社会科学出版社.

杨小凯,黄有光,1999. 专业化与经济组织:一种新兴古典微观经济学框架[M]. 张玉纲,译. 北京:经济科学出版社.

杨小凯,张永生,2000. 新兴古典经济学和超边际分析[M]. 北京:中国人民大学出版社.

杨晔,2008. 我国各省市企业自主创新能力的综合评价:基于投入产出绩效视角的实证研究[J]. 财经研究,34(6):30-40.

杨云彦,徐映梅,向书坚,2003. 就业替代与劳动力流动:一个新的分析框架[J]. 经济研究,38(8):70-75.

姚志毅,张亚斌,2011. 全球生产网络下对产业结构升级的测度[J]. 南开经济研究(6):55-65.

叶国平,2007. 我国区域发展差异的非正式制度分析[J]. 理论界(8):11-13.

叶裕民,2002. 全国及各省区市全要素生产率的计算和分析[J]. 经济学家(3):115-121.

俞路,蒋元涛,2007. 我国区域经济差异的时空分析:基于全国与三大都市圈的对比研究[J]. 财经研究,33(3):17-28.

袁其刚,刘斌,朱学昌,2015. 经济功能区的"生产率效应"研究[J]. 世界经济,38(5):81-104.

袁永科,赵美姣,2019.中国区域经济差异及收敛的产业分析[J].华东经济管理,33(12):91-98.

曾坤生,2000.论区域经济动态协调发展[J].中国软科学(4):119-124.

曾铮,张路路,2008.全球生产网络体系下中美贸易利益分配的界定:基于中国制造业贸易附加值的研究[J].世界经济研究(1):36-43.

张伯伟,彭支伟,2006.东亚地区经济内部化及产业分工体系研究[J].南开学报(5):110-117.

张吉鹏,吴桂英,2004.中国地区差距:度量与成因[J].世界经济文汇(4):60-81.

张杰,刘志彪,2007.需求因素与全球价值链形成:兼论发展中国家的"结构封锁型"障碍与突破[J].财贸研究,18(6):1-10.

张军,2002.资本形成、工业化与经济增长:中国的转轨特征[J].经济研究,37(6):3-13.

张军,吴桂英,张吉鹏,2004.中国省际物质资本存量估算:1952—2000[J].经济研究,39(10):35-44.

张天顶,2004.外商直接投资、传导机制与中国经济增长[J].数量经济技术经济研究,21(10):40-48.

张为付,张春法,2005.我国主要工业产品区域集聚的实证研究[J].产业经济研究(5):19-25.

张小蒂,李晓钟,2005.对我国长三角地区全要素生产率的估算及分析[J].管理世界(11):59-66.

张小蒂,孙景蔚,2006.基于垂直专业化分工的中国产业国际竞争力分析[J].世界经济 29(5):12-21.

张小蒂,姚瑶,2011.全球化中民营企业家人力资本对我国区域创新及全要素生产率的影响研究:基于东部九省市面板数据的经验分析[J].浙江大学学报(人文社会科学版),41(5):94-106.

张晓旭,冯宗宪,2008.中国人均GDP的空间相关与地区收敛:1978—2003[J].经济学(季刊),7(2):399-414.

张学良,2007.中国交通基础设施与经济增长的区域比较分析[J].财经研究,33(8):51-63.

张宇,2007. FDI 与中国全要素生产率的变动:基于 DEA 与协整分析的实证检验[J].世界经济研究(5):14-19.

张志敏,李静,闫津臣,等,2022.全球化、技术进步与福利全要素生产率的提升:基于 183 个国家和地区的数据比较分析[J].宏观经济研究(2):115-136.

赵娜,张少辉,2007.中国资本形成与经济增长的动态相关性:基于协变模型的实证分析[J].财经研究,33(8):132-143.

赵伟,张萃,2008.中国制造业区域集聚与全要素生产率增长[J].上海交通大学学报(哲学社会科学版),16(5):52-56.

赵玮,王韬,李德功,2006.论中部地区产业集聚与城市化之互动[J].地域研究与开发(4):43-47.

郑凯捷,2008.分工与产业结构发展:制造经济到服务经济[M].上海:复旦大学出版社.

郑玉歆,1999.全要素生产率的测度及经济增长方式的"阶段性"规律:由东亚经济增长方式的争论谈起[J].经济研究,34(5):55-60.

周世军,周勤,2012.中国中西部地区"集聚式"承接东部产业转移了吗?:来自 20 个两位数制造业的经验证据[J].科学学与科学技术管理,33(10):67-79.

朱满德,李辛一,程国强,2015.综合性收入补贴对中国玉米全要素生产率的影响分析:基于省级面板数据的 DEA-Tobit 两阶段法[J].中国农村经济(11):4-14.

庄丽娟,姜元武,刘娜,2007.广东省与东盟农产品贸易流量与贸易潜力分析:基于引力模型的研究[J].国际贸易问题(6):81-86.

宗毅君,2008.国际产品内分工与进出口贸易:基于我国工业行业面板数据的经验研究[J].国际贸易问题(2):7-13.

踪家峰,曹敏,2006.地区专业化与产业地理集中的实证分析:以京津冀地区为例[J].厦门大学学报(哲学社会科学版)(5):122-128.

邹薇,代谦,2003.技术模仿、人力资本积累与经济赶超[J].中国社会科学(5):26-38.

Acs Z J,Anselin L,Varga A,2002. Patents and innovation counts as measures of regional production of new knowledge[J]. Research Policy,31(7):1069-1085.

Adelman M A,1955. The concept and statistical measurement of vertical integration[J]. Business concentration and price policy(6):281-322

Alexander J Yeats. Just how big is global production sharing[EB/OL]. (1998-01-31)[2023-10-28]. http://documents.worldbank.org/curated/en/865951468766539526/Just-how-big-is-global-production-sharing.

Amighini A, 2004. China in the international fragmentation of production: Evidence from the ICT industry[J]. KITeS Working Papers: 203-219.

Amin A, Thrift N,1994. Globalization, institutions and regional development in Europe[M]. Oxford: Oxford University Press.

Amiti M, 1998. New trade theories and industrial location in the EU: A survey of evidence[J]. Oxford Review of Economic Policy, 14(2): 45-53.

Amiti M, 2001. Regional specialization and technical leapfrogging[J]. Journal of Regional Science, 41(1): 149-172.

Anselin L,1996. The Moran scatterplot as an ESDA tool to assess local instability in spatial association[M]//Fisher M, Scholten H J, Unwin D. Spatial Analytical Perspectives on GIS. London: Taylor&Francis: 111-125.

Antràs P, 2003. Firms, contracts, and trade structure[J]. The Quarterly Journal of Economics, 118(4): 1375-1418.

Antràs P, Helpman E, 2004. Global sourcing[J]. Journal of Political Economy, 112(3): 552-580.

Arayama Y, Miyoshi K, 2004. Regional diversity and sources of economic growth in China[J]. The World Economy, 27(10): 1583-1607.

Arellano M, Bond S,1991. Some Tests of Specification for Panel Data: Monte Carlo Evidence and an Application to Employment Equations[J]. Review of Economic Studies,58(2):277-297.

Arndt S W, 1999. Globalization and economic development[J]. The Journal of International Trade and Economic Development, 8(3): 309-318.

Athukorala P C, Yamashita N,2006. Production fragmentation and trade integration: East Asia in a global context[J]. The North American Journal of Economics and Finance, 17(3):233-256.

参考文献

Bai C E, Du Y J, Tao Z G, et al, 2004. Local protectionism and regional specialization: Evidence from China's industries[J]. Journal of International Economics, 63(2): 397 – 417.

Bair J, Gereffi G, 2001. Local clusters in global chains: The causes and consequences of export dynamism in Torreon's blue jeans industry[J]. World Development, 29(11): 1885 – 1903.

Baldone S, Sdogati F, Tajoli L. On some effects of international fragmentation of production on comparative advantages, trade flows and the income of countries[J]. The World Economy, 2007, 30(11): 1726 – 1769.

Batisse C, Poncet S, 2004. Protectionism and Industry Location in Chinese Provinces[J]. Journal of Chinese Economic and Business Studies, 2 (2): 133 – 154.

Benjamin D, Brandt L, Giles J, 2005. The evolution of income inequality in rural China[J]. Economic Development and Cultural Change, 53(4): 769 – 824.

Benner C, 2003. Labour flexibility and regional development: The role of labour market intermediaries[J]. Regional Studies, 37: 621 – 633.

Birkinshaw J, Braunerhjelm P, Holm U, et al. Why do some multinational corporations relocate their headquarters overseas[EB/OL]. (2006 – 05 – 23) [2023 – 10 – 28]. https://ideas.repec.org/p/hhs/cesisp/0054.html.

Blundell R, Bond S, 1998. Initial conditions and moment restrictions in dynamic panel data models[J]. Journal of Econometrics, 87(1): 115 – 143.

Bond E, 2005. Market linkages with fragmented production[J]. The North American Journal of Economics and Finance, 16(1): 119 – 135.

Borensztein E, De Gregorio J, Lee J W, 1998. How does foreign direct investment affect economic growth? [J]. Journal of International Economics, 45(1): 115 – 135.

Broadman H G, Sun X L, 1997. The distribution of foreign direct investment in China[J]. The World Economy, 20(3): 339 – 361.

Brun J F, Combes J L, Renard M F, 2002. Are there spillover effects between coastal and noncoastal regions in China? [J]. China Economic Review, 13(2 – 3): 161 – 169.

Brülhart M, 1998. Economic geography, industry location and trade:

The evidence[J]. The World Economy, 21(6): 775-801.

Chen C, Chang L, Zhang Y M, 1995. The role of foreign direct investment in China's post-1978 economic development[J]. World Development, 23(4): 691-703.

Chen H, Kondratowicz M, Yi K M, 2005. Vertical specialization and three facts about US international trade[J]. The North American Journal of Economics and Finance, 16(1): 35-59.

Chen M X, 2009. Regional economic integration and geographic concentration of multinational firms[J]. European Economic Review, 53(3): 355-375.

Chen Y M, Ishikawa J, Yu Z H, 2004. Trade liberalization and strategic outsourcing[J]. Journal of International Economics, 63(2): 419-436.

Chow G, Lin A L, 2002. Accounting for economic growth in Taiwan and mainland China: A comparative analysis[J]. Journal of Comparative Economics, 30(3): 507-530.

Cletus C C, Eran S. Foreign direct investment in China: A spatial econometric study[EB/OL]. (1999-07)[2023-10-28]. https://doi.org/10.20955/wp.1999.001.

Coelli T. A guide to deap version2.1: A date envelopment analysis (computer) program[EB/OL]. (1996-08)[2023-10-28]. http://docplayer.net/docview/25/5559861/.

Dastidar P P, 2002. Effect of multinational diversification on firm value: A cross-country evaluation.[D]. Columbus: The Ohio State University.

De Mello L R, 1999. Foreign direct investment-led growth: Evidence from time series and panel data[J]. Oxford Economic Papers, 51: 133-151.

Dees S, 1998. Foreign direct investment in China: determinants and effects[J]. Economics of planning, 31: 175-194.

Defever F, 2006. Functional fragmentation and the location of multinational firms in the enlarged Europe[J]. Regional Science and Urban Economics, 36(5): 658-677.

Dixit A K, Stiglitz J E, 1977. Monopolistic competition and optimum product diversity[J]. The American economic review, 67(3): 297-308.

Dixit A K, Grossman G M, 1981. Trade and Protection with Multistage Production[J]. Development Economics: Macroeconomic Issues in Developing Economies eJournal?,49(4): 583 – 594.

Dumais G, Ellison G, Glaeser E L, 2002. Geographic concentration as a dynamic process[J]. Review of Economics and Statistics, 84(2): 193 – 204.

Dunning J H, 1993. Multinational enterprises and the global economy [M]. Wokingham, England: Addison-Wesley.

Dunning J H, 1998. Location and the multinational enterprise: A neglected factor? [J]. Journal of International Business Studies, 29(1): 45 – 66.

Duranton G, Puga D, 2001. Nursery cities: Urban diversity, process innovation, and the life cycle of products[J]. American Economic Review, 91(5): 1454 – 1477.

Duranton G, Puga D, 2005. From sectoral to functional urban specialisation[J]. Journal of Urban Economics, 57(2): 343 – 370.

Démurger S, 2001. Infrastructure development and economic growth: An explanation for regional disparities in China? [J]. Journal of Comparative Economics, 29(1): 95 – 117.

Egger H, Egger P, 2005. The determinants of EU processing trade[J]. The World Economy, 28(2): 147 – 168.

Elango B, Abel I, 2004. A comparative analysis of the influence of country characteristics on service investments versus manufacturing investments [J]. American Business Review, 22(2): 29 – 39.

Ellison G, Glaeser E L, 1997. Geographic concentration in U.S. manufacturing industries: A dartboard approach[J]. Journal of Political Economy, 105(5): 889 – 927.

Ellison G, Glaeser E L, 1999. The geographic concentration of industry: Does natural advantage explain agglomeration? [J]. American Economic Review, 89(2): 311 – 316.

Engle R F, Granger C W J, 1987. Co-integration and errorcorrection: representation, estimation and testing[J]. Econometrica,55:251 – 76.

Ernst D, Kim L, 2002. Global production networks, knowledge diffusion, and local capability formation[J]. Research Policy, 31(8-9): 1417-1429.

Ernst D, Kim L, 2002. Global production networks, knowledge diffusion, and local capability formation[J]. Research Policy, 31(8-9): 1417-1429.

Ethier W J, 1982. National and international returns to scale in the modern theory of international trade[J]. The American Economic Review, 72(3): 389-405.

Feder G,1983. On exports and economic growth[J]. Journal of Development Economics, 12(1-2):59-73.

Feenstra R C, Hanson G H, 1996. Globalization, outsourcing, and wage inequality[J]. The American Economic Review,86:240-245.

Fouquin M,Nayman L,Wagner L. Vertical production networks:Evidence from France [EB/OL]. (2006-11)[2023-10-28]. http://www.cepii.fr/PDF_BUB/up/2006/up2006-18.

Francois J F, 1990. Producer services, scale, and the division of labor [J]. Oxford Economic Papers, 42(4): 715-729.

Francoise L,Deniz U K. China in the International Segmentation of Production Processes[EB/OL]. (2002-02)[2023-10-28]. https://ideas.repec.org/p/cii/cepidt/2002-02.html.

Frankel J A, Romer D, 1999. Does trade cause growth? [J]. American Economic Review, 89(3): 379-399.

Friedmann J,1966. Review of? regional development policy: A case study of Venezuela[J]. Urban Studies,4(3):309-311.

Fritsch M, 2002,. Measuring the quality of regional innovation systems: A knowledge production function approach[J]. International Regional Science Review 25(1): 86-101.

Fujita M, Hu D P, 2001. Regional disparity in China 1985—1994: The effects of globalization and economic liberalization[J]. The Annals of Regional Science, 35(1): 3-37.

Fujita M, Hu D P, 2001. Regional disparity in China 1985—1994: The effects of globalization and economic liberalization[J]. The Annals of Regional Science, 35(1): 3-37.

Fujita M, Krugman P, 2004. The new economic geography: Past, present and the future[J]. Papers in Regional Science, 83(1): 139-164.

Färe R, Grosskopf S, Norris M, 1997. Productivity growth, technical progress, and efficiency change in industrialized countries: Reply[J]. The American Economic Review, 87(5): 1040-1044.

Gage J, Lesher M, 2005. Intertwined: FDI in manufacturing and trade in services[J]. OECD Trade Policy Working Papers, 25: 1-53.

Gao T, 1999. Economic geography and the department of vertical multinational production[J]. Journal of International Economics, 48(2): 301-320.

Gao T, 2005. Foreign direct investment in China: How big are the roles of culture and geography? [J]. Pacific Economic Review, 10(2): 153-166.

Gao T, 2005. Labor quality and the location of foreign direct investment: Evidence from China[J]. China Economic Review, 16(3): 274-292.

Gaulier G, Lemoine F, U? nal-Kesenci D. China's integration in East Asia: Production sharing, FDI and High-Tech[EB/OL]. (2005-06)[2023-10-28]. https://doi.org/10.1007/s10644-007-9013-5.

Germà B, Xavier F. Getting there fast: Globalization, intercontinental flights and location of headquarters[EB/OL]. (2005-09-01)[2023-10-28]. https://doi.org/10.1093/jeg/lbn017.

Golub S S, Jones R W, Kierzkowski H, 2007. Globalization and country-specific service links[J]. Journal of Economic Policy Reform, 10(2): 63-88.

Gong H M, 1995. Spatial patterns of foreign investment in China's cities, 1980—1989[J]. Urban Geography, 16(3): 198-209.

Gourevitch P, Bohn R, McKendrick D, 2000. Globalization of production: Insights from the hard disk drive industry[J]. World Development, 28(2): 301-317.

Grossman G M, Helpman E, 1991. Endogenous product cycles[J]. The Economic Journal, 101(408): 1214-1229.

Grossman G M, Helpman E, 2002. Integration versus outsourcing in industry equilibrium[J]. The Quarterly Journal of Economics, 117(1): 85-120.

Grossman G M, Helpman E, 2005. Outsourcing in a global economy[J].

The Review of Economic Studies, 72(1): 135-159.

Hall R E, Jones C I, 1999. Why do some countries produce so much more output per worker than others? [J]. The Quarterly Journal of Economics, 114(1): 83-116.

Hanson G H, Mataloni R J Jr, Slaughter M J, 2005. Vertical production networks in multinational firms[J]. Review of Economics and Statistics, 87(4): 664-678.

Harris R D F, 1997. Stock markets and development: A re-assessment [J]. European Economic Review, 41(1): 139-146.

He C F, 2002. Information costs, agglomeration economies and the location of foreign direct investment in China1[J]. Regional Studies, 36(9): 1029-1036.

Head K, Ries J, 1996. Inter-city competition for foreign investment: Static and dynamic effects of China's incentive areas[J]. Journal of Urban Economics, 40(1): 38-60.

Helpman E, Krugman P R, 1985. Market structure and foreign trade: increasing returns, imperfect competition, and the international economy[M]. Cambridge, Mass.: MIT Press.

Henderson J, Dicken P, Hess M, et al, 2002. Global production networks and the analysis of economic development[J]. Review of International Political Economy, 9(3): 436-464.

Herrmann-Pillath C, Kirchert D, Pan J C, 2002. Disparities in Chinese economic development: Approaches on different levels of aggregation[J]. Economic Systems, 26(1): 31-54.

Huang Y P, Meng X, 1997. China's industrial growth and efficiency: A comparison between the state and the TVE sectors[J]. Journal of the Asia Pacific Economy, 2(1): 101-121.

Hummels D, Ishii J, Yi K M, 2001. The nature and growth of vertical specialization in world trade[J]. Journal of international Economics, 54(1): 75-96.

Humphrey J, Schmitz H, 2002. How does insertion in global value chains affect upgrading in industrial clusters? [J]. Regional Studies, 36(9):

1017-1027.

Im K S, Pesaran M H, Shin Y, 2003. Testing for unit roots in heterogeneous panels[J]. Journal of Econometrics, 115(1): 53-74.

Ishii J, Yi K M. The? growth of world trade[EB/OL]. (1997-05)[2023-10-28]. https://api.semanticscholar.org/CorpusID:13924591.

Jefferson G H, Rawski T G, Zheng Y X, 1996. Chinese industrial productivity: Trends, measurement issues, and recent developments[J]. Journal of Comparative Economics, 23(2):

Jones R W, Kierzkowski H, 2005. International fragmentation and the new economic geography[J]. The North American Journal of Economics and Finance, 16(1): 1-10.

Keller W, 2004. International technology diffusion[J]. Journal of Economic Literature, 42(3): 752-782.

Kim S, 1995. Expansion of markets and the geographic distribution of economic activities: The trends in U.S. regional manufacturing structure, 1860—1987[J]. The Quarterly Journal of Economics, 110(4): 881-908.

Kimura F, Ando M, 2003. Fragmentation and agglomeration matter: Japanese multinationals in Latin America and East Asia[J]. The North American Journal of Economics and Finance, 14(3): 287-317.

Kimura F, Ando M, 2005. Two-dimensional fragmentation in East Asia: Conceptual framework and empirics[J]. International Review of Economics and Finance, 14(3): 317-348.

Kimura F, Takahashi Y, Hayakawa K, 2007. Fragmentation and parts and components trade: Comparison between East Asia and Europe[J]. The North American Journal of Economics and Finance, 18(1): 23-40.

Kose M A, Yi K M, 2001. International trade and business cycles: Is vertical specialization the missing link? [J]. American Economic Review, 91(2): 371-375.

Kose M A, Yi K M, 2006. Can the standard international business cycle model explain the relation between trade and comovement? [J]. Journal of International Economics, 68(2): 267-295.

Krugman P R, 2000. Technology, trade and factor prices[J]. Journal of International Economics, 50(1):51-71.

Krugman P, 1980. Scale Economies, Product Differentiation, and the Pattern of Trade[J]. American Economic Review, 70(5):950-959.

Krugman P, 1991. Increasing returns and economic geography[J]. Journal of Political Economy, 99(3):483-499.

Krugman P, Venables A J, 1995. Globalization and the inequality of nations[J]. The Quarterly Journal of Economics, 110(4):857-880.

Krugman P, 1991. Geography and trade[M]. Cambridge MA: MIT Press.

Kumar A, 1994. China: internal market development and regulation[M]. Washington: World Bank Publications.

Li B, Lu Y, 2009. Geographic concentration and vertical disintegration: Evidence from China[J]. Journal of Urban Economics, 65(3):294-304.

Li S M, Park S H, 2006. Determinants of locations of foreign direct investment in China[J]. Management and Organization Review, 2(1):95-119.

Liang Z C, Xu L D, 2004. Regional specialization and dynamic pattern of comparative advantage: Evidence from China's industries 1988—2001[J]. Review of Urban and Regional Development Studies, 16(3):231-244.

Liu X L, White S, 2001. Comparing innovation systems: A framework and application to China's transitional context[J]. Research Policy, 30(7):1091-1114.

Lucas R E, 1988. On the mechanics of economic development[J]. Journal of Monetary Economics, 22(1):3-42.

Ludema R D, 2002. Increasing returns, multinationals and geography of preferential trade agreements[J]. Journal of International Economics, 56(2):329-358.

Maddala G S, Wu S W, 1999. A comparative study of unit root tests with panel data and a new simple test[J]. Oxford Bulletin of Economics and Statistics, 61(S1):631-652.

Markusen A, 1996. Sticky places in slippery space: A typology of industrial distracts[J]. Economic Geography, 72: 293-313.

Marshall A, 1890. Principles of economics [M]. London: Macmillan and Co.

Marshall A, 1920. Principles of economics: An introductory volume[M]. United Kingdom: Social Science Electronic Publishing.

Mata J, Machado J A F, 1996. Firm start-up size: A conditional quantile approach[J]. European Economic Review, 40(6): 1305-1323.

McCallum J, 1995. National borders matter: Canada-U. S. regional trade patterns[J]. The American Economic Review, 85: 615-623.

McCann P, Simonen J, 2005. Innovation, knowledge spillovers and local labour markets[J]. Papers in Regional Science, 84(3): 465-485.

McKendrick D G, Doner R F, Haggard S, 2000. From Silicon Valley to Singapore: location and competitive advantage in the hard disk drive industry [M]. Stanford, Calif. : Stanford University Press.

Milner C, Reed G, Talerngsri P, 2006. Vertical linkages and agglomeration effects in Japanese FDI in Thailand[J]. Journal of the Japanese and International Economies, 20(2): 193-208.

Nadvi K, 1999. Collective efficiency and collective failure: The response of the Sialkot surgical instrument cluster to global quality pressures[J]. World Development, 27(9): 1605-1626.

Narula R, Dunning J H, 2000. Industrial development, globalization and multinational enterprises: New realities for developing countries[J]. Oxford Development Studies, 28(2): 141-167.

Narula R, Wakelin K, 1998. Technological competitiveness, trade and foreign direct investment[J]. Structural Change and Economic Dynamics, 9 (3): 373-387.

Naughton B, 2003. How much can regional integration do to unify China's markets [C]// Hope N, Yang D T, Li M Y. How Far Across the River? Chinese Policy Reform at the Millennium. Stanford: Stanford University Press: 201-232.

Ng L F Y, Tuan C, 2003. Location decisions of manufacturing FDI in

China: Implications of China's WTO accession[J]. Journal of Asian Economics, 14(1): 51-72.

Ng L F Y, Tuan C, 2006. Spatial agglomeration, FDI, and regional growth in China: Locality of local and foreign manufacturing investments[J]. Journal of Asian Economics, 17(4): 691-713.

Ngai L R, Pissarides C A. Structural change in a multi-sector model of growth[EB/OL]. (2004-11-01)[2023-10-28]. https://www.aeaweb.org/articles? id=10.1257/aer.97.1.429.

Noorbakhsh F, Paloni A, Youssef A, 2001. Human capital and FDI inflows to developing countries: New empirical evidence[J]. World Development, 29(9): 1593-1610.

Odagiri H, Yasuda H, 1996. The determinants of overseas R&D by Japanese firms: An empirical study at the industry and company levels[J]. Research Policy, 25(7): 1059-1079.

Ohlin B, 1933. Interregional and international trade[M]. Cambridge: Harvard University Press.

Owen-Smith J, Powell W W, 2004. Knowledge networks as channels and conduits: The effects of spillovers in the Boston biotechnology community[J]. Organization Science, 15(1): 5-21.

Peri G, 2002. Globalization, rigidities and national specialization: A dynamic analysis[J]. Structural Change and Economic Dynamics, 13(2): 151-177.

Poncet S. Economic? geography,? spatial dependence and income inequality in? China[EB/OL]. (2007-12)[2023-10-28]. https://ideas.repec.org/p/cii/cepidt/2007-22.html.

Puga D, Venables A J, 1996. The spread of industry: Spatial agglomeration in economic development[J]. Journal of the Japanese and International Economies, 10(4): 440-464.

Puga D, Venables A J, 1997. Preferential Trading Arrangements and Industrial Location[J]. Journal of International Economics, 43(3): 347-368.

Rauch J E, 1993. Productivity gains from geographic concentration of human capital: Evidence from the cities[J]. Journal of Urban Economics, 34

(3): 380-400.

Redding S, Venables A J. Economic geography and international inequality [EB/OL]. (2001-04-05)[2023-10-28]. https://api.semanticscholar.org/CorpusID:12950021.

Reynolds L G, 1977. Image and reality in economic development[M]. New Haven: Yale University Press.

Robson M, 2006. Sectoral shifts, employment specialization and the efficiency of matching: An analysis using UK regional data[J]. Regional Studies, 40(7): 743-754.

Rodríguez-Clare A, 1996. The division of labor and economic development[J]. Journal of Development Economics, 49(1): 3-32.

Rodríguez-Pose A, Gill N, 2006. How does trade affect regional disparities? [J]. World Development, 34(7): 1201-1222.

Romer P M, 1986. Increasing returns and long-Run growth[J]. Journal of Political Economy, 94(5): 1002-1037.

Samuelson P, 1954. Theoretical notes on trade problems[J]. The Review of Economics and Statistics, 46: 145-154.

Sanyal K K, Jones R W, 1982. The Theory of Trade in Middle Products [J]. The American Economic Review, 72 (1): 16-31.

Schultz T W, 1981. Investing in people: the economics of population quality[M]. Berkeley, Calif.: University of California Press.

Shatz H J, Venables A J, 2000. The Geography of International Investment[J]. Policy Research Working Paper Series, 2338:125-145.

Solow R M, 1957. technical change and the aggregate production function [J]. The Review of Economics and Statistics, 39(3): 312-320.

Song S F, Chu G S F, Chao R Q, 2000. Intercity regional disparity in China[J]. China Economic Review, 11(3): 246-261.

Stockman A C, 1988. Sectoral and national aggregate disturbances to industrial output in seven European countries[J]. Journal of Monetary Economics, 21(2-3): 387-409.

Storper M, Venables A J, 2004. Buzz: Face-to-face contact and the urban economy[J]. Journal of Economic Geography, 4(4): 351-370.

Venables A J, 1996. Equilibrium locations of vertically linked industries [J]. International Economic Review, 37(2): 341-359.

Vernon R, 1966. International investment and international trade in the product cycle[J]. The Quarterly Journal of Economics, 80(2): 190-207.

Viladecans-Marsal E, 2004. Agglomeration economies and industrial location: City-level evidence[J]. Journal of Economic Geography, 4(5): 565-582.

Wu Y R, 2003. Has productivity contributed to China's growth? [J]. Pacific Economic Review, 8(1): 15-30.

Wu Y R, 2004. Openness, productivity and growth in the APEC economies[J]. Empirical Economics, 29(3): 593-604.

Young A, 2000. The razor's edge: Distortions and incremental reform in the People's republic of China[J]. The Quarterly Journal of Economics, 115(4): 1091-1135.

Young A, 1995. The Tyranny of Numbers: Confronting the Statistical Realities of the East Asian Growth Experience[J]. The Quarterly Journal of Economics, 110(3): 641-680.

Yu H, 2007. Essays on global outsourcing and innovation [D]. Hong Kong: Hong Kong University of Science and Technology.

Zhang X B, Zhang K H, 2003. How does globalisation affect regional inequality within A developing country? Evidence from China[J]. Journal of Development Studies, 39(4): 47-67.